Susanne Caudera-Preil

# Als Au-pair ins Ausland

Calypso Verlag

Caudera-Preil, Susanne
Als Au-pair ins Ausland
1. Aufl. – Neunkirchen-Seelscheid: Calypso Verlag, 2008
ISBN 978-3-940291-01-1

Bibliografische Information Der Deutschen Bibliothek
Die Deutsche Bibliothek verzeichnet diese Publikation in der Deutschen Nationalbibliografie; detaillierte bibliografische Daten sind im Internet über http://dnb.de abrufbar.


*Redaktion:* Cordula Walter-Bolhöfer, Leonie Adam
*Verlag:* Calypso Verlag, Eisenerzstr. 34, 53819 Neunkirchen-Seelscheid
Tel.: 02247-919481, Fax: 02247-919482
www.calypsoverlag.de

ISBN 978-3-940291-01-1

*Buchgestaltung:* Frauke Gerhard & Jonas Gerhard, Köln
*Druck:* Koninklijke Wöhrmann, Zutphen, Niederlande

# Inhaltsverzeichnis

## TEIL 2 - DIE LÄNDER

# Vorwort

Liebe Leserin, lieber Leser,

der Aufenthalt als Au-pair kann ein bedeutsamer Lebensabschnitt sein und leistet einen nennenswerten Beitrag im Feld der individuellen Erfahrungen. Dies hat nachhaltige Wirkung auf die persönliche und auch berufliche Entwicklung eines jungen Menschen.

Dieser Ratgeber richtet sich an all diejenigen, die einen Teil ihrer Zeit darauf verwenden möchten, ihren Horizont um vielfältige kulturelle Erfahrungen zu erweitern. Als Au-pair lassen sich viele interessante Menschen und Orte kennen lernen und neue spannende Eindrücke sammeln. Unweigerlich wird man auch mit seinen eigenen Grenzen konfrontiert und lernt auf diese Weise, selbstständiger zu werden, Verantwortung für sich selbst und andere zu übernehmen und einen Blick auf die eigene Lebensplanung zu werfen.

Es ist mir ein besonders Anliegen, dass der grundlegende Gedanke des Au-pair-Wesens (Au-pair bedeutet wörtlich übersetzt „auf Gegenseitigkeit") verstanden wird. Die innere Einstellung ist eine wichtige Voraussetzung für eine schöne und lebensbereichernde Zeit in einem fremden Land, einer fremden Kultur und einer fremden Familie. Ein Au-pair übernimmt Verantwortung und leistet als „Familienmitglied" einen Beitrag zu einem harmonischen Miteinander. Wer dazu bereit ist, kommt in den Genuss, die Vorteile aus einem solchen Verhältnis zu ziehen.

Im Detail können die Bedingungen für einen solchen Aufenthalt sehr unterschiedlich aussehen. Neben dem Zielland sind die Anzahl der Kinder, berufliche und gesellschaftliche Stellung der Gastfamilie sowie der Ort (Großstadt oder Provinz) nur einige der Faktoren, die zu berücksichtigen sind. Eine Gastfamilie erwartet von einem Au-pair Entlastung bei der Kinderbetreuung und im Haushalt. Sie sollten sich daher vorher unbedingt die Frage stellen, ob Sie selbst genügend Geduld, Kinderliebe, Toleranz und Offenheit mitbringen, um sich auf das Leben in einer fremden Familie einzulassen. Denn nur wenn genügend Verständnis für fremde Bedürfnisse vorhanden ist, gestaltet sich das Verhältnis zur Gastfamilie und deren Kindern unkompliziert.

Auch wenn es keine Garantie gibt, ist die Nutzung einer seriösen Au-pair-Agentur für die Vermittlung unbedingt zu empfehlen, da in einer solchen genau auf diese Parameter geachtet wird. Internet- oder Zeitungsinserate sowie eine der zahlreichen Netz-Agenturen scheinen auf den ersten Blick akzeptable und günstige Möglichkeiten für die Suche nach einer Familie im Ausland zu bieten, sie bergen jedoch eine Menge Gefahren – angefangen bei der Auswahl einer nicht passenden Gastfamilie bis hin zur fehlenden Betreuung vor Ort.

Es gibt auch persönliche Entbehrungen, die Sie vorher bedacht haben sollten, zum Beispiel die Bereitschaft zur Veränderung der eigenen Lebensgewohnheiten, aber auch die Trennung von Familie, Freunden und dem Partner. Wenn Sie die Entscheidung gewissenhaft getroffen haben, den Weg als Au-pair ins Ausland zu gehen, dann bietet Ihnen dieses Buch zahlreiche Informationen und Details, diesen wichtigen Lebensabschnitt erfolgreich zu gestalten.

*Heike Welzel, Au-pair Society e. V.*

# Teil 1 - Allgemeine Informationen

# Au-pair – was ist das?

„Au-pair“ kommt aus dem Französischen und bedeutet „auf Gegenseitigkeit“. Der Begriff tauchte zum ersten Mal gegen Ende des 19. Jahrhunderts in Frankreich auf. Junge Engländerinnen kamen nach Frankreich, um dort den Kindern ihrer Gastfamilie Englischunterricht zu erteilen und im Gegenzug dafür Französischunterricht zu erhalten. Später änderten sich die Schwerpunkte, und die Kinderbetreuung wurde zur Hauptpflicht der Au-pair-Mädchen, während der Sprachunterricht immer mehr in den Hintergrund trat. Diese Form des Kulturaustausches hat eine lange Tradition und ist zugleich zeitgemäß und voll im Trend.

Heute ermöglicht das Au-pair-Programm jungen Menschen einen Auslandsaufenthalt von bis zu einem Jahr ohne finanziellen Aufwand und mit dem Rückhalt ihrer Gastfamilie, bei der sie Unterkunft und Verpflegung, vor allem aber auch sozialen Anschluss haben. Dies sind optimale Bedingungen, um Sprache und Kultur eines Landes hautnah kennen zu lernen. Im Gegenzug hilft die/der Au-pair-Beschäftigte in erster Linie bei der Kinderbetreuung und bei den täglich anfallenden Hausarbeiten.

Ein Au-pair-Aufenthalt ist also weder Urlaub noch Schüleraustausch: Einerseits ist die Gastfamilie kein Hotelbetrieb, andererseits sind Au-pair-Beschäftigte keine Hausangestellten und auch keine qualifizierten Kindermädchen. Wenn beide Seiten, Au-pair sowie Gastfamilie, den Grundgedanken des Au-pair-Konzeptes achten, kann dieses zeitlich begrenzte Zusammenleben eine wertvolle Erfahrung und Bereicherung für alle Beteiligten sein.

# Au-pair im Trend

Fremdsprachenkenntnisse sind für die heutige berufliche Entwicklung von immenser Bedeutung, denn attraktive Arbeitsplätze auf dem internationalen Markt sind nur noch mit guten Kenntnissen einer der Weltsprachen zu haben. Das heißt nicht, dass man ein komplettes Sprachstudium absolvieren muss, doch der praktische Umgang mit einer Fremdsprache gehört heute schon fast zum Standard einer Berufsausbildung.

Dies ist sicher der wichtigste Grund dafür, dass die Zahl der Vermittlungen von Au-pair-Stellen ins Ausland stetig ansteigt. Laut Auskunft des Referats „Statistik" der Bundesanstalt für Arbeit wurden im Jahre 1998 insgesamt über 8.000 Au-pair-Stellen im Ausland vermittelt. Acht Jahre später, 2006, wird die Zahl der jungen Deutschen, die einen Au-pair-Aufenthalt im Ausland verbringen, auf über 20.000 geschätzt. Exakte statistische Zahlen werden nicht mehr ermittelt, seit die private Arbeitsvermittlung ohne Aufsicht der Bundesagentur für Arbeit erlaubt ist und das Angebot an Au-pair-Stellen über Internetforen großen Zulauf gefunden hat.

Als klassische Au-pair-Länder gelten nach wie vor Großbritannien und Frankreich. In Großbritannien bestehen derzeit schätzungsweise ca. 30.000 Au-pair-Verhältnisse, in Frankreich etwa 20.000. In Spanien und Italien sind wesentlich weniger Au-pairs anzutreffen. Die skandinavischen Länder sowie die Benelux-Staaten sind für Au-pair-Aufenthalte nur bedingt interessant, da die Sprachen dieser Länder weltweit nicht so verbreitet sind.

Einen regelrechten Au-pair-Boom dagegen haben die USA in den letzten Jahren erfahren. Seit die amerikanische Regierung 1986 mit dem „Exchange Visitor Program" den offiziellen Au-pair-Aufenthalt in den Vereinigten Staaten ermöglicht hat, reisen jährlich mehrere Tausend junger Leute in das „Land der unbegrenzten Möglichkeiten", um dort ein Au-pair-Jahr zu verbringen.

Wer nicht in die USA möchte, und wem das europäische Ausland zu nah ist, wagt sich mittlerweile in Länder wie Australien, Neuseeland oder Südafrika.

# Warum Au-pair?

Verena war fast 20 Jahre alt, als sie ihre Schullaufbahn mit dem Abitur abschloss. Sie wollte anschließend studieren, wusste aber noch nicht welches Fach und hatte auch erst einmal genug vom Schulbetrieb samt des ewig schlechten Gewissens, sich für geforderte Leistungsnachweise nicht ausreichend vorbereitet zu haben. Sie hatte Lust auf Abenteuer. Etwas ganz anderes erleben, neue Menschen kennen lernen und ein anderes Lebensgefühl erfahren. Es sollte auch eine Herausforderung sein und ihr die Gelegenheit geben, sich selbst in einem völlig neuen Umfeld zu erforschen. Sie wusste, dass jetzt der richtige Zeitpunkt dafür war, denn wenn sie sich erst einmal beruflich und möglicherweise auch familiär etabliert hätte, wären die Möglichkeiten eines längeren Auslandsaufenthaltes sicher sehr eingeschränkt. Da Verena wie die meisten Schulabgänger nur über minimale finanzielle Mittel verfügte, war sehr schnell klar, dass ein Au-pair-Aufenthalt für sie die beste Möglichkeit war, ihren Traum zu verwirklichen.

Im Vergleich zu anderen Auslandsprogrammen bietet das Au-pair-Konzept eine Reihe von grundlegenden Vorteilen: Von Anfang an sind Unterbringung, Verpflegung und Familienanschluss gewährleistet, der finanzielle Rückhalt ist durch das regelmäßige Taschengeld gesichert. Auch wenn dieses lediglich ausreicht, um einen Sprachkurs zu finanzieren und sich mit einigen persönlichen Dingen zu versorgen, sind doch in der Regel keine weiteren finanziellen Mittel erforderlich.

*Verena verbrachte schließlich ein Jahr als Au-pair bei der Familie Freeman in Salem im US-Bundesstaat Oregon. Sie unterstützte ihre Gasteltern bei der Betreuung der beiden Kinder und besuchte nebenbei zwei Kurse am örtlichen College. Dabei hat sie nicht nur perfekt Englisch gelernt und vieles über Kinderpflege und -erziehung erfahren, sie fand auch sehr schnell Kontakt zu anderen Au-pairs vor Ort, mit denen sie während ihres Amerika-Jahres Ausflüge und Kurztrips unternahm und bis heute einen regen Austausch pflegt.*

*Verenas Auslandsjahr bedeutet für sie nicht nur eine unvergessliche Erfahrung mit vielen schönen und auch einigen schmerzlichen Erinne-*

*rungen. Sie kann außerdem eine Zusatzqualifikation in ihrem Lebenslauf nachweisen, die sowohl für ihre Berufsausbildung als auch für spätere Bewerbungen von großem Vorteil ist.*

Es gibt eine ganze Reihe von Gründen, die für einen Au-pair-Aufenthalt im Ausland sprechen. Als Au-pair wird der Familienalltag im Gastland hautnah erlebt und die Sprachkenntnisse im täglichen Umgang praktisch geübt und gefestigt. Das Zusammenwachsen Europas und die immer enger verknüpften Wirtschaftsbeziehungen der verschiedenen Länder lassen Sprachkenntnisse in Englisch, Französisch und Spanisch zu einem wichtigen Teil der Berufsausbildung werden. Klar ist, dass man eine fremde Sprache am besten dort lernt, wo sie im täglichen Leben gesprochen wird. Im Zusammenleben mit Einheimischen funktioniert dies besonders gut. Der Besuch einer qualifizierten Sprachenschule vor Ort ist die perfekte Ergänzung dazu.

Ein weiterer wichtiger Grund für junge Leute, einen Au-pair-Aufenthalt anzustreben, ist die persönliche Weiterentwicklung. Es ist immer eine Bereicherung, einmal aus dem bisherigen Umfeld herauszukommen und andere Lebensgewohnheiten kennenzulernen, auch wenn es manchmal nicht leicht ist, sich anzupassen und auf so viele neue Dinge einzustellen. Zusätzlich zur Sprache und Kultur eines fremden Landes lernt ein Au-pair auch den Umgang mit Kindern und Haushaltsführung, was für Berufe im sozialpädagogischen, hauswirtschaftlichen oder pflegerischen Bereich sehr vorteilhaft sein kann. Bei vorheriger Absprache mit der Ausbildungsstätte kann die Au-pair-Tätigkeit möglicherweise sogar als Vorpraktikum anerkannt werden.

Für eine große Zahl von Schulabgängern bietet ein Au-pair-Aufenthalt im Ausland zudem eine Möglichkeit, die Zeit zwischen Schulabschluss und Studienbeginn bzw. Berufsausbildung sinnvoll zu überbrücken, wenn beispielsweise ein Wartesemester ansteht oder noch kein geeigneter Ausbildungsplatz gefunden wurde.

Für Gastfamilien gibt es ganz andere Gründe, ein Au-pair bei sich aufzunehmen. Oft sind beide Eltern berufstätig und brauchen für die Zeit, in der sie nicht zu Hause sind, eine Betreuung für ihre Kinder. Möglicherweise ist das

Familienleben in einer aktiven, lebhaften Familie auch so gestaltet, dass die Hausfrau eine Entlastung wünscht, um sich jedem ihrer Kinder ausreichend widmen zu können. So könnte zum Beispiel das Au-pair die kleinen Kinder betreuen, während die Mutter den Größeren bei den Schularbeiten hilft. Oder das Au-pair begleitet ein Kind zum Musikunterricht am Nachmittag, während die Mutter im Haushalt tätig ist.

Sowohl die Gastfamilie als auch die/der Au-pair-Beschäftigte haben zunächst einmal eigennützige Gründe, warum sie sich für diesen Aufenthalt „auf Gegenseitigkeit" entscheiden, und es ist sehr wichtig, dass beide Seiten sich darüber im Klaren sind, was sie voneinander erwarten. Optimal ist, wenn sich diese Erwartungen in etwa decken und jeder darüber hinaus bereit ist, dem anderen Toleranz und außerdem Verständnis entgegen zu bringen.

# Au-pair-Bedingungen

Die allgemeinen Arbeitsbedingungen sind in den verschiedenen Ländern unterschiedlich geregelt. In den USA sind die Grundlagen für einen Au-pair-Aufenthalt von den amerikanischen Behörden genau vorgegeben. In den meisten westeuropäischen Staaten gelten die Rahmenbedingungen des „Europäischen Au-pair-Abkommens", das 1969 vom Europarat ausgearbeitet wurde und den Au-pair-Status folgendermaßen definiert:

*„Die Au-pair-Beschäftigung besteht in der zeitlich begrenzten Aufnahme in Familien gegen bestimmte Gegenleistungen von jungen Aus ländern, die gekommen sind, um ihre Sprachkenntnisse und gegebe nenfalls ihre Berufserfahrung zu vervollständigen und ihre Allgemeinbildung durch eine bessere Kenntnis des Gastlandes zu erweitern."*

Festgelegt sind in dem Abkommen unter anderem die Beschäftigungsdauer, die Voraussetzungen, die von den Au-pair-Beschäftigten und den Gastfamilien zu erfüllen sind sowie die Pflichten und Rechte beider Parteien.
Von einigen Mitgliedstaaten der Europäischen Union (Frankreich, Italien, Norwegen und Dänemark) wurde das Abkommen ratifiziert, von anderen lediglich unterzeichnet (BRD, Belgien, Luxemburg, Griechenland, Schweiz). Auch in europäischen Ländern, die dieses Abkommen weder ratifiziert noch unterzeichnet haben (z. B. Großbritannien, Spanien), lehnen sich die Arbeitsbedingungen an dieses Abkommen an. Die Vermittlungsagenturen sind bemüht, die Einhaltung dieser Rahmenbedingungen durch beide Seiten zu gewährleisten.

Eine Festlegung von neuen Standards für Au-pair-Beschäftigungen innerhalb der Europäischen Union wird derzeit von dem im April 2006 gegründeten Komitee ECAPS (The European Committee for Au Pair Standards) erarbeitet. Das Komitee setzt sich aus Fachverbänden mehrerer europäischer Staaten zusammen. Erwartungsgemäß werden sich die neu überarbeiteten Regelungen stark an den aktuell bestehenden Bedingungen orientieren.

Es gelten heute allgemein folgende Richtlinien, die je nach Gastland minimal abweichen können (genauere Informationen dazu im Länderteil):

## Die Dauer

Die Dauer eines Au-pair-Aufenthaltes innerhalb Europas beträgt mindestens sechs Monate, jedoch bevorzugen die meisten Gastfamilien Bewerberinnen, die bereit sind, länger zu bleiben. Da sich der Au-pair-Wechsel in der Regel am Schuljahresturnus orientiert, erstreckt sich ein Au-pair-Aufenthalt am günstigsten über ein Schuljahr (10 Monate), das heißt von September bis Juli. Das Au-pair-Programm in den USA ist ausschließlich für zwölf Monate freigegeben. Im Anschluss an den Au-pair-Aufenthalt ist ein weiterer Monat für eigene Unternehmungen (Reisen, Besuche) vorgesehen.

Au-pair-Stellen als „Sommer-Au-pair" für den Zeitraum der Sommerferien werden zwar von einigen Au-pair-Agenturen angeboten, sind aber aufgrund eines sehr begrenzten Stellenangebotes schwer zu bekommen. In den USA wurde im Jahr 2006 begonnen, das „Sommer-Au-Pair-Programm" für den Zeitraum von Mai bis September anzubieten. Die Zahl der Bewerbungen für diese Kurzaufenthalte überstieg jedoch bei weitem das Angebot an Au-pair-Stellen, so dass einige Agenturen das Angebot wieder aus ihrem Vermittlungsprogramm genommen haben.

## Rechte und Pflichten

**Die Beschäftigungszeit**

Die wöchentliche Arbeitszeit eines Au-pairs darf 30 Stunden, verteilt auf fünf bis sechs Arbeitstage, nicht überschreiten. Ein freier Tag pro Woche, der mindestens einmal im Monat auf einen Sonntag fallen soll, muss von der Gastfamilie zugesichert werden. Die Verteilung der täglichen Arbeitszeit von fünf bis sechs Stunden sollte man entsprechend den Bedürfnissen der Gastfamilie und unter Berücksichtigung der Sprachkurse festlegen. Nicht in der Arbeitszeit inbegriffen sind Essenszeiten und die Erledigung von persönlichen Dingen, zum Beispiel das eigene Zimmer aufräumen oder die tägliche Morgen- und Abendtoilette. Zusätzlich kann die Gastfamilie an zwei bis drei Abenden in der Woche die Anwesenheit des Au-pairs zum Babysitten erwarten. Das gibt den Gasteltern die Gelegenheit, abends auch mal auszugehen.

In den USA beläuft sich die wöchentliche Arbeitszeit auf maximal 45 Stunden (einschließlich der Bereitschaftszeiten) bei 5,5 Diensttagen pro Woche und einem komplett freien Wochenende pro Monat.

Ab einem Aufenthalt von mehr als sechs Monaten haben Au-pairs einen Anspruch auf zwei Wochen bezahlten Urlaub. Der Zeitpunkt des Urlaubs sollte in Absprache mit der Gastfamilie geplant werden.

**Die Aufgaben**

Die Hauptaufgabe einer/eines Au-pair-Beschäftigten im europäischen Ausland ist die Betreuung, Unterhaltung und Pflege der Kinder. Wenn beide Elternteile berufstätig sind, wird erwartet, dass das Au-pair dies eigenverantwortlich und selbstständig übernimmt. Das setzt natürlich ein hohes Maß an Zuverlässigkeit und Verantwortungsbewusstsein voraus. Entsprechende Erfahrungen mit der Betreuung von Kindern sind unbedingt erforderlich. Außerdem erledigt der/die Au-pair-Beschäftigte Aufgaben bei den täglich anfallenden Hausarbeiten. Das Au-pair soll aber nicht den gesamten Hausputz übernehmen. Erwartet wird lediglich die Mithilfe bei leichteren Hausarbeiten wie zum Beispiel bügeln, aufräumen, Geschirr spülen, Staub saugen und Ähnliches.

Bei der Hausarbeit kommt es häufig zu Missverständnissen zwischen Au-pair und Gastfamilie, denn es ist natürlich Auslegungssache, welche Haushaltspflichten als „leichte“ oder „schwere“ Arbeiten zu bewerten sind. Es empfiehlt sich hier, von Anfang an einen Plan auszuarbeiten, in dem der Aufgabenbereich klar umrissen ist.

Im Gegensatz zu Europa sind die Au-pair-Beschäftigten in den USA ausschließlich für die Kinderbetreuung zuständig. Es gehört zum amerikanischen Selbstverständnis, dass Kinder unter 14 Jahren niemals unbeaufsichtigt sind. Das bedeutet, dass auch größere Kinder bei alltäglichen Unternehmungen, wie zum Beispiel am Pool, im Freizeitpark oder beim Sport, von einer erwachsenen Person beaufsichtigt werden müssen.

Abgesehen von den Pflichten gibt es natürlich auch Rechte. Zu den Rechten des Au-pairs gehören neben dem Anspruch auf freie Kost und Logis ein möbliertes Einzelzimmer sowie ein vorher festgesetztes Taschengeld. Auch muss die Möglichkeit zum Besuch eines Sprachkurses gegeben sein. Leistungen wie Kranken-, Haftpflicht-, Unfall- und Sozialversicherung sind in den meisten Ländern von den Gastfamilien zu tragen oder werden vom staatlichen Gesundheitsdienst übernommen wie zum Beispiel in Großbritannien. Näheres dazu im Länderteil und im Kapitel „Versicherungen".

Anspruch auf eine Monatskarte für den öffentlichen Nahverkehr haben Au-pair-Beschäftigte nicht grundsätzlich, jedoch haben einige Vermittlungsagenturen die Regelung in ihre Vertragsbedingungen mit den Gastfamilien aufgenommen, so dass die Übernahme der Kosten für ein solches Ticket garantiert ist.

**Voraussetzungen**

In allen Ländern gilt als grundsätzliche Voraussetzung für die Teilnahme an einem Au-pair-Programm, dass die Bewerberin bzw. der Bewerber ledig und kinderlos ist. Das Mindest- und Höchstalter liegt je nach Gastland zwischen 17 und 30 Jahren (genaue Angaben in der Übersicht auf Seite 22 bzw. im Länderteil). Es dürfen keine chronischen oder dauerhaft infektiösen Erkrankungen vorliegen (als Nachweis wird ein ärztliches Gutachten verlangt).

Die Anforderungen bezüglich der Sprachkenntnisse des jeweiligen Landes sind recht unterschiedlich. In den USA wird der Nachweis von mindestens fünf Jahren Schulenglisch gefordert, während zum Beispiel in Spanien oder Italien die Gastfamilien häufig sogar eine Bewerberin bzw. einen Bewerber mit nur geringen Kenntnissen der Landessprache akzeptieren, weil möglicherweise ein Elternteil deutschstämmig ist, oder die Kinder der Gastfamilie eine deutsche Schule besuchen und deshalb der Wunsch besteht, mit der Aufnahme eines Au-pairs aus Deutschland die deutsche Sprache in der Familie aufleben zu lassen.

Eine wichtige Voraussetzung für die Bewerbung um eine Au-pair-Stelle ist die Erfahrung in der Kinderbetreuung. Auch hier gibt es unterschiedliche Regelungen in den jeweiligen Ländern. So fordert beispielsweise das Au-pair-Programm Amerika einen Nachweis über mindestens 200 Stunden möglichst aktueller praktischer Erfahrung mit Kindern, während in den europäischen Ländern eine Referenz über regelmäßiges Babysitten oder ein zweiwöchiges Praktikum im Kindergarten in der Regel ausreicht.

Da Au-pair-Beschäftigte vorrangig mit der Betreuung meist kleiner Kinder betraut werden, sind Erfahrungen auf diesem Gebiet unerlässlich. Dabei kommt es gar nicht so sehr darauf an, in welcher Form Kinder betreut wurden. Anerkannt werden Referenzen von den Eltern der Kinder, für die man über einen längeren Zeitraum regelmäßig als Babysitter tätig war. Auch ein Praktikum in einem Kindergarten oder Hort ist geeignet, um den Umgang mit Kindern zu erlernen und ein Gespür für deren Bedürfnisse zu entwickeln. Die Betreuung von Säuglingen lernt man am besten im Rahmen eines Praktikums auf der Wochenstation eines Krankenhauses. Erfahrungen im Umgang mit größeren Kindern bekommt man als Betreuer in Feriencamps oder bei Jugendfreizeiten. Die ausrichtenden Institutionen sind in der Regel gerne bereit, ein entsprechendes Zeugnis auszustellen.

Eine perfekte Ergänzung zu praktischen Erfahrungen in der Kinderbetreuung ist die Teilnahme an Erste-Hilfe-Kursen speziell für Kinder, die häufig von Hilfsorganisationen wie dem Deutschen Roten Kreuz oder der Johanniter-Unfall-Hilfe angeboten werden.

Auf der Wunschliste der meisten Gastfamilien steht weiterhin, dass die Bewerberin bzw. der Bewerber nicht raucht und über einen Führerschein verfügt. Dabei wird es besonders begrüßt, wenn auch Fahrpraxis vorhanden ist, denn oft gehört zur Kinderbetreuung der Transport der Kinder zur Schule, zum Kindergarten, zum Arzt oder zu Nachmittagsaktivitäten.

Die Teilnahme an allen Au-pair-Programmen setzt im Übrigen ein tadelloses polizeiliches Führungszeugnis voraus, das mittlerweile von fast allen Vermittlungsagenturen gefordert wird.

Hier noch einmal eine Auflistung der grundlegenden Voraussetzungen, die in fast allen Gastländern gefordert werden:

- *Mindestalter 18 Jahre,*
  *Höchstalter je nach Gastland zwischen 26 und 30 Jahre*
- *Kenntnisse der Landessprache*
- *Ledig und kinderlos*
- *Nachweisliche Erfahrungen in der Kinderbetreuung*
- *Frei von chronischen und infektiösen Erkrankungen*

Je nach Gastland variieren einige Details wie z. B. Höchstalter, Umfang der Kinderbetreuungserfahrung oder Niveau der Sprachkenntnisse.

Das Persönlichkeitsprofil einer Bewerberin oder eines Bewerbers ist sehr wichtig, denn auch wenn alle formellen Voraussetzungen erfüllt sind, ist eine Eignung für das Zusammenleben mit einer Gastfamilie als Au-pair-Mädchen bzw. -Junge allein dadurch noch nicht garantiert.

**Die persönliche Eignung**

Wenn Sie einen Au-pair-Aufenthalt im Ausland anstreben, sollten Sie deshalb zunächst für sich selbst klären, ob Sie die folgenden Fragen positiv beantworten können. Dabei ist es ratsam, ganz ehrlich und selbstkritisch über die Fragen nachzudenken.

- *Bereitet mir der Umgang mit Kindern wirklich Freude?*
- *Kann ich auch schwierige Situationen mit Kindern meistern (Trotz, Kummer, Krankheit)?*
- *Bin ich bereit, ein großes Maß an Verantwortung für Kinder zu übernehmen?*
- *Komme ich mit unterschiedlichen Menschen und Situationen zurecht?*
- *Kann ich mich an neue Gegebenheiten gut anpassen?*
- *Bin ich flexibel, wenn sich die Situation anders als von mir erwartet entwickelt?*
- *Kann ich selbstständig arbeiten und Entscheidungen treffen?*
- *Trage ich zu einer Einigung bei, wenn es gilt, Konflikte mit anderen zu bewältigen?*
- *Akzeptiere ich andere Lebensgewohnheiten und Grundeinstellungen?*

- *Reizt es mich, etwas Neues kennen zu lernen?*
- *Ist es für mich wirklich kein Problem, mich von Familie und Freunden für eine Zeit zu trennen?*
- *Kann man sich ganz sicher auf mich verlassen, wenn ich etwas zugesagt habe?*
- *Habe ich wesentliche Ziele, die ich mir gesetzt habe, auch erreicht?*

Wenn Sie die meisten Fragen mit „Ja" beantworten können, dann sind Sie für einen Au-pair-Aufenthalt geeignet.

**Die finanzielle Seite**

Ein Au-pair-Aufenthalt bietet die einzigartige Möglichkeit, mit sehr geringem finanziellem Aufwand eine Zeit im Ausland zu verbringen. Im Gegensatz zur Teilnahme an zum Beispiel einem High School-Programm, für das ca. 6.000 € Programmkosten plus Taschengeld (ca. 2.000 €) und Versicherung (ca. 500 €) aufgewendet werden müssen, zahlt man für den Au-pair-Aufenthalt lediglich eine Vermittlungsgebühr an die beauftragte Agentur sowie die Reisekosten (ausgenommen USA) und gegebenenfalls die Sprachkursgebühren. Mit dem Taschengeld, das man von der Gastfamilie erhält, können diese Kosten in etwa beglichen und weitere Ausgaben für persönliche Dinge (Eintrittskarten, Kosmetik, Süßigkeiten, Geschenke etc.) bestritten werden. Reisen Sie jedoch in jedem Fall mit einem größeren Bargeldbetrag (ca. 300 €) an! Oft müssen die Kursgebühren für die Sprachenschulen im Voraus entrichtet werden. Außerdem brauchen Sie Taschengeld für den ersten Monat, denn von der Gastfamilie erhält man üblicherweise die Entlohnung erst im Nachhinein.

Manche Anbieter des USA-Au-pair-Programms verlangen die Hinterlegung einer Kaution in Höhe von 400 bis 450 €, die nach erfolgreicher Beendigung des Programms in voller Höhe zurückgezahlt wird. Man möchte damit verhindern, dass Bewerber von vornherein planen, nur für kurze Zeit bei ihrer Gastfamilie zu bleiben und in den Genuss des Freifluges zu kommen, um dann kurzfristig ihr Au-pair-Verhältnis zu kündigen und möglicherweise noch einen USA-Trip anzuschließen.

# Au-pair-Bedingungen in der Übersicht

| | Au-pair in Europa | Au-pair in den USA |
|---|---|---|
| **Voraussetzungen** | Alter: 18 bis 30 Jahre je nach Gastland | Alter: 18 bis 26 Jahre |
| | Grundkenntnisse der Landessprache | mindestens 5 Jahre Schulenglisch |
| | Erfahrungen mit Kindern und Haushalt | Erfahrungen mit Kindern (nachweislich mindestens 200 Stunden) |
| | ledig und kinderlos | ledig und kinderlos |
| | frei von chronischen und infektiösen Erkrankungen | frei von chronischen und infektiösen Erkrankungen |
| | | Führerschein |
| | Nichtraucher | Nichtraucher |
| **Aufenthaltsdauer** | Ab 3 Monate | 12 Monate<br>Sommer-Au-pair:<br>Mai bis September |
| **Leistungen** | freie Verpflegung und Unterkunft | freie Verpflegung und Unterkunft |
| | ca. 50 - 60 € Taschengeld pro Woche, je nach Gastland | 139 USD Taschengeld pro Woche |
| **Arbeitszeit** | 25 - 30 Arbeitsstunden und zwei- bis dreimal Babysitten am Abend pro Woche | 45 Arbeitsstunden pro Woche |
| **Kosten** | Reisekosten | |
| | Vermittlungsgebühr 150 € | Vermittlungsgebühr je nach Agentur 100 - 150 € |
| | evtl. Sprachkurs | |
| | ggf. Kranken- und Haftpflichtversicherung | ggf. Anteil an Kranken- und Haftpflichtversicherung |
| | | Visumsgebühr ca. 120 € |
| | | ggf. 100 - 500 USD Kaution |

| Caregiver in Kanada | Au-pair in Australien und Neuseeland |
| --- | --- |
| Alter: ab 19 Jahre<br><br>gute Englischkenntnisse<br><br>Ausbildung in einem pädagogischen oder pflegerischen Beruf oder Nachweis über mindestens 12 Monate Vollzeitbeschäftigung im Bereich der angestrebten Caregiver-Tätigkeit<br><br>ledig und kinderlos<br><br>frei von chronischen und infektiösen Erkrankungen<br><br>Führerschein<br><br>Abitur oder Mittlere Reife und Berufsausbildung<br><br>Nichtraucher | Alter: 18 bis 30 Jahre<br><br>gute Englischkenntnisse<br><br>Erfahrungen in der Kinderbetreuung<br><br>ledig und kinderlos<br><br>frei von chronischen und infektiösen Erkrankungen<br><br>Nachweis über ausreichende finanzielle Mittel für den Flug und die ersten Tage im Land |
| 12 Monate | 3-12 Monate<br>Arbeitgeber muss nach 6 Monaten gewechselt werden |
| freie Verpflegung und Unterkunft<br><br>ca. 800 CAD Nettomonatsgehalt, abhängig von der Provinz und Größe der Gastfamilie | freie Verpflegung und Unterkunft<br><br>125 bis 180 AUD pro Woche<br>120 bis 150 NZD pro Woche |
| ca. 44 Arbeitsstunden pro Woche. Unterschiedliche Regelungen in den verschiedenen Provinzen | 25 - 35 Arbeitsstunden pro Woche |
| Reisekosten<br><br>Vermittlungsgebühr ca. 150 - 300 €<br><br>evtl. Sprachkurs<br><br>Visumsgebühr 100 € | Reisekosten<br><br>Vermittlungsgebühr zwischen 150 und 1.050 €, je nach Agentur. Sehr große Unterschiede! Möglich auch ohne Einschaltung einer Agentur.<br><br>evtl. Sprachkurs<br><br>Kranken- und Haftpflichtversicherung<br><br>Visumsgebühr ca. 150 €<br><br>Nachweis über finanzielle Mittel in Höhe von ca. 3.000 € |

# Erwartungen

**Was die Gastfamilie erwartet**

Bei der Entscheidung einer Familie, ein Au-pair-Mädchen oder einen Au-pair-Jungen aufzunehmen, spielen in der Regel eigennützige Überlegungen eine Rolle. In vielen Fällen sind beide Gasteltern berufstätig, die Mutter oft in Teilzeit. Während der Abwesenheit der Eltern muss die Betreuung der Kinder sichergestellt sein. Die Aufnahme eines Au-pairs erscheint hier als ideale Lösung, da das Au-pair-Mädchen bzw. der Au-pair-Junge ja wie ein Mitglied der Familie in den Alltag integriert sein sollte und damit für die Kinder eine wichtige Bezugsperson darstellt. Die Tagesabläufe sind der/dem Au-pair-Beschäftigten nach einer Eingewöhnungszeit so geläufig, dass alle Familienmitglieder als eingespieltes Team das gemeinsame Leben miteinander meistern und davon profitieren. Auch unvorhergesehene Ereignisse, wie zum Beispiel die Erkrankung eines Kindes, Überstunden eines Elternteils oder Geschäftsreisen, lassen sich mit einem Au-pair-Mädchen oder -Jungen flexibler organisieren als mit einer fest angestellten Tagesmutter oder einem Kindermädchen.

Von dem „Familienmitglied auf Zeit" wird natürlich auch die Mithilfe im Haushalt erwartet. Das Au-pair-Mädchen bzw. der Au-pair-Junge sollte aber nicht für die gesamte Haushaltsführung verantwortlich sein. Selbstverständlich sind jedoch diese Tätigkeiten:

- *Frühstück und einfache Mahlzeiten zubereiten*
- *Tisch decken und abräumen*
- *Geschirr spülen bzw. Spülmaschine ein- und ausräumen*
- *Betten machen*
- *Wäsche versorgen, bügeln*
- *aufräumen*
- *Einkäufe/Besorgungen erledigen*

In den Informationen der Vermittlungsagenturen ist meist die Rede von „leichter Hausarbeit". Es hat sich gezeigt, dass die Anschauungen darüber, welche Tätigkeiten im Haushalt als „leicht" bzw. „schwer" zu bewerten sind, oft sehr weit auseinander liegen. Da heutzutage aber nahezu jeder Haushalt über moderne Haushaltsgeräte und Hilfsmittel verfügt, sind die meisten anfallenden Arbeiten einem Au-pair-Mädchen oder -Jungen durchaus zuzumuten. Ausgenommen sind der gesamte Hausputz und die Organisation des Haushaltes. Es versteht sich von selbst, dass das Au-pair-Mädchen bzw. der Au-pair-Junge sein eigenes Zimmer in Ordnung halten und auf eine einwandfreie Körperhygiene achten sollte.

Der Wunsch einer Familie, einen jungen Menschen aus dem Ausland bei sich aufzunehmen, ist auch geprägt von dem Interesse an einem anderen Kulturkreis. Die Familie ist bereit, einem fremdländischen Menschen die Kultur, Sprache und den Lebensstil ihres Heimatlandes zu vermitteln und möchte im Gegenzug auch einen Einblick in die Gepflogenheiten und Kultur aus der Heimat ihres Gastes erhalten.

Die wichtigsten Eigenschaften, die eine Gastfamilie von Ihrem Au-pair-Gast erwartet, sind:

- *Verantwortungsbewusstsein*
- *Selbstständigkeit*
- *Zuverlässigkeit*
- *Kompromissbereitschaft*
- *Anpassungsfähigkeit*
- *Loyalität*

**Was Au-pairs erwarten**

Au-pair-Mädchen und -Jungen erwarten zunächst einmal, von ihrer Gastfamilie freundlich und offen aufgenommen und als weiteres Familienmitglied akzeptiert zu werden. Vor allem in der Anfangszeit ist die Abhängigkeit von der Gastfamilie relativ hoch, da noch keine Kontakte außerhalb der Familie bestehen und Unsicherheiten im Umgang mit den Gegebenheiten in dem fremden Land auftauchen können. Auch die Umgebung ist einem noch fremd und wird erst nach und nach mit Hilfe der Familienmitglieder erkundet.

Au-pairs haben sich in erster Linie für einen Auslandsaufenthalt entschieden, weil sie die Sprache und Kultur des Gastlandes kennen lernen möchten. Sie erwarten daher von der Gastfamilie die volle Unterstützung beim Erlernen der Sprache. So ist es für Au-pairs wichtig, dass die Familienmitglieder deutlich und möglichst dialektfrei sprechen und dass sie das Au-pair-Mädchen bzw. den Au-pair-Jungen in die alltäglichen Unterhaltungen einbeziehen. Auch wenn die Sprachkenntnisse anfangs noch sehr unzureichend sein sollten, möchte sie/er an den Gesprächen der Familienmitglieder teilnehmen.

Obwohl in den Rahmenbedingungen festgelegt ist, dass dem Au-pair freie Kost und Logis von der Gastfamilie zur Verfügung gestellt werden muss, geschieht es leider hin und wieder, dass die Qualität von Unterbringung und Verpflegung zu wünschen übrig lässt. In diesem Fall sollte man ein klärendes Gespräch herbeiführen. Falls das nicht hilft, kann man die Vermittlungsagentur einschalten. Das Au-pair kann erwarten, dass sie/er an den gemeinsamen Mahlzeiten teilnimmt und dasselbe Essen wie die Familienangehörigen erhält. Das Zimmer, das dem Au-pair zur Verfügung gestellt wird, muss sich innerhalb der Familienwohnung befinden und in gutem Zustand sein. Zur Mindestausstattung sollten ein Bett mit Bettwäsche, ein Tisch oder Schreibtisch und ein Kleiderschrank gehören. Selbstverständlich muss das Zimmer beheizt sein und über ausreichende Beleuchtung verfügen. Keinen Anspruch hingegen hat man auf ein Fernsehgerät, eine Hi-Fi-Anlage oder ein Telefon. Es ist auch durchaus akzeptabel, wenn die/der Au-pair-Beschäftigte kein eigenes Badezimmer zur Verfügung hat, sondern das Bad mit der Familie teilt.

Die meisten Au-pairs erwarten von ihrer Gastfamilie die Integration als vollwertiges Familienmitglied. Sie möchten an den meisten Unternehmungen teilnehmen, bei Familienfeiern anwesend sein und möglicherweise sogar in den Familienurlaub mitgenommen werden. Dies ist häufig auch der Wunsch der Gastfamilien, so dass optimale Voraussetzungen für ein harmonisches Au-pair-Verhältnis gegeben sind, wenn sich die Vorstellungen beider Seiten in diesem Punkt treffen.

Es kommt aber gelegentlich auch vor, dass entweder Au-pair oder Gastfamilie diesen intensiven Familienanschluss nicht wünschen. Nach einigen Wochen haben die Au-pairs meist schon Kontakte außerhalb der Familie geknüpft und verbringen ihre Freizeit dann vorzugsweise mit neuen Freunden. Auch die Gastfamilie möchte möglicherweise hin und wieder einige Stunden nur im engen Familienkreis verleben. Au-pair-Mädchen bzw. -Jungen und

Gasteltern sollten über ihre Vorstellungen zu diesem Thema ganz offen miteinander sprechen und die Wünsche des anderen akzeptieren sowie zu Kompromissen bereit sein.

Erwartungen der Au-pairs an die Gastfamilie:

- *ein ansprechendes Zimmer*
- *Teilnahme an den gemeinsamen Mahlzeiten*
- *fest geregelte Arbeits- und Freizeit*
- *Unterstützung beim Erlernen der Sprache*
- *Integration in die Familie*
- *Einhaltung der Privatsphäre*

# Versicherungen

## Krankenversicherung

Wenn man einen Au-pair-Aufenthalt plant, gibt es so viele Einzelheiten zu beachten, dass man dem Versicherungsschutz, insbesondere der Krankenversicherung, oft zu wenig Bedeutung beimisst. Entweder schließt man gar keine Versicherung ab, weil man davon ausgeht, dass die bestehende Versicherung automatisch auch im Ausland den erforderlichen Versicherungsschutz bietet, oder es wird lediglich eine Versicherung für die Krankheitskosten im Ausland abgeschlossen und andere wichtige Faktoren werden nicht bedacht. Leider sind manche junge Leute hier oft leichtsinniger als im sonstigen täglichen Leben.

Sorgen Sie also vor der Ausreise unbedingt für den richtigen Versicherungsschutz! Besonders wichtig sind:

- *Versicherungsschutz für Erkrankungen und Unfälle im Ausland inklusive Krankenrücktransport*
- *Weiterversicherung nach der Rückkehr*
- *Pflegeversicherung*
- *Rentenversicherung*

**Gesetzlich Versicherte**
Gemäß des Sozialversicherungsabkommens der EU-Mitgliedstaaten hat jeder Angehörige einer gesetzlichen Versicherung (AOK, Barmer, DAK, KKH etc.) Anspruch auf ärztliche Notfallbehandlung innerhalb der Europäischen Union. Dazu benötigt man die Europäische Krankenversicherungskarte (European Health Insurance Card, EHIC), die man bei der zuständigen Geschäftsstelle der Kasse anfordern kann. Obwohl alle EU-Staaten sowie die Schweiz, Island und Norwegen die EHIC anerkannt haben, melden die Mitarbeiter des Europäischen Verbraucherzentrums zahlreiche Beschwerden von Patienten, deren Karte von Ärzten oder Krankenhäusern im EU-Ausland nicht anerkannt und sogar Vorauszahlung gefordert wurde.

In Großbritannien ist man nach Registrierung bei einem Arzt im staatlichen Gesundheitssystem versichert und in den USA kommt die Gastfamilie für eine Basisversicherung auf.

Auch wenn der Abschluss einer Auslandskrankenversicherung auf den ersten Blick nicht notwendig erscheint, sollte doch berücksichtigt werden, dass zum Beispiel ein medizinisch notwendiger Krankenrücktransport von der Versicherung nicht abgedeckt ist. Auch sind die Versicherungsleistungen im Einzelnen nicht ausreichend. In den USA ist sogar in der Regel ein Selbstbehalt für jeden Arztbesuch üblich. Deshalb ist der Abschluss einer speziellen Au-pair-Versicherung in fast allen Fällen sinnvoll.

**Privat Versicherte**
Privat versicherte Personen haben je nach Police weltweit oder europaweit Versicherungsschutz, meist für einen kurzen, manchmal auch für einen längeren Zeitraum. In einigen Tarifen ist auch der medizinisch notwendige Krankenrücktransport schon enthalten. Eine genaue Prüfung der Versicherungsunterlagen sollte rechtzeitig vor Abreise erfolgen. Dabei werden Sie vermutlich feststellen, dass die Weiterführung der privaten Krankenversicherung unter Umständen kostenaufwändiger ist als der Abschluss einer Au-pair-Versicherung.

# Weiterversicherung nach der Rückkehr

Die meisten Auslandsreisekrankenversicherungen enden mit der Rückkehr ins Heimatland, und es gibt keine automatische Übernahme in einen Folgevertrag durch den Versicherer. Problematisch kann es werden, wenn jemand krank aus dem Ausland zurückkehrt und somit weder in ein Arbeitsverhältnis eintreten noch sich arbeitslos melden kann. In diesem Fall besteht keine Möglichkeit, wieder gesetzlichen Versicherungsschutz zu bekommen. Deshalb ist es unbedingt empfehlenswert, rechtzeitig sicherzustellen, dass man nach der Rückreise (auch bei vorzeitigem Abbruch des Au-pair-Aufenthaltes) lückenlos krankenversichert ist. Dazu gibt es mehrere Möglichkeiten:

**Gesetzlich versicherte Personen**
Seit April 2007 gibt es die Versicherungspflicht in der gesetzlichen Krankenversicherung (GKV). Ehemals GKV-Versicherte ohne Versicherungsschutz haben Anspruch darauf, in ihrer ehemaligen Kasse wieder versichert zu werden. Die Kassen dürfen auch Auslandsrückkehrer nicht abweisen.

**Privat versicherte Personen**
Wenn für den Au-pair-Aufenthalt eine Reiseversicherung abgeschlossen wird, kann der Versicherungsvertrag auf Anwartschaft umgestellt werden. Damit sichert man sich die bisher im Vertrag erworbenen Rechte (niedriges Eintrittsalter, Kündigungsschutz, Altersrückstellungen). Nach der Rückkehr aus dem Ausland kann, ohne erneute Risikoprüfung, wieder der volle Versicherungsschutz beantragt werden. Am 1. Juli 2007 wurde der erweiterte Standardtarif in der privaten Krankenversicherung (PKV) eingeführt. Er wurde auch für Personen geöffnet, die ihren privaten Versicherungsschutz verloren haben. Das gilt ebenso für Auslandsrückkehrer, die keinen Zugang zur GKV haben. Für die Versicherung im Standardtarif spielt der persönliche Gesundheitszustand keine Rolle. Risikoabhängige Zuschläge oder Leistungsausschlüsse gibt es nicht. Ärzte unterliegen einer Behandlungspflicht.

# Pflegeversicherung

Seit 1995 müssen sich alle in Deutschland krankenversicherten Personen pflichtpflegeversichern. Diese Pflicht gilt nicht während eines vorübergehenden Auslandsaufenthaltes. Besteht jedoch seit dem 1.1.1995 nicht ununterbrochen Pflegeversicherungsschutz (zum Beispiel wegen eines Auslandsaufenthaltes), so ist bei erneutem Beginn der Pflegeversicherung eine Wartezeit von fünf Jahren zu beachten, bevor Leistungen in Anspruch genommen werden können. Es ist empfehlenswert, die Pflegeversicherung dort weiterzuführen, wo sie seit dem 1.1.1995 abgeschlossen wurde. Das heißt im Normalfall: bei der gesetzlichen oder privaten Versicherung. Je nach Krankenkasse oder Versicherer kann die Pflegeversicherung für die Dauer des Auslandsaufenthaltes ruhen (das heißt auf Anwartschaft) umgestellt werden. Kinder und Jugendliche ohne eigene Einnahmen können bis zum 23. Lebensjahr beitragsfrei über die Familienversicherung versichert werden. Fällt dann der 23. Geburtstag in die Reisezeit, besteht die Möglichkeit, dass die Person aus der Familienversicherung heraus fällt. In diesen Fällen kann eine eigene Weiterversicherung beim bisherigen Versicherer beantragt werden.

Informieren Sie sich über Ihre ganz persönliche Versicherungssituation bei Ihrer Krankenkasse oder rufen Sie beim Bürgertelefon des Bundesministeriums für Gesundheit an. **Telefon: 01805 - 99 66 01**

In den USA übernimmt die Gastfamilie die Kosten für die Krankenversicherung. Die Vermittlungsagenturen bieten außerdem Zusatzversicherungen an, bei denen die Leistungssumme und die Versicherungsdauer (auf 13 Monate) erhöht werden kann.

Wer vor seinem Auslandsaufenthalt schon berufstätig war und Beiträge zur Rentenversicherung geleistet hat, sollte sich mit der Bundesversicherungsanstalt für Angestellte in Verbindung setzen, um zu prüfen, ob es im individuellen Fall vorteilhafter ist, die Beitragszahlung während des Auslandsaufenthaltes auszusetzen oder freiwillige Beiträge einzubezahlen, was nur in wenigen Fällen sinnvoll zu sein scheint. Informieren kann man sich darüber auch bei der Beratungsstelle der Bundesversicherungsanstalt für Angestellte in Berlin, **Telefon 030 - 868 880** oder **kostenfrei 0800 - 333 1919**.

## Kindergeld

Grundsätzlich gilt, dass Kindergeld für Kinder und Jugendliche bis zur Vollendung des 25. Lebensjahres gezahlt wird, solange sie sich in einer Schul- oder Berufsausbildung bzw. im Studium befinden. Ein Au-pair-Aufenthalt muss hier als Sonderfall betrachtet werden. Für die Fortzahlung des Kindergeldes an die (leiblichen) Eltern gelten folgende Kriterien:

Die Kindergeldstelle verlangt eine Bestätigung der Sprachenschule im Gastland, aus der hervorgeht, dass der Sprachunterricht über mindestens zehn Wochenstunden besucht wurde. Davon werden zwei Stunden als Studierzeit anerkannt. Weiterhin muss eine schriftliche Erklärung darüber abgegeben werden, dass die im Rahmen des Au-pair-Aufenthaltes erworbenen praktischen und theoretischen Sprachkenntnisse für die spätere Berufsausbildung notwendig sind. Dies wäre zum Beispiel der Fall, wenn ein junger Mensch einen Beruf anstrebt, zu dessen Ausübung umfassende Fremdsprachenkenntnisse erforderlich sind, für den jedoch kein berufsqualifizierender Abschluss vorgeschrieben ist (zum Beispiel in der Medienbranche). In diesem Fall würde der Au-pair-Aufenthalt im Ausland als Teil einer Berufsausbildung angesehen.

Zusätzlich verlangt die Kindergeldstelle eine Bestätigung der Gastfamilie oder auch der Vermittlungsagentur über die Dauer des Au-pair-Verhältnisses und die Höhe des gezahlten Taschengeldes. Daran scheitern manche Anträge dann auch, denn für ein Kind, das über ein eigenes Einkommen von mehr als 7.680 € im Jahr verfügt, wird eine Weiterzahlung des Kindergeldes abgelehnt. Bei der Berechnung dieses Einkommens wird aber nicht nur das ausbezahlte Taschengeld angerechnet, sondern zusätzlich eine Pauschale für Verpflegung und Unterbringung. Diese Pauschale ist in der Sachbezugsverordnung festgelegt und wird je nach Bundesland unterschiedlich bewertet. Oft wird die Einkommensgrenze knapp überschritten und es muss mit einer Ablehnung des Antrages auf Weiterzahlung des Kindergeldes gerechnet werden. Fragen Sie aber dennoch bei Ihrer zuständigen Kindergeldkasse nach!

# Die ersten Schritte

## Die Entscheidung

Für viele junge Menschen ist der schwierigste Schritt die Entscheidung. Ist die einmal getroffen, lassen sich zielgerichtet alle Vorbereitungen treffen und das Vorhaben organisieren. Es ist eine Illusion zu glauben, dass die vielen Möglichkeiten, die sich einem heute bieten, eine schnelle Entscheidung erleichtern. Im Gegenteil, die zahlreichen Angebote und Optionen, die man vor allem auch im Internet vorfindet, können verwirren und verunsichern und am Ende bleibt man starr wie ein Kaninchen vor der Schlange hocken und nichts bewegt sich mehr. Man verpasst wichtige Bewerbungsfristen und die Wahlmöglichkeiten schmelzen nach und nach dahin.

Wenn Sie das Au-pair-Programm ins Auge gefasst haben, tragen Sie nun alle Informationen zusammen und entscheiden dann die Details wie zum das Gastland, den Zeitpunkt und die Vermittlungsorganisation. Ein erster Schritt ist mit der Anschaffung dieses Ratgebers getan. Wenn aufgrund der vorangegangenen Ausführungen das Interesse für einen Au-pair-Aufenthalt im Ausland geweckt wurde und sich der Wunsch nach Abenteuer und Reiselust, gepaart mit der Begeisterung Neues zu erleben, eingestellt hat, sollte man nun ganz sachlich sein Ziel verfolgen und zunächst gezielt Informationen sammeln.

Als Erstes müssen Sie ein Gastland wählen. Informieren Sie sich über Geschichte, Kultur und Politik des Landes und verschaffen Sie sich einen Einblick in die Lebensgewohnheiten der Bevölkerung. Im Länderteil findet man ausführliche Informationen über die beliebtesten Au-pair-Gastländer.

Weiter reichende Informationen über Au-pair im Allgemeinen gibt es auch im Internet. Die Vermittlungsorganisationen präsentieren sich dort fast alle mit ausführlichen Details.

# Die richtige Vermittlungsagentur

Eine Au-pair-Stelle wird üblicherweise durch eine Au-pair-Agentur vermittelt. Natürlich ist es auch möglich, auf privatem Wege eine Gastfamilie zu finden und alle Bedingungen des Au-pair-Verhältnisses direkt mit dieser Familie auszuhandeln. Das ist jedoch nur ratsam, wenn der Kontakt zu dieser Familie durch eine zuverlässige Empfehlung zu Stande gekommen ist oder wenn man die Familie persönlich kennt. Nehmen Sie besser keinen Kontakt über Zeitungsannoncen oder das Internet auf. Familien, die diese Medien für die Suche nach ihrem Au-pair nutzen, wollen häufig die Prüfung und Kontrolle durch eine Agentur umgehen oder die Vermittlungsgebühren sparen. Immer wieder stehen Au-pairs, die sich selbst ohne professionelle Hilfe eine Gastfamilie gesucht haben, plötzlich völlig auf sich gestellt auf der Straße in einem fremden Land und ohne Anlaufstelle vor Ort.

Für einen legalen Au-pair-Aufenthalt in den USA ist das sogenannte „J-1-Visum" Voraussetzung. Dieses Visum erhält nur, wer sich über eine zugelassene Vermittlungsagentur beworben hat.

Bis zum Jahre 1994 war die Vermittlung von Au-pair-Stellen ausschließlich der Bundesagentur für Arbeit vorbehalten. Mit Ausnahme von ganz wenigen Vermittlungsorganisationen (zum Beispiel IN VIA, AU-PAIR e. V. und Verein für internationale Jugendarbeit), die von der Bundesagentur für Arbeit den Auftrag zur „nicht auf Gewinn gerichteten" Vermittlung von Au-pair-Stellen erhielten, war die Au-pair-Vermittlung eine rein staatliche Aufgabe.

Mit dem Beschäftigungsförderungsgesetz, das am 01.08.1994 in Kraft trat, konnten private Vermittler bei den Landesarbeitsämtern die Erlaubnis zur Arbeitsvermittlung (Bereich Au-pair-Arbeitsverhältnisse) beantragen. Dabei wurden unter anderem die Eignung und die Zuverlässigkeit des Vermittlers geprüft. Damals galt: Nur wem die offizielle Erlaubnis des jeweiligen Landesarbeitsamtes erteilt wurde, war berechtigt, Au-pair-Stellen zu vermitteln. Inzwischen ist sogar die Erlaubnispflicht für Au-pair-Agenturen gefallen. Das bedeutet, dass Agenturen ohne behördliche Prüfung ihre Vermittlungstätigkeit ausüben dürfen. Einige Agenturen haben sich durch die Mitgliedschaft in einem der Fachverbände wie zum Beispiel Au-pair Society e. V. oder IAPA (International Au Pair Association) einer freiwilligen Kontrolle unterzogen und sich verpflichtet, festgelegte Qualitätsstandards zu erfüllen. Seit 2006 gibt es auch ein RAL-Gütezeichen für Agenturen, die nach streng vorgegebenen Standards arbeiten.

Zurzeit gibt es etwa 500 Agenturen in Deutschland. Der überwiegende Anteil davon vermittelt jedoch ausschließlich ausländische Au-pair-Bewerber an deutsche Gastfamilien. Es bleibt immer noch eine Vielzahl von Agenturen, die ein umfangreiches Au-pair-Programm für das Ausland anbieten. Das macht es natürlich schwierig, sich für die richtige Vermittlungsorganisation zu entscheiden. Ab Seite 208 finden Sie eine Liste vieler Agenturen.

Keine der Agenturen garantiert, dass die Vermittlungsbemühungen erfolgreich sein werden. Schließlich haben die Vermittler keinen Einfluss darauf, ob und welche Bewerberinnen beziehungsweise Bewerber von einer Gastfamilie ausgewählt werden. Trotzdem sollte man sich nicht gleichzeitig bei mehreren Organisationen bewerben, weil es sonst vorkommen kann, dass schließlich verschiedene Angebote vorliegen und alle beauftragten Agenturen auf der Bezahlung ihrer Gebühren bestehen. Es gab sogar schon Fälle, dass von zwei verschiedenen Agenturen an ein und dieselbe Gastfamilie vermittelt wurde, weil auch die Familie im Ausland mehrere Bewerbungen bei verschiedenen Agenturen laufen hatte.

Bevor Sie sich für eine Au-pair-Agentur entscheiden, prüfen Sie:

- *Arbeitet die Agentur mit Partnern im Ausland?*
- *Gibt es Betreuer/Ansprechpartner vor Ort?*
- *Wie schätzt der Mitarbeiter der Agentur die Vermittlungschancen ein?*
- *Verlangt die Agentur von Ihnen ausführliche Bewerbungsunterlagen?*
- *Seit wann existiert die Agentur?*
- *Wie viele Vermittlungen pro Jahr führt die Agentur durch?*

Bei kleinen Agenturen, die nur fünf bis zehn Vermittlungen pro Jahr durchführen, betreiben die Agenturinhaber das Geschäft in der Regel nur nebenberuflich. Das kann bedeuten, dass der zuständige Ansprechpartner schwer erreichbar ist.

Bei Agenturen, die ihre Vermittlungstätigkeit erst vor kurzem aufgenommen haben, sind die Beziehungen zu den Partneragenturen im Ausland eventuell noch nicht beständig genug, um eine zuverlässige Kooperation zu garantieren. In der Vergangenheit ist es abgesehen davon auch vorgekommen, dass einige Agenturen kurz nach ihrer Eröffnung wieder schließen mussten, weil das Verhältnis zwischen Zeit- und Kostenaufwand zu dem finanziellen Erfolg nicht den Vorstellungen des Agentur-Inhabers entsprach.

Vorsicht geboten ist bei Agenturen, die eine Vermittlung anbieten, ohne auf ausführliche Bewerbungsunterlagen zu bestehen. In diesem Fall müssen Sie davon ausgehen, dass auch die Gastfamilien im Ausland nicht sorgfältig geprüft werden.

Adressen von Agenturen finden Sie in diesem Buch oder auch bei den Berufsinformationszentren der Arbeitsämter. Wenn Sie die Möglichkeit haben, ein Berufsinformationszentrum persönlich aufzusuchen, können Sie dort nach den entsprechenden Broschüren fragen und/oder im Internet die Adressen der zugelassenen Au-pair-Agenturen abrufen.

Noch ein Tipp: Wenden Sie sich nicht direkt an eine Agentur im Ausland. Die Anfrage wird nämlich in der Regel mit dem Hinweis beantwortet, dass man sich an den deutschen Repräsentanten wenden soll.

## Die Bewerbung

Die Grundlage für eine erfolgreiche Vermittlung sind aussagekräftige, umfangreiche Bewerbungsunterlagen. Sie vermitteln der Gastfamilie einen ersten Eindruck von Ihnen und entscheiden darüber, ob es zu einer Kontaktaufnahme kommt.

Der Bewerbungsvorgang läuft bei allen Agenturen ungefähr gleich ab. Die Vermittlungsarbeit wird erst aufgenommen, wenn alle Bewerbungsunterlagen komplett vorliegen. Deshalb sollten Sie rechtzeitig die Bewerbungsvordrucke und Informationsbroschüren der Vermittlungsagentur anfordern, das heißt ca. ein halbes Jahr, bevor Sie die Au-pair-Stelle antreten möchten.

Wenn Sie in die USA möchten, sollten Sie sogar schon ein Dreivierteljahr vorher mit diesen Vorbereitungen beginnen.

Stellen Sie die Bewerbungsunterlagen sehr sorgfältig und durchdacht zusammen. Eine Vermittlung kann umso individueller und gezielter arrangiert werden, je umfangreicher und genauer die Informationen über die Bewerberin oder den Bewerber gestaltet sind.

Bedenken Sie auch, dass Sie sich hier nicht bei einer Bank oder Versicherungsgesellschaft bewerben, sondern dass es eine Familie sein wird, die diese Unterlagen prüft. Da meist auch die Kinder dieser Familie die Bewerbung anschauen und mitentscheiden, ist es ganz besonders wichtig, dass Sie bei der Gestaltung der Bewerbung persönliche Akzente setzen.

Au-pair-Agenturen, die gründlich und zuverlässig arbeiten, verlangen von ihren Bewerbern die Einreichung folgender Unterlagen:

1. *einen Agentur-Bewerbungsbogen*
2. *einen Bewerbungsbrief*
3. *einen tabellarischen Lebenslauf*
4. *das letzte Schulzeugnis*
5. *mindestens eine Kinderbetreuungsreferenz*
6. *mindestens eine Charakterreferenz*
7. *Fotos*
8. *ein Gesundheitszeugnis*
9. *ein polizeiliches Führungszeugnis*
10. *eine Kopie des Führerscheines*

**Der Agentur-Bewerbungsbogen**

Dieser Fragebogen, der von der Bewerberin bzw. dem Bewerber ausgefüllt und unterschrieben werden muss, dient den Vermittlungsagenturen als Übersicht über die persönlichen Daten, Vorstellungen und Wünsche. Damit kann der Sachbearbeiter zuordnen und selektieren, so dass einer Gastfamilie nur Bewerbungen weitergeleitet werden, die für sie geeignet sind. Die Fragen auf den Bewerbungsbögen der verschiedenen Agenturen unterscheiden sich nur unwesentlich (siehe Muster).

**Bewerbungsbogen**

**Nachname** / Surname

**Vorname** / Firstname

**Adresse** / Address

**Telefonnummer mit Ländervorwahl**
Telephone Number with country code

**E-Mail-Adresse** / Email Address

**Nationalität** / Nationality

**Geschlecht** / Gender

**Geburtsdatum und –ort** / Date and place of birth

**Passnummer** / Passportnumber

**Familienstand** / Marital Status

**Religion** / Religion

**Schulausbildung** / School Education

**Beruf** / Profession

**Derzeitige Beschäftigung** / Present occupation

**Ihr gewünschter Abreisetermin** / Your preferred start date

**Name und Beruf der Mutter**
Name and profession of mother

**Name und Beruf des Vaters**
Name and profession of father

**Haben Sie einen Führerschein?**
Do you have a driver's license? ❑ **ja** / yes ❑ **nein** / no
**Seit wann?** / Since when?

**Rauchen Sie?** / Do you smoke? ❑ **ja** / yes ❑ **nein** / no
**Wenn ja, würden Sie im Haus der Familie und in Gegenwart der Kinder auf das Rauchen verzichten?** / If yes, would you refrain from smoking in the family's house and when the children are around? ❑ **ja** / yes ❑ **nein** / no

**Leiden Sie unter chronischen Erkrankungen oder Allergien?**
Do you suffer from any chronic illness or allergies? ❑ **ja** / yes ❑ **nein** / no

**Sind Sie Vegetarier?** / Are you vegetarian? ❑ **ja** / yes ❑ **nein** / no

**Wie gut sprechen Sie die Sprache des Gastlandes?**
How well do you speak the language of the target country?
❑ **sehr gut** / fluent ❑ **gut** / good ❑ **mittel** / intermediate ❑ **wenig** / poor

**Haben Sie weitere Fremdsprachenkenntnisse?**
Do you speak any other languages? ❑ **ja** / yes ❑ **nein** / no
**Wenn ja, welche?** / If yes, which?

**Ihre Hobbys und Interessen**
Your hobbies and interests

**Welche Erfahrungen haben Sie in der Kinderbetreuung?**
Which experiences do you have with children?

**Mit Kindern welchen Alters würden Sie gerne arbeiten?**
Children of what age would you like care for?
❑ **bis 1 Jahr** / up to 1 year ❑ **1-5 Jahre** / 1-5 years
❑ **5-10 Jahre** / 5-10 years ❑ **über 10 Jahre** / over 10 years

**Wieviele Kinder möchten Sie betreuen?**
How many children would you like to care for?
❑ **1-2** ❑ **3-4** ❑ **ich bin flexibel** / I am flexible

**Ihre Erfahrungen im Haushalt**
Your experiences in house work

**Bevorzugen Sie eine Gastfamilie** / Do you prefer a family
❑ **in einer Großstadt** / in a city ❑ **in einer Kleinstadt** / in a town
❑ **in ländlicher Gegend** / in a rural area ❑ **ich bin flexibel** / I am flexible

**Mögen Sie Tiere?**
Do you like pets? ❑ **ja** / yes ❑ **nein** / no

**Können Sie schwimmen?**
Can you swim? ❑ **ja** / yes ❑ **nein** / no

**Können Sie Fahrrad fahren?**
Can you ride a bike? ❑ **ja** / yes ❑ **nein** / no

**Sonstige Bemerkungen** / Any remarks

**Ort, Datum, Unterschrift**
Place, date, signature

**Der Bewerbungsbrief**

Der Brief an die noch unbekannte Gastfamilie soll in der Landessprache des Gastlandes abgefasst sein und sehr ausführlich über die einzelnen Bereiche Ihres bisherigen Lebensweges (Schule, Ausbildung, Wohnort etc.), über persönliche Interessen und Hobbys, Zukunftspläne und Familie berichten. Es ist ebenfalls sehr wichtig, dass Sie darüber Auskunft geben, ob Sie schon Erfahrungen mit Kindern und im Haushalt gesammelt haben und wie Sie sich einen Au-pair-Aufenthalt vorstellen. Erwähnen Sie unbedingt auch spezielle Lebensgewohnheiten wie zum Beispiel vegetarische Ernährung oder ein besonderes Engagement im politischen oder religiösen Bereich. Auch wenn Sie gesundheitlich beeinträchtigt sind, müssen Sie das erwähnen. Die Musterbriefe in englischer, französischer und spanischer Sprache auf den folgenden Seiten sollen Ihnen als Anregung dienen. Es gibt der Bewerbung übrigens eine persönlichere Note, wenn Sie den Brief von Hand schreiben. Das setzt natürlich ein sauberes Schriftbild und eine gut leserliche Handschrift voraus.

*Andrea Freitag*
*Dornröschenweg 13A*
*47282 Emsdetten*

*January 28th, 2008*

*Dear Family,*

*I am writing to apply for an au-pair-position in the London area. As you can see from my curriculum vitae I will soon be graduating from secondary school. Before starting an apprenticeship at a bank I would like to improve my English. I feel the best way to do so is to live with a British family for a while.*

*I grew up with my parents and my younger brother Michael in a small town in Southern Germany. I had a happy childhood and I have a good relationship with my family. I am still living at home which is very convenient for me. For many years I have been assisting my mother with our household chores as she works part-time. I am responsible for the ironing and vacuuming. Sometimes, I prepare simple meals for the whole family and I am sure everyone enjoys my creations.*

*I love having children around me. That is one of the reasons why I feel being an au-pair would be a good opportunity for me to combine my interests.*
*For the past two years I regularly babysat for a family with two children in our neighbourhood. Sabine is 2 years old and Tobias is 5. Both children are very cute and lively. I often take care of them while their parents go out for the evening. So my duties include feeding and bathing them and bringing them to bed. Sometimes I take the children out for a walk in the afternoon.*

*In my free time I do a lot of sports. In summer I like to go swimming and play tennis with my girl-friend Andrea. In the winter I go skiing in the Bavarian Alps which are just one hour drive from my home. I also love to meet friends and visit the cinema or theatre with them.*

*I am a very outgoing and open-minded person. I am considered to be reliable and responsible in all my duties and tasks.*

*I am looking forward to my au-pair-stay with your family and hope that you and your family will like my application.*

*With kindest regards*
*Andrea*

*Annika Prestele*
*Friedrichstr. 52*
*80796 München*

*Munich, le 22 août 2008*

*Chère famille d'accueil,*

*par la présente, je vous soumets ma candidature de jeune fille au pair en France. Comme vous pourrez le constater à la lecture de mon curriculum vitae, je vais bientôt obtenir l'Abitur, qui est l'équivalent allemand du baccalauréat et qui marquera le terme de ma formation scolaire. Avant de commencer des études, je voudrais améliorer mon niveau de français et élargir mon horizon dans le cadre d'un séjour à l'étranger. Par ailleurs, j'aime m'occuper d'enfants. Je pense donc que la meilleure possibilité de concilier ces activités qui m'intéressent serait de passer un certain temps dans une famille française.*

*Je suis originaire d'une petite ville du Sud de l'Allemagne, où j'ai vécu une enfance très heureuse en compagnie de mes parents et de mon jeune frère, Michael. J'entretiens encore de très bonnes relations avec mes parents. Je vis toujours dans la maison familiale, ce que je trouve très agréable. Depuis quelques années, j'aide ma mère dans les tâches ménagères parce qu'elle travaille. Ainsi, je suis responsable du repassage et je passe l'aspirateur. Parfois, je prépare des repas simples pour toute la famille, et tous sont enchantés de mon art culinaire.*

*Depuis près de deux ans, je fais régulièrement du baby-sitting dans une famille du voisinage qui a deux enfants, Katharina, âgée de 3 ans, et Fabian, qui en a 6. Ce sont deux enfants mignons et bien éveillés. Je les surveille souvent pendant que leurs parents sortent, le soir. Je leur prépare un dîner, je les lave et je les mets au lit. Avant qu'ils ne s'endorment, je leur lis une histoire ou bien nous chantons tous ensemble. L'après-midi aussi, il m'arrive de les accompagner à la plaine de jeux ou de faire une promenade avec eux.*

*À mes heures de loisirs, je fais surtout du sport. Je pratique régulièrement la natation et je joue au tennis avec mon amie Claudia.*
*J'aime me réunir avec mes amis pour aller au cinéma ou au théâtre, ce que nous faisons souvent.*

*Je suis une jeune fille ouverte et tolérante qui s'attache à remplir ses tâches et ses obligations avec toute la fiabilité et la responsabilité qu'on attend d'elle.*

*Je serais très heureuse si votre famille acceptait de m'engager comme jeune fille au pair.*

*Espérant que ma candidature répondra à vos attentes, je vous prie d'agréer, chère famille d'accueil, mes salutations distinguées.*

*Amicalement*
*Annika*

*Yvonne Leibrock*
*Sudetenstr. 122*
*89423 Gundelfingen*

*Gundelfingen, 18 de abril de 2008*

*Querida Familia,*

*les escribo para solicitar el puesto de au pair en el área de Madrid. Como pueden ver en mi currículum vitae me graduaré pronto en la escuela secundaria. Antes de empezar mi aprendizaje en un banco me gustaría mejorar mi conocimiento de inglés. Yo creo que lo mejor para perfeccionar mi espagnol es vivir con una familia británica durante un tiempo.*

*Crecí con mis padres y mi hermano pequeño Michael en un pequeño pueblo del sur de Alemania. Tuve una infancia muy feliz y todavía tengo muy buena relación con mi familia. Todavía vivo con mis padres, lo cual es muy conveniente para mí. Durante muchos años he ayudado a mi madre con las tareas domésticas porque ella trabaja a tiempo parcial. Soy la responsable de planchar y pasar el aspirador. A veces preparo comidas simples para toda la familia y estoy segura de que todos disfrutan con mis creaciones.*

*Me encanta tener niños a mi alrededor. Esa es una de las razones por las que creo que ser au pair es una buena oportunidad para combinar mis intereses.*

*Los últimos dos años me he ocupado regularmente de los niños de una familia de nuestro vecindario. Sabine tiene dos años y Tobias tiene cinco. Ambos son muy buenos y activos. Suelo ocuparme de ellos mientras sus padres salen por la tarde-noche. Asi que mis tareas incluyen darles la cena, darles el baño y llevarles a la cama. Algunas veces me los llevo a dar un paseo por la tarde.*

*En mi tiempo libre hago mucho deporte. En verano voy a nadar y a jugar al tenis con mi amiga Andrea. En invierno voy a esquiar a los Alpes Bávaros, los cuales están a una hora en coche de mi casa. Me encanta quedar con mis amigos e ir al cine o al teatro con ellos.*

*Soy una persona extrovertida y de mente abierta. Me considero de confianza y responsable con mis deberes y tareas.*

*Espero su respuesta sobre el puesto de au pair en su familia y espero que a usted y a su familia les guste mi solicitud.*

*Con los mejores deseos.*
*Yvonne*

**Der Lebenslauf**

Er sollte klar und übersichtlich in tabellarischer Form und in der Landessprache des gewünschten Gastlandes abgefasst sein, wie es das Muster (hier in Englisch) zeigt.

*Curriculum Vitae*

| | |
|---|---|
| *Name:* | *Friederike Edelmann* |
| *Address:* | *Haimhauser Str. 12*<br>*85722 Osternberg* |
| *Telephone:* | *0049 8171 xx xx xx* |
| *Fax:* | *0049 8171 xx xx xx* |
| *E-mail:* | *Friederike-Edelmann@t-online.de* |
| *Date of Birth:* | *April 11th, 1989* |
| *Place of Birth:* | *Munich* |
| *Nationality:* | *German* |

*Education*

*September 1995 – July 1999:*
*Grundschule Geretsried*
*Primary School, Geretsried*

*September 1999 – present:*
*Gabriel-von-Seidel Gymnasium, Bad Tölz*
*Abitur (A-levels) expected July 2008*

*Additional Skills*

| | |
|---|---|
| *Languages:* | *German: native speaker*<br>*English: fluent*<br>*French: poor* |

*Knowledge of First Aid*

| | |
|---|---|
| *Leisure interests:* | *Tennis – Member of a club team*<br>*Cooking – evening courses*<br>*Singing (choir)* |

**Zeugnisse und Referenzen**
Wichtiger Bestandteil einer Au-pair-Bewerbung sind verschiedene Nachweise. Das letzte Schulzeugnis und eventuell Zeugnisse vom Arbeitgeber dürfen dabei nicht fehlen. Textinhalte der Zeugnisse sollten in eigenen Worten in die jeweilige Landessprache übersetzt werden. Eine Beglaubigung ist jedoch in der Regel nicht nötig.
Üblicherweise sollte eine Au-pair-Bewerbung zwei Referenzen beinhalten, mindestens eine davon sollte die Betreuung von Kindern belegen. Diese Referenz könnte zum Beispiel von einer Familie ausgestellt worden sein, bei der Sie über einen längeren Zeitraum als Babysitter tätig waren. Die Referenz soll den Zeitraum der Beschäftigung, die Anzahl und das Alter der Kinder und das Aufgabengebiet beschreiben und bewerten.
Außerdem wäre es gut, wenn darin auch ausdrücklich eine Empfehlung ausgesprochen wird.

***Beispiel:** „Andrea K. ist seit etwa zwei Jahren regelmäßig an ein bis zwei Aben den in der Woche Babysitter für unsere beiden Kinder Sabine (drei Jahre alt) und Tobias (sechs Jahre alt). Zu ihren Aufgaben zählt das Zubereiten des Abendessens für die Kinder sowie das Zubettbringen mit Waschen, Umziehen, Vorlesen, etc. Andrea hat schon mehrmals während unserer Abwesenheit die Kinder tagsüber betreut und alle dabei anfallenden Aufgaben zu unserer vollsten Zufriedenheit erledigt. Sie geht sehr verständnisvoll und geduldig mit den Kindern um und war stets zuverlässig und verantwortungsbewusst. Wir können Andrea für eine Au-pair-Tätigkeit ohne Weiteres empfehlen.“*

Die zweite Referenz sollte von jemandem ausgestellt sein, der die Bewerberin oder den Bewerber schon seit langem kennt, zum Beispiel von einem Lehrer, einem Nachbarn, einem Freund der Familie, einem Pfarrer oder einer Sporttrainerin. In dem Schreiben sollte erwähnt sein, wie lange und auf welcher Basis die Bekanntschaft besteht. Auch auf charakterliche Eigenschaften sollte eingegangen werden.

***Beispiel:** „Ich kenne Andrea K. seit einem Jahr. Sie besucht meinen Englischunterricht im Max-Planck-Gymnasium in Mainz. Andrea ist eine hilfsbereite und engagierte Schülerin, die bei ihren Mitschülern und auch den Lehrerkollegen beliebt ist. Sie zeigt sich im Unterricht* *vielseitig interessiert und leistet gute Beiträge. Ich halte Andrea für eine Auslandstätigkeit als Au-pair-Mädchen für geeignet."*

Wichtig bei beiden Referenzen ist, dass ein Absender auf dem Briefkopf steht und dass eine Übersetzung in die Sprache des Wunschlandes beigefügt ist, falls der Brief nicht schon in dieser Sprache geschrieben wurde und, dass sie unterschrieben sind. Manche Agenturen stellen Vordrucke zur Verfügung, die von den Referenzgebern auszufüllen und zu signieren sind.

**Fotos**

Fotos haben eine große Bedeutung. Viele Familien, die sich Bewerbungsunterlagen von möglichen Bewerberinnen und Bewerbern ansehen, beteiligen ihre Kinder an der Entscheidung. Natürlich lassen sich Kinder besonders von den Fotografien beeindrucken. Stellen Sie deshalb eine Auswahl an ansprechenden Aufnahmen zusammen. Auf diesen Fotos können Sie auch zusammen mit anderen Personen abgebildet sein. Sehr interessant wirkt eine Fotocollage mit entsprechenden Kommentaren.

**Das Gesundheitszeugnis**

Das Gesundheitszeugnis für die Bewerbung in ein europäisches Land muss keine bestimmte Form haben. Es genügt in der Regel eine Bescheinigung des Hausarztes über eine Untersuchung mit dem Ergebnis, dass bei der Bewerberin bzw. dem Bewerber keine chronischen oder infektiösen Erkrankungen vorliegen und sie bzw. er psychisch und physisch in der Lage ist, eine Au-pair-Tätigkeit auszuüben. Wichtig: Das Gesundheitszeugnis darf bei Einreise in das Gastland nicht älter als drei Monate sein.
Für eine Bewerbung als Au-pair in die USA erhält man von den Vermittlungsagenturen ein Formblatt, das der Hausarzt ausfüllen muss. Hier sind sämtliche Impfungen und Kinderkrankheiten anzugeben und der allgemeine Gesundheitsstatus wird detailliert erfragt.
Wer die Aufenthalts- und Arbeitserlaubnis für eine Position als Caregiver in Kanada beantragt, muss einen Vertrauensarzt aufsuchen, der ihm von der Kanadischen Botschaft genannt wird.

**Das polizeiliche Führungszeugnis**

Das polizeiliche Führungszeugnis wird inzwischen von fast allen Agenturen und für fast jedes Gastland verlangt. Man beantragt es bei der Gemeinde-

bzw. Stadtverwaltung, bei der man gemeldet ist. Die Bearbeitungszeit beträgt in der Regel zwei bis vier Wochen.
Das polizeiliche Führungszeugnis gibt darüber Auskunft, ob Einträge im Strafregister vorliegen.

**Führerschein**
In manchen Ländern, wie zum Beispiel den USA, gehört der Führerschein zu den Grundvoraussetzungen. Aber auch in vielen europäischen Ländern wünschen sich Gastfamilien ein Au-pair mit Führerschein. Eine Kopie davon sollten Sie Ihren Bewerbungsunterlagen beifügen. Am besten beantragen Sie bei der für Sie zuständigen Zulassungsstelle auch gleich den Internationalen Führerschein. Er gilt für drei Jahre und wird in manchen Ländern (z. B. USA) verlangt.

**Besondere Wünsche**
Grundsätzlich gilt: Je mehr spezielle Platzierungswünsche in der Bewerbung angegeben werden, desto eingeschränkter sind die Vermittlungschancen.
Ein Beispiel: eine Abiturientin, die sich für einen Au-pair-Aufenthalt in Frankreich bewirbt, gibt in ihrer Bewerbung an, dass sie nur eine Gastfamilie akzeptiert, die in der Stadt Tours lebt, nicht mehr als zwei Kinder im Alter von mindestens fünf Jahren hat und außerdem Rücksicht auf ihre vegetarische Ernährung nimmt. Zusätzlich wünscht sie sich, dass im Hause der Familie ein Klavier vorhanden ist, da sie auf ihre täglichen Klavierübungen nicht verzichten möchte.
Es ist klar, dass jede Vermittlungsagentur Schwierigkeiten haben wird, diese Bewerberin ihren Wünschen entsprechend zu vermitteln. Und jede Gastfamilie, die diese Bewerbung bekommt und nicht exakt den Vorstellungen der Bewerberin entspricht, wird gar nicht erst ein Vorgespräch anstreben.
Ortswünsche können manchmal berücksichtigt werden, wenn sie nicht zu ausgefallen sind. Natürlich wird darauf geachtet, ob jemand die Großstadt oder eher das Landleben vorzieht. Auch Wunschangaben bezüglich Alter und Anzahl der zu betreuenden Kinder werden ernst genommen. Wenn die Vermittlungsagentur dem einen oder anderen Platzierungswunsch nicht entsprechen kann, wird der Vermittlungsbeauftragte mit der Bewerberin oder dem Bewerber die Vorstellungen nochmals eingehend besprechen.

# Die Vermittlung

## Grundlagen

Nachdem die kompletten Bewerbungsunterlagen bei der deutschen Vermittlungsagentur eingegangen sind und geprüft wurden, werden sie an eine Partneragentur im gewünschten Gastland weitergeleitet. Die meisten Agenturen senden der Bewerberin bzw. dem Bewerber eine Eingangsbestätigung und die genaue Anschrift der Partneragentur.

Für Vermittlungen in europäische Länder genügt fast immer eine schriftliche Bewerbung. Die Vermittlung in außereuropäische Länder, vor allem in die USA und nach Kanada, setzt die Teilnahme an einem persönlichen Gespräch, dem so genannten Interview, voraus. Die meisten Vermittlungsagenturen haben Repräsentanten im ganzen Bundesgebiet, die diese Vorbereitungsgespräche durchführen. Der Interviewer hat die Aufgabe zu prüfen, ob die Bewerberin oder der Bewerber über ausreichende Englischkenntnisse verfügt und die persönliche Reife und Eignung für eine Auslandstätigkeit mitbringt. Die Teilnehmer an dem USA-Au-pair-Programm müssen sich sogar einem psychologischen Test unterziehen. Die meisten Fragen in diesem Test drehen sich um Toleranz, Anpassungsfähigkeit, persönliche Reife, Selbstständigkeit, Verantwortungsbewusstsein und Belastbarkeit. Zusammen mit dem „Interview-Report" wird der Testbogen über die deutsche Vermittlungsstelle an den Partner in den USA weitergeleitet.

Die eigentliche Vermittlungsarbeit der ausländischen Agentur besteht nun darin herauszufinden, welche der anfragenden Gastfamilien zu welcher der Bewerbungen passen könnte. Dabei werden zunächst ganz formale Dinge abgestimmt wie zum Beispiel das angestrebte Antrittsdatum und die geplante Aufenthaltsdauer. Weiter wird verglichen, ob sich die Platzierungswünsche der Bewerber mit den Gegebenheiten in der Gastfamilie decken. Eine Raucherin kann nicht in einen Nichtraucherhaushalt vermittelt werden. Wenn eine Gastfamilie für den Transport der Kinder ein Au-pair mit Führerschein braucht, muss nicht nur der Führerschein sondern auch Fahrpraxis vorhanden sein.

Ideal ist es natürlich, wenn es zwischen Gastfamilie und Au-pair-Bewerber auch Übereinstimmung bei ganz persönlichen Lebenseinstellungen gibt (wie zum Beispiel Naturverbundenheit, religiöses, soziales oder politisches Engagement, Tierliebe oder besondere -abneigung, Ernährungsgewohnheiten).

***Praxisbeispiel 1:*** *Janine D. aus Halle bewarb sich für einen Au-pair-Aufenthalt in England. Da ihre Freundin schon die Zusage für eine Au-pair-Stelle in Birmingham hatte, wollte sie gerne in ihrer Nähe unterkommen. In dem Bewerbungsbogen der Agentur gab sie an, dass sie bereit sei, Kinder ab einem Alter von fünf Jahren zu betreuen, weil sie der Auffassung war, dass man mit Kindern, die jünger als fünf sind, die englische Sprache nicht ausreichend üben könne. Sie erwähnte auch, dass es ihr lieber wäre, wenn die Familie nicht mehr als zwei Kinder hat. Janine lehnte es außerdem ab, bei einem allein erziehenden Elternteil zu leben und wollte in einen Nichtraucher-Haushalt vermittelt werden.*
*Die deutsche Agentur beauftragte ihre Partnerorganisation in Birmingham mit der Vermittlung. Alle in der Kartei befindlichen Gastfamilien, die zum entsprechenden Zeitpunkt ein Au-pair-Mädchen aus Deutschland suchten, wurden auf die gewünschten Kriterien hin geprüft. Es blieben drei Gastfamilien, denen die Bewerbung (zusammen mit zwei bis drei anderen Kandidatinnen) vorgestellt wurde. Eine der Familien war an Janine interessiert und nahm gleich telefonisch Kontakt zu ihr auf. Das erste Gespräch verlief sehr erfreulich und man vereinbarte ein zweites Telefonat wenige Tage später. Janine war sehr aufgeregt und voller Vorfreude. Auch die Gastmutter, die das Gespräch geführt hatte, war sehr zuversichtlich und hoffte, das richtige Mädchen schon gefunden zu haben. Beim zweiten Telefonat sprach Janine dann auch mit der siebenjährigen Tochter der Gastfamilie und erfuhr dabei von der kleinen Katze, die sich die Familie vor einigen Wochen zugelegt hatte. Janine litt unter einer Tierhaar-Allergie! Besonders auf Katzenhaare reagierte sie sehr stark. Sie hatte dies in der Bewerbung nicht erwähnt, weil sie ihre Vermittlungschancen damit nicht schmälern wollte. Nun aber sah sie ein, dass ein ganzes Jahr mit einer Katze im Haus eine unzumutbare gesundheitliche Beeinträchtigung für sie darstellen würde. Sie musste absagen. Die Enttäuschung auf beiden Seiten war sehr groß. Die Vermittlungsagentur musste ihre Vermittlungsbemühungen erneut aufnehmen.*

***Praxisbeispiel 2:*** *Yvonne D. aus Germering reichte bei einer deutschen Vermittlungsagentur ihre Bewerbung für ein halbes Au-pair-Jahr in Spanien ein. Da ihre spanischen Sprachkenntnisse noch sehr gering waren, wünschte sie sich eine Gastfamilie, in der auch etwas Deutsch gesprochen wird. In Bezug auf das Alter und die Anzahl der Kinder war sie flexibel und auch die Gegend, in der die Familie lebte, war für sie kein entscheidendes Kriterium. Es ging ihr hauptsächlich darum, Spanisch zu lernen und Auslandserfahrung zu sammeln.*

*Die Vermittlungsagentur in Deutschland beauftragte ihre Partnerorganisation in Marbella mit der Vermittlung von Yvonne. Aufgrund Yvonnes Flexibilität konnte die Bewerbung gleich mehreren Familien vorgestellt werden und da die Unterlagen von Yvonne sehr ansprechend gestaltet waren, meldeten sich drei spanische Familien telefonisch bei Yvonne. Die Gespräche wurden in Deutsch, Spanisch und Englisch geführt, je nach dem, wie man sich am besten verständigen konnte. Yvonne notierte sich zu jedem Gespräch die wichtigsten Details und verglich die Angebote miteinander. Dabei hielt sie auch Rücksprache mit der zuständigen Sachbearbeiterin ihrer deutschen Agentur, die ihr weitere Familien-Angaben lieferte und nach wenigen Tagen wusste, dass zwei der drei Familien Yvonne gerne als Au-pair-Mädchen aufnehmen würden. Weitere Telefonate wurden geführt und Yvonne entschied sich schließlich für die Familie Lopez-Hidalgo aus Marbella. Die beiden Kinder dieser Familie besuchten die deutsche Schule in Marbella und es wurde vereinbart, dass Yvonne jeden Tag eine Stunde Deutsch mit den Kindern sprechen würde.*

*Das Au-pair-Verhältnis nahm einen glücklichen Verlauf und Yvonne verlängerte ihren Aufenthalt sogar um drei Monate.*

## Telefonate und Briefe

Diese beiden Beispiele zeigen, wie wichtig die erste telefonische Kontaktaufnahme zwischen Au-pair-Bewerber/-in und Gastfamilie ist.

Natürlich ist man unglaublich aufgeregt, wenn plötzlich der lang ersehnte Anruf einer Gastfamilie aus dem Ausland kommt. Man muss sich ganz plötzlich auf die fremde Sprache einstellen und vielleicht sogar mit einem Dialekt zurechtkommen. Da soll man nun einen guten Eindruck machen! Man hat sich die ganze Zeit überlegt, was man sagen und fragen wird, doch plötzlich sind alle Gedanken wie weggeblasen und man muss alle Konzentration dafür aufwenden, zu verstehen, was die Gastmutter oder der Gastvater am anderen Ende erzählt und fragt.

Zur Vorbereitung auf dieses außergewöhnlich wichtige Telefonat sollten Sie sich deshalb eine Liste mit Fragen anfertigen, die Sie an die Gastfamilie haben. Formulieren Sie am besten gleich in der Landessprache. Einige Beispiele:

- *Wie alt sind die Kinder? Wie viele sind es?*
- *Gehen sie zur Schule/in den Kindergarten?*
- *Was unternehmen sie gerne?*
- *Welche Berufe haben die Eltern?*
- *Arbeiten beide? Zu welchen Zeiten?*
- *Was gehört zu meinen Aufgaben?*
- *Hatte die Familie schon vorher Au-pairs?*
- *Wie ist die Umgebung?*
- *Was tut die Familie in der Freizeit/am Wochenende?*
- *Kann ich einen Sprachkurs besuchen?*

Gastfamilien bewerten es immer positiv, wenn die Bewerberin oder der Bewerber großes Interesse an den Kindern, dem Tagesablauf der Familie, dem bevorstehenden Aufgabenbereich und den allgemeinen Lebensumständen zeigt. Weniger gut kommt an, wenn man sich nur nach der Höhe des Taschengeldes, der Freizeit und weiteren Leistungen der Familie erkundigt. Fragen wie „Habe ich einen Fernsehapparat zur Verfügung?“ oder „Kann ich abends immer ausgehen?“ „Sind Diskotheken in der näheren Umgebung?“ sind bei diesem ersten Telefonat fehl am Platz. Besser klingt zum Beispiel: „Wie heißen die Kinder?“ „Wann ist der Geburtstag von Jean-Luc?“ „Was spielt er gerne?“ „Kann ich später auch mit ihm sprechen?“

Um einen offenen und aufgeschlossenen Eindruck zu erwecken, sollten Sie auch von etwas von sich selbst erzählen. Es wird die Gastfamilie zum Beispiel interessieren, warum Sie sich für einen Au-pair-Aufenthalt entschieden und warum Sie gerade dieses Land gewählt haben. (Vielleicht haben Sie dort schon einen Urlaub verbracht.) Auf jeden Fall wird es der Gastmutter oder dem Gastvater gefallen, wenn Sie von Ihren Erfahrungen im Umgang mit Kindern berichten.

Hier sind einige Beispiele für Fragen, die die Gastfamilie Ihnen stellen könnte:

- *Warum haben Sie sich für einen Au-pair-Aufenthalt entschieden?*
- *Warum gerade unser Heimatland?*
- *Was wissen Sie über unser Land? Waren Sie schon mal hier?*
- *Waren Sie schon einmal längere Zeit von zu Hause weg?*
- *Welche Erfahrungen haben Sie mit Kindern?*
- *Wie gehen Sie mit Kindern um (eher freundschaftlich oder eher autoritär)?*
- *Beschreiben Sie Ihre Beziehung zu Ihren Familienmitgliedern.*
- *Was erwarten Sie von uns als Gastfamilie?*
- *Haben Sie einen Freund/eine Freundin?*
- *Welche Hausarbeiten verrichten Sie zu Hause?*
- *Mögen Sie Sport?*
- *Sind Sie eher ein Nachtmensch oder am Tag aktiv?*
- *Welche Ernährungsgewohnheiten haben Sie?*
- *Sind Sie gläubig? Besuchen Sie regelmäßig den Gottesdienst?*
- *Wie verbringen Sie Ihre Freizeit?*
- *Beschreiben Sie Ihre Persönlichkeit und Ihre Weltanschauung.*

Zeigen Sie während des Telefonates ruhig auch ein paar Gefühlsregungen. Bringen Sie beispielsweise zum Ausdruck, wie sehr Sie sich über den Anruf freuen und dass Sie schon voller Spannung auf die Abreise warten.
Nach diesem ersten Telefonat wird jede Seite, Gastfamilie und Au-pair, zunächst das Gespräch überdenken und eine Entscheidung treffen. Im Falle einer beiderseits positiven Entscheidung werden ein oder zwei Tage später in einem zweiten oder dritten Telefonat weitere Einzelheiten besprochen und auch schon ein Anreisetermin festgelegt.

Meist dauert es dann noch einige Wochen bis zur Abreise. Bis dahin sollten Sie mit Ihrer Gastfamilie regelmäßig telefonisch oder per E-Mail in Kontakt bleiben. Dieser Kontakt stellt nämlich schon vorab eine Bindung her. Eine nette Geste sind zum Beispiel Postkartengrüße aus der Heimat oder eine kurze E-Mail-Nachricht, in der man sich für die Gespräche bedankt und die Vorfreude auf die gemeinsame Au-pair-Zeit deutlich macht.

## Der Au-pair-Vertrag

Für Au-pair-Verhältnisse im europäischen Ausland und in den USA wird nicht immer ein Au-pair-Vertrag geschlossen. Die Vermittlungsagenturen regeln die Bedingungen mit der Gastfamilie und geben der Au-pair-Bewerberin oder dem Au-pair-Bewerber lediglich eine schriftliche Bestätigung der vereinbarten Arbeits- und Freizeit sowie des Taschengeldes. Diese Vereinbarung enthält auch Einzelheiten über die Mitglieder der Gastfamilie, die Unterkunft des Au-pairs, die Lage des Wohnortes mit den Verbindungen öffentlicher Verkehrsmittel und Ähnliches. Einen Rechtsanspruch auf die Einhaltung der vereinbarten Bedingungen gibt es nicht. Wenn die Vereinbarung vom Au-pair oder der Gastfamilie nicht erfüllt wird, fungiert die Vermittlungsagentur als „Schiedsrichter“ – falls persönliche Aussprachen nicht zum Erfolg führen. (Siehe dazu auch das Kapitel „Konflikte“ auf der Seite 64.)
(Anders ist es bei den Caregivers in Kanada geregelt. Da es sich hierbei um ein Arbeitnehmerverhältnis handelt und eine Arbeitserlaubnis beantragt werden muss, ist es erforderlich, einen Vertrag mit allen tariflich vorgegeben Details auszuarbeiten, der dann von beiden Seiten gegengezeichnet werden muss.)

## Wie werde ich Au-pair?

- *Tragen Sie Informationen zusammen*
- *Besorgen Sie sich Fachliteratur*
- *Sprechen Sie mit ehemaligen Au-pairs*
- *Fordern Sie Informationsmaterial von Agenturen an*

- *Nehmen Sie mit der Berufsberatung der Arbeitsämter Kontakt auf (Berufsinformationszentren)*
- *Recherchieren Sie im Internet*
- *Treffen Sie eine Entscheidung über Gastland, Dauer und Beginn Ihres Aufenthalts*
- *Wählen Sie eine Vermittlungsagentur aus*
- *Stellen Sie Ihre Bewerbung zusammen und reichen Sie sie bei der Agentur ein*
- *Warten Sie auf die Vermittlung*
- *Halten Sie Kontakt zur Gastfamilie*
- *Klären Sie Visums- und Versicherungsfragen*
- *Treffen Sie Ihre Reisevorbereitungen*

## Letzte Vorbereitungen

Wenn der Abreisetermin endgültig feststeht, der Flug oder die Bahn- bzw. Busfahrt gebucht ist, informieren Sie Ihre künftige Gastfamilie und die Vermittlungsagentur über die Details Ihrer Ankunft. Um Missverständnissen vorzubeugen, empfiehlt sich eine schriftliche Benachrichtigung. Sie können davon ausgehen, dass die Familie Sie vom Flughafen, Bahnhof oder Busbahnhof abholen wird, wenn dies nicht zu umständlich ist. Fragen Sie die Familie nach einer Mobil-Telefonnummer, unter der sie erreichbar ist, falls es zu erheblichen Verspätungen kommt oder Sie sich tatsächlich verfehlt haben. Die Anschrift der Familie und der betreuenden Agentur sollten Sie auf jeden Fall griffbereit haben, so dass Sie im Notfall auch per Taxi oder öffentlichen Verkehrsmitteln Ihr Ziel erreichen könnten.
Wenn Sie fliegen, erkundigen Sie sich bei der Fluggesellschaft nach den aktuellen Gepäckbestimmungen. Informationen dazu findet man auf den entsprechenden Websites. Denken Sie auch daran, Ihren Flug einige Tage vor Abreise telefonisch bestätigen zu lassen.

# Endlich Au-pair!

## Die Ankunft

Einer der spannendsten und aufregendsten Momente des Au-pair-Aufenthaltes ist das erste persönliche Zusammentreffen mit Ihrer neuen „Familie auf Zeit“. Nach einer meist strapaziösen Anreise per Bahn, Bus oder Flugzeug treffen Sie endlich die Menschen, mit denen Sie in den nächsten Monaten einen großen Teil Ihres Lebens verbringen werden.

Einen guten Start, vor allem bei den Kindern, verschaffen Sie sich, wenn Sie ein paar kleine Geschenke aus dem Gepäck zaubern. Damit ist oft schon das Eis gebrochen und die Kinder finden schnell Zugang zu ihrer neuen Bezugsperson.

Auch wenn auf den ersten Blick vieles ganz anders zu sein scheint, als Sie es erwartet haben, sollten Sie sich Zeit geben und sich nicht gleich in den ersten Stunden der Enttäuschung und Verzweiflung hingeben. Am nächsten Tag, nachdem Sie ausgeschlafen und die Reisestrapazen überwunden haben, sieht meist alles viel positiver aus und Sie können voller Energie auf das Neue zugehen. Wenn erst mal alles ausgepackt ist, nimmt auch das eigene Zimmer einen persönlichen Charakter an. Das Haus der Familie wird immer vertrauter, mit der Zeit weiß man, wo was zu finden ist und wie alle Geräte funktionieren. Auch die Umgebung wird mit Hilfe der Gastfamilie langsam erkundet.

Gegenüber der neuen Familie sollten Sie sich offen zeigen. Auch wenn Sie am Anfang noch Schwierigkeiten haben, alles zu verstehen und auszudrücken, ist es ganz wichtig, sich nicht im Zimmer zu verkriechen, sondern den Kontakt zur Familie zu suchen. An den gemeinsamen Mahlzeiten sollten Sie unbedingt teilnehmen und auch bei der Zubereitung helfen. Das Vertrauen der Kinder gewinnt man am ehesten, wenn man Anteil an deren Interessen nimmt.

*Der siebenjährige Justin der Familie Fitzpatrick in New Jersey hatte in seinem Zimmer eine Reihe von Postern an den Wänden angebracht, auf denen Schlittenhunde und Wölfe abgebildet waren. Annette S. aus Memmingen nahm diese Beobachtung gleich am Tag nach ihrer Ankunft zum Anlass, mit Justin ausführlich über dieses Thema zu diskutieren. Sie stellte ihm viele Fragen und erzählte von ihren Begegnungen mit Huskys. Damit war der Bann zwischen den beiden gebrochen.*

Die ersten Wochen sind für Au-pair und Gastfamilie die schwierigste Zeit. Vor allem das Au-pair-Mädchen oder der Au-pair-Junge muss sich auf viele neue Situationen einstellen und die anfänglichen Sprachschwierigkeiten meistern. Es ermüdet unwahrscheinlich, wenn man sich ununterbrochen in einer fremden Sprache ausdrücken muss und ständig bemüht ist, seine Gesprächspartner zu verstehen. Nach drei bis vier Wochen jedoch verliert man ganz automatisch die Sprachhemmung und hat sich an die Aussprache gewöhnt. Man beginnt sogar, in der Sprache des Gastlandes zu denken und es macht kaum noch Mühe, sich an Gesprächen zu beteiligen.

Ein respektvolles und partnerschaftliches Verhältnis zu den Gasteltern ist die Basis für eine harmonische Au-pair-Beziehung. Sie sollten immer wieder das Gespräch mit den Gasteltern suchen. Achten Sie aber darauf, dass Sie die richtigen Momente für Unterhaltungen abpassen.

Die ersten Tage nach der Ankunft sind meist geprägt von Begeisterung, Enttäuschung, Spannung und natürlich Heimweh. Man erfährt ein Auf und Ab der Gefühle und befindet sich ständig zwischen Hochstimmung und Verzweiflung. Das ist ganz normal – geben Sie sich etwas Zeit, um sich einzugewöhnen.

## Die ersten Wochen

Die erste Zeit der überschwänglichen Gefühle geht dann jedoch häufig in eine kritische Phase über, in der man plötzlich starkes Heimweh bekommt. Man vermisst die vertraute Umgebung, Freunde und Familie. Man möchte sich zurückziehen, Briefe schreiben, Musik hören. Viele Au-pairs erleben diese ersten Wochen als Wechselbad der Gefühle.

Mit der Zeit wird jedoch fast alles in geordnete Bahnen gelenkt. Man findet Kontakte außerhalb der Gastfamilie und schließt Freundschaften. Schließlich kennt man sich in der Umgebung immer besser aus. Das fremdartige Essen wird vertrauter und auch der Umgang mit den Kindern geht leichter von der Hand.

Was bei manchen während der gesamten Zeit bleibt, ist das Heimweh. An einigen Tagen trifft es einen mehr, zum Beispiel an Weihnachten oder am Geburtstag. An anderen Tagen denkt man hingegen überhaupt nicht an zu Hause.

Eine große Rolle – gerade auch in den ersten Wochen – spielen die zwischenmenschlichen Beziehungen zwischen Au-pair und den Mitgliedern der Gastfamilie. Einfühlungsvermögen, Anpassungsfähigkeit, Taktgefühl, Toleranz, Offenheit und Kompromissbereitschaft sind dabei besonders wichtig.
Sobald Sie in den geregelten Tagesablauf der Gastfamilie integriert sind, wird der Alltag viele der anfänglichen Schwierigkeiten verdrängen. Die Aufgaben lassen Ihnen kaum noch Zeit für wehmütige Gedanken an die Freunde und Familie in der Heimat. Mit dem regelmäßigen Besuch eines Sprachkurses beginnt man auch außerhalb der Gastfamilie Bekanntschaften zu machen und braucht natürlich auch Zeit für die Vorbereitung des Unterrichts. Immer mehr wird auch Ihr Freizeitprogramm ausgefüllt mit sportlichen, kulturellen oder sozialen Aktivitäten, so dass die Zeit wie im Fluge zu vergehen scheint.

Schon nach wenigen Wochen ist die Arbeits- und Freizeit so strukturiert, dass Sie sich beinahe wie zu Hause fühlen.

# Der Tagesablauf

Die Einteilung des Tagesablaufes eines Au-pair-Mädchens oder -Jungen richtet sich nach den häuslichen Gegebenheiten und Bedürfnissen der Gastfamilie und ist von diesen Faktoren abhängig:

- *Anzahl und Alter der im Haushalt lebenden Kinder*
- *Berufstätigkeit und die damit verbundene Ab- und Anwesenheit der Gasteltern*
- *Schul- und Kindergartenzeiten der Kinder*
- *sonstige Aktivitäten der Kinder (Hausaufgaben, Sport- oder Musikunterricht, Arztbesuche etc.)*
- *Art und Umfang der Aufgaben*
- *Sprachkurse*

Julia R. aus Augsburg schildert den Ablauf ihres Au-pair-Alltages bei der Familie Loiseau in Fontainebleau folgendermaßen:

*„Da meine Gasteltern schon frühmorgens das Haus verließen, um zur Arbeit zu fahren, begann mein Tag um 7.00 Uhr mit dem Wecken der beiden Schulkinder Quentin und Laurène, die neun und zwölf Jahre alt waren. Ich bereitete für uns alle das Frühstück zu und hatte dann darauf zu achten, dass sich die beiden pünktlich auf den Schulweg machten. Anschließend weckte ich den fünfjährigen Christopher, half ihm beim Anziehen und frühstückte mit ihm zusammen.*
*Gegen 9.00 Uhr begleitete ich Christopher zum Kindergarten und besorgte auf dem Rückweg die Einkäufe, die mir Mme Loiseau aufgetragen hatte. Im Laufe des Vormittags erledigte ich einige einfache Hausarbeiten wie zum Beispiel Betten machen, Küche aufräumen und bügeln. Die Zeit, die mir dann blieb, bis ich das Mittagessen vorbereiten und Christopher vom Kindergarten abholen musste, war meine Freizeit. Meistens nutzte ich sie, um für den Sprachkurs zu lernen, oder ich ging joggen.*
*Um 13.00 Uhr holte ich Christopher vom Kindergarten ab und nahm dann mit ihm eine kleine Mahlzeit ein. Gegen 14.00 Uhr kam dann meine Gastmutter ungefähr gleichzeitig mit Quentin und Laurène nach Hause und meine Arbeitzeit war für den Tag beendet.*
*Den Nachmittag verbrachte ich meist damit, andere Au-pairs zu treffen oder meinem Hobby, der Malerei, nachzugehen. Manchmal unternahm ich aber auch etwas mit den Kindern, obwohl das nicht zu meiner Arbeitszeit gehörte. Mittwochs musste ich den ganzen Vormittag für die Kinder da sein, denn die beiden großen Kinder hatten keinen Schulunterricht. Meinen Sprachkurs besuchte ich jeden Montag-, Dienstag- und Donnerstagnachmittag."*

Ganz anders sah der Alltag bei Claudia F. aus Griesstätt aus. Sie verbrachte ein Jahr bei Familie Howard in Eureka, Oregon.

*„Obwohl meine Gastmutter nicht berufstätig war, lag die Verantwortung für die Betreuung der beiden Jungen Paul und Ronan, die gerade zwei und dreieinhalb Jahre alt waren, als ich meine Au-pair-Stelle antrat, fast vollständig bei mir. Mein Arbeitstag begann mit dem Aufwachen der Kinder meist schon um 6.00 oder 7.00 Uhr frühmorgens. Linda, meine Gastmutter, schlief meist bis ca. 9.00 Uhr, da die Kleinen nachts oft von ihrer Mutter beruhigt werden mussten. Glücklicherweise hatte ich überhaupt keine Haushaltspflichten, denn mit den Kleinen war ich ununterbrochen beschäftigt. Sie mussten gewaschen, gewickelt, gefüttert und beschäftigt werden. Ich hatte keine ruhige Minute und so vergingen die Stunden bis zum Ende meiner vereinbarten Arbeitszeit, um 15.00 Uhr, wie im Flug. Linda war meist nicht zu Hause während dieser Zeit. Sie machte Einkäufe oder hatte Verabredungen. In meiner Freizeit war ich fast immer unterwegs. Zusammen mit meiner neu gewonnen Freundin Marianne, Au-pair-Mädchen aus Norwegen, ging ich ständig auf Entdeckungsreise und lernte dabei immer mehr Leute kennen."*

Die Berichte der beiden Au-pair-Mädchen Julia und Claudia zeigen, wie unterschiedlich der Tagesablauf sein kann. So hatte Julia zum Beispiel zwischen ihren Aufgaben am Morgen den Vormittag über zweieinhalb Stunden Zeit für sich selbst, bevor sie mittags wieder ihren Verpflichtungen nachkommen musste. Durch die unregelmäßigen Schulzeiten der Kinder verlief ein Wochentag sogar mit einem ganz anderen Stundenplan. Claudia hingegen hatte für jeden Tag in der Woche feste Arbeitszeiten an einem Stück.

Die genaue Einteilung der Arbeits- und Freizeit sollte die Gastfamilie am Besten in den ersten Tagen des Au-pair-Aufenthaltes gemeinsam mit dem Au-pair in einem Wochenplan festhalten. Die Erstellung eines Wochenplanes ist für beide Seiten eine Orientierungshilfe und sollte von allen möglichst zuverlässig eingehalten werden. Wenn verabredete Termine von dem Au-pair oder den Gasteltern häufig nicht eingehalten werden, kann das zu schweren Konflikten führen. Dazu ein Beispiel:

*Lydia M. fühlte sich bei ihrer Gastfamilie in Glasgow eigentlich ganz wohl. Sie kam gut mit dem dreijährigen Patrick zurecht und verstand sich auch mit den Gasteltern, Mr. und Mrs. Clark, sehr gut. Ihre Aufgabe war die tägliche Betreuung von Patrick, bis mittags um 13.00 Uhr die Gastmutter von der Arbeit zurückkam. Lydias Sprachkurs fand zweimal wöchentlich statt und begann pünktlich um 14.00 Uhr. Wenn Mrs. Clark den vereinbarten Zeitpunkt der Übernahme des Kindes einhielt, konnte Lydia bequem mit dem Bus das Sprachinstitut pünktlich erreichen. Es kam aber immer häufiger vor, dass Mrs. Clark sich erheblich verspätete. Obwohl Patrick in dieser Zeit gerade seinen Mittagschlaf hielt, konnte Lydia das Haus nicht verlassen, bis Mrs. Clark eintraf. Die ersten beiden Male nahm Lydia die Verspätung noch mit unterdrücktem Unmut hin, nach weiteren Verspätungen jedoch war eine Aussprache nicht mehr zu umgehen. Mrs. Clark reagierte verständnisvoll auf Lydias Verärgerung und versprach, künftig pünktlich zu sein.*

## Die Gastfamilie

Das Haus der Gastfamilie sollte für das Au-pair-Mädchen oder den Au-pair-Jungen mit der Zeit zu einem zweiten Zuhause werden. Dafür ist ein harmonisches Zusammenleben mit allen Familienmitgliedern Grundvoraussetzung. Seien Sie sich darüber im Klaren, dass die Gastfamilie in erster Linie ein Au-pair aufgenommen hat, um eine Hilfe und Entlastung bei den täglich anfallenden Arbeiten und der Kinderbetreuung zu haben. Das Au-pair soll den Gasteltern den Alltag erleichtern. Diskussionen über Pflichten und Rechte sind zwar von Zeit zu Zeit sicher notwendig und angebracht, sollten aber nicht den Alltag bestimmen. Sie sollten die Bereitschaft mitbringen, sich an die Gegebenheiten und Gewohnheiten der Gastfamilie anzupassen.

Natürlich unterscheiden sich alle Gastfamilien durch ihre Persönlichkeit, Familienkonstellation und ihre Gewohnheiten. Der Lebensrhythmus einer allein erziehenden Mutter mit einem Kleinkind ist völlig anders als der einer Großfamilie mit mehreren Kindern und möglicherweise Großeltern, die zum Haushalt dazugehören.

Das persönliche Verhältnis zu den Gasteltern bestimmt zum wesentlichen Teil den Erfolg oder Misserfolg der Au-pair-Beziehung. Ob das Au-pair von den Gasteltern eher partnerschaftlich oder mehr wie eine Tochter oder ein Sohn behandelt wird, hängt von der Persönlichkeit der Beteiligten ab. In jedem Fall ist es wichtig, von Anfang an offen und respektvoll miteinander umzugehen.

Gleich in den ersten Stunden nach Ankunft des Au-pairs wird entschieden, wie man sich in der Folgezeit ansprechen wird. Meist wird der Vorname gewählt. Während man in französisch sprechenden Ländern meist das „Sie" als Ansprache beibehält, stellt sich diese Frage in den englisch sprechenden Nationen gar nicht.

Um Konflikte zu vermeiden, sollten Sie dies beachten:

- *Wenn Sie abends ausgehen, sagen Sie rechtzeitig Bescheid, falls es spät werden kann.*
- *Bevor Sie Freunde einladen, bitten Sie die Gasteltern um ihre Zustimmung.*
- *Kündigen Sie Übernachtungen außerhalb der Gastfamilie vorher an.*

Besonders in südeuropäischen Ländern, aber auch in mehreren Staaten der USA, gelten andere Moralvorstellungen als hierzulande. Dort wird es als unschicklich empfunden, wenn eine junge Frau am späten Abend unterwegs ist. Das muss natürlich nicht bedeuten, dass man alle Abende zu Hause verbringen muss. Man sollte die Wertvorstellungen seiner Gastfamilie jedoch respektieren und gemeinsam Kompromisse finden.

## Der Umgang mit den Kindern

Die Kinder sind das Wichtigste in jeder Familie! Ideal für ein glückliches Au-pair-Verhältnis ist eine unbefangene, natürliche Beziehung zwischen Au-pair und Kindern. Dies hängt von sehr vielen Faktoren ab.

Der Umgang mit den Kindern erfordert von einem Au-pair einerseits viel Fingerspitzengefühl, denn für die Kinder ist man nun eine Bezugsperson, die (für eine begrenzte Zeit) einen wichtigen Platz in deren Leben einnimmt. Andererseits sollte man entspannt und unverkrampft an die Betreuung und Unterhaltung der kleinen oder auch größeren Familienmitglieder herangehen. Mit der Beaufsichtigung der Kinder übernimmt man große Verantwortung - und sollte gleichzeitig eine herzliche und partnerschaftliche Beziehung zu ihnen aufbauen. Die erste Zeit ist typischerweise von Unsicherheit geprägt, denn man weiß ja nicht, ob die Eltern damit einverstanden sind, wie man mit den Kindern umgeht. Wie reagiert man, wenn ein Dreijähriger einen Trotzanfall bekommt, nur weil man ihm verboten hat, mit seinem Spielzeughammer die Glasvitrine zu bearbeiten? Welche Maßnahmen werden erwartet, wenn die achtjährige Tochter des Hauses sich weigert ihre Schularbeiten anzufertigen, obwohl man den ausdrücklichen Auftrag hat, dies zu überwachen? Solche und ähnliche Situationen sind für Au-pairs oft schwierig zu meistern und fordern Selbstbewusstsein, Diplomatie und Geduld. Einerseits ist man um ein freundschaftliches Verhältnis zu den Kindern bemüht, andererseits möchte man im Sinne der Gasteltern erzieherisch wirken.

Zum Thema Kindererziehung gibt es jede Menge Fachliteratur und viele unterschiedliche Anschauungen, Ideale und Theorien. Niemand kann sich anmaßen zu behaupten, dass er im Umgang mit Kindern immer zum Wohle des Kindes und der Familie handelt.

Leider kommt es gar nicht so selten vor, dass das Au-pair-Mädchen oder der Au-pair-Junge von den Kindern oder manchmal auch nur von einem Kind abgelehnt wird. Die Gründe dafür müssen nicht unbedingt in der Person liegen. Es kann auch sein, dass das Kind spürt, dass die Mutter sich durch ein Au-pair Freiräume schaffen wollte und das Kind nun dagegen rebelliert. Ebenso wäre es möglich, dass das Kind zu einem früheren Au-pair ein inniges Verhältnis hatte und eine andere Person zunächst nicht akzeptiert. In solchen Fällen heißt es: Nerven behalten und nicht aufgeben! Man sollte hierbei mit den Eltern an einem Strang ziehen und dem Kind eine Gewöhnungsphase zugestehen.

Viele Au-pairs haben schon nach kurzem Aufenthalt bei der Gastfamilie den Eindruck, dass die Kinder „ihrer“ Familie verwöhnt und ungezogen sind, und kritisieren – meist insgeheim – den Erziehungsstil der Eltern. Die Kinder in vielen modernen Familien werden heute partnerschaftlich erzogen und angeleitet, eigene Ideen und Fantasien zu entwickeln. Ein Mitspracherecht der Kinder ist in den meisten Familien selbstverständlich. Auch legen fast alle Eltern Wert darauf, dass ihre Kinder ihren Neigungen entsprechend gefördert werden. So haben zum Beispiel viele Kinder am Nachmittag Sport- oder Musikunterricht oder sind kreativ und künstlerisch tätig. Ideal ist es, wenn das Au-pair diese Aktivitäten unterstützt und daran teilnimmt.

*Gehen Sie auf jeden Fall mit der Erziehungsmethode, die von den Gasteltern vorgegeben wird, tolerant und verständnisvoll um und bedenken Sie, dass das Kennenlernen eines anderen Lebens- und Erziehungsstiles einen Teil der Au-pair-Idee ausmacht. Trotzdem sollten Sie sich von den Kindern nicht auf der Nase herumtanzen lassen. Konsequenz und Diplomatie sind hier von Anfang an gefragt. Sprechen Sie sich bei schwierigen Situationen auf jeden Fall mit den Eltern ab, damit Sie konsequent eine gemeinsame Richtung verfolgen können.*

Viel hängt natürlich vom Alter der Kinder ab. Während bei Babys und Kleinkindern noch die Fürsorge mit Aufgaben wie Baden, Wickeln, An- und Ausziehen und Füttern im Vordergrund stehen, liegen die Schwerpunkte bei Kleinkindern bei der Beaufsichtigung und Beschäftigung. Nahezu alle Gasteltern wünschen sich eine aktive Beschäftigung der Kinder: Spiele im Freien, Bastelarbeiten, gemeinsames Kochen oder Backen, Vorlesen oder Bewegungsspiele. Das sind nur einige Unterhaltungsmöglichkeiten. Weniger gern sehen es die Gasteltern, wenn die Kinder den Nachmittag vor dem Fernsehgerät verbringen.

Wieder anders sieht es bei Schulkindern aus. Hier geht es mehr darum, dass Sie als Ansprechpartner für die Kinder zur Verfügung stehen und überwachen, dass die täglichen Pflichten wie zum Beispiel Hausaufgaben, Klavier üben oder Zimmer aufräumen erledigt werden.

*Bei allen unterschiedlichen Anschauungen zum Thema Kindererziehung sollte ein Grundsatz jedoch für jeden Gültigkeit haben: Gewaltanwendung in jeglicher Form an den Kindern ist verboten. Auch der „Klaps“ oder die „Hand, die einem gerade ausgerutscht ist“ gehören zu den absoluten Tabus!*

# Konflikte

Überall, wo Menschen in einer Gemeinschaft zusammen leben oder arbeiten, treten hin und wieder Konflikte auf. Jeder kennt das aus der eigenen Familie, dem Freundes- und Kollegenkreis.

Dass es im Zusammenleben mit einer Gastfamilie immer wieder mal zu kleineren oder auch größeren Problemen kommen kann, ist völlig normal. Meist sind der Auslöser dafür Missverständnisse oder unausgesprochene Verärgerungen eines Familienmitgliedes oder des Au-pairs. In diesen Fällen ist es immer ratsam, ein offenes Gespräch zu suchen. Ehrliche Gespräche verhindern in der Regel die kleinen und großen Katastrophen und Zerwürfnisse.

Das Verhältnis Au-pair/Gastfamilie ist eine höchst komplexe Konstellation. Das Au-pair-Mädchen oder der Au-pair-Junge lebt mit der Familie wie ein nahezu gleichberechtigtes Familienmitglied. Sie/er hat ähnliche Rechte und Pflichten wie alle anderen Familienmitglieder und nimmt einen Platz in der Familienordnung ein. Aber ein echtes Familienmitglied ist ein Au-pair eben doch nicht. Die bedingungslose Liebe, die man sich innerhalb einer Familie entgegenbringt, kann ein Au-pair für sich nicht beanspruchen. So würde ein Vater seinem Kind die Vernachlässigung von häuslichen Pflichten eher nachsehen als einem Au-pair, das ja in erster Linie zur Entlastung und Mithilfe eingestellt wurde.

**Die häufigsten Probleme**

Bei den regelmäßigen Au-pair-Treffen der Vermittlungsagenturen berichten Au-pairs am häufigsten von diesen Problemen:

- *Die vereinbarten Arbeitszeiten werden nicht eingehalten.*
- *Die Abgrenzung von Arbeits- und Freizeit ist unklar. Essen und Ausflüge mit den Kindern werden als Freizeit gewertet.*
- *Die Hausarbeit überwiegt.*
- *Das Aufgabengebiet wird immer mehr ausgeweitet.*
- *Die Angaben im Stellenangebot stimmen nicht mit der Realität überein (Beispiel: ein Fernsehgerät im Zimmer war versprochen, ist aber nicht vorhanden).*

- *Es gibt zu wenig Kontakt mit jungen Leuten.*
- *Die Anbindung mit öffentlichen Verkehrsmitteln ist schlecht.*
- *Die Gasteltern kümmern sich zu wenig, haben nie Zeit, wollen ihre Ruhe haben.*

Gasteltern beklagen sich bei den Agenturen meistens über dies:

- *Das Au-pair ist zu passiv, ergreift keine Initiative, arbeitet nur auf ausdrückliche Anweisung.*
- *Das Au-pair integriert sich nicht in das Familienleben, zieht sich immer in sein Zimmer zurück.*
- *Das Au-pair ist unhöflich und hat schlechte Manieren.*
- *Die Angaben in der Bewerbung über Haushaltskenntnisse, die Erfahrung mit Kindern und Sprachkenntnisse entsprechen nicht der Realität.*
- *Das Au-pair arbeitet zu langsam und wenig effektiv.*
- *Sie/Er ist unsauber und unordentlich.*
- *Das Au-pair benutzt das Telefon ohne Erlaubnis.*
- *Sie/Er ist bis spät in die Nacht oder sogar über Nacht weg ohne vorherige Absprache.*

Viele dieser Konflikte lassen sich schon von Anfang an vermeiden, wenn Ihre Angaben in der Bewerbung der Wahrheit entsprechen und Sie eine realistische Selbsteinschätzung abgegeben haben. Viele Konflikte entstehen nämlich durch falsche Erwartungen und Vorstellungen. Eine gründliche Vorbereitung auf den Au-pair-Aufenthalt trägt von vornherein dazu bei, sich Enttäuschungen zu ersparen. Wenn trotzdem Probleme auftauchen: Verzweifeln Sie nicht, sondern suchen Sie nach Lösungen.

***Ein Beispiel:*** *Janine W. aus Saarbrücken bewarb sich um eine Au-pair-Stelle in Irland. Sie hatte diesen Aufenthalt lange geplant und sich schon ein Jahr vor ihrem gewünschten Antrittsdatum bei der Vermittlungsagentur beworben. Sie beschaffte sich Literatur und rief fast wöchentlich bei der Agentur an, um über Fragen zu diskutieren, die ihr eingefallen waren. Die Erwartungen waren riesengroß und der bevorstehende Au-pair-Aufenthalt in Irland war für sie das beherrschende Thema. Als sie dann im September bei ihrer Gastfamilie ankam, traten sofort die ersten Probleme auf: Ihr Zimmer war nicht so freundlich, wie* *sie es sich vorgestellt hatte, und das Haus der Familie war nicht so beheizt, wie sie es von zu Hause gewohnt war. Dies stellte für sie gleich ein so großes Problem dar, dass sie mehrmals täglich mit ihren Eltern zu Hause telefonierte und sowohl die irische als auch die deutsche Vermittlungsagentur um Hilfe bat. Obwohl sofort Abhilfe geschaffen wurde, indem die Gastfamilie die Heizungsleistung erhöhte, traten für Janine sofort neue Probleme auf und sie verließ Irland nach zweiwöchigem Aufenthalt, obwohl sie zugeben musste, dass die Gastfamilie ehrlich bemüht und entgegenkommend gewesen ist.*

Dieser Fall ist relativ extrem, soll jedoch zeigen, wie wichtig eine hohe Konfliktbereitschaft ist. Auch wenn es schwer fällt: Versuchen Sie, Emotionen zurückzustellen und sachlich an ein Problem heranzugehen. Versetzen Sie sich auch in die Position der anderen Seite. Bevor Sie Freunde, Ihre Eltern oder die Vermittlungsagentur einschalten, sollten Sie zuerst das Gespräch mit den Gasteltern suchen. Passen Sie dafür einen geeigneten Moment ab. Am besten spricht man die Gastmutter oder den Gastvater direkt an: „Ich möchte ein Problem mit euch besprechen. Wann habt ihr Zeit für ein Gespräch?" Günstig ist es, die Sache erst einmal zu überschlafen und am nächsten Tag zu besprechen. Bis dahin hat man die Angelegenheit schon überdacht und ist nicht mehr ganz so emotional.

**Wenn es ernst wird**

Bei wirklich ernsthaften Konflikten, die sich durch Gespräche und Verhaltensänderungen nicht lösen lassen, sollte man mit der betreuenden Vermittlungsagentur Kontakt aufnehmen. Damit bekommt das Problem jedoch einen offiziellen Charakter, denn der zuständige Mitarbeiter der Agentur wird die Gastfamilie diesbezüglich ansprechen. Erfahrungsgemäß kann das dazu führen, dass sich die Gastfamilie angegriffen fühlt und die Fronten sich verhärten. Es bleibt dann zu hoffen, dass der Betreuer der Agentur mit viel Diplomatie vorgeht.

Auf keinen Fall sollte man ungelöste Konflikte über einen langen Zeitraum hinnehmen und möglicherweise unglücklich und verzweifelt in seinem Schicksal verharren. Die Betreuer der Vermittlungsagenturen im Gastland sind für den Ernstfall da und bei unlösbaren Problemen kann es durchaus einmal zu einem Familienwechsel kommen, der von der Agentur meist sehr schnell arrangiert werden kann.

Kleinere, alltägliche Konflikte sind aber kein Grund zur Verzweiflung, sondern eine Herausforderung. Nehmen Sie sie als wichtige Erfahrung, die zu einer Weiterentwicklung der eigenen Persönlichkeit beitragen kann.

## Die Kündigung

Das Au-pair-Verhältnis ist grundsätzlich befristet auf eine bestimmte, vorher vereinbarte Zeit. Sollte man sich, aus welchen Gründen auch immer, zu einer vorzeitigen Kündigung entschließen, ist es für alle Beteiligten notwendig, dies rechtzeitig und so früh wie möglich ankündigen. Üblich ist eine Kündigungsfrist von 14 Tagen.

Der Grund für den vorzeitigen Abbruch des Au-pair-Aufenthaltes kann in den persönlichen Lebensumständen liegen, weil zum Beispiel ein Mitglied der Familie zu Hause erkrankt ist und Hilfe braucht oder weil die Ausbildungsplanung die unmittelbare Rückkehr in die Heimat erfordert. In solchen Fällen werden Sie wahrscheinlich mit dem Verständnis Ihrer Gastfamilie rechnen können. Für die Gasteltern wird es jedoch wichtig sein, nicht von heute auf morgen verlassen zu werden, sondern etwas Zeit für eine Neuorganisation der Kinderbetreuung zu haben.

Wird die Kündigung jedoch aufgrund unüberwindbarer Konflikte ausgesprochen, ist die Zeit zwischen Kündigung und Verlassen der Familie meist für beide Seiten eine unangenehme Situation und sollte so kurz wie möglich gehalten werden.

Möchte oder muss das Au-pair in eine neue Familie wechseln, so sind zwei bis drei Wochen in der Regel ausreichend, um den Wechsel zu organisieren. Die Betreuer der Vermittlungsagenturen können meist innerhalb dieses Zeitraums eine neue Familie finden, die entsprechenden Vorstellungsgespräche organisieren und die Vereinbarung des neuen Au-pair-Verhältnisses formulieren.

Sehen Sie die vorzeitige Kündigung eines bestehenden Au-pair-Verhältnisses allerdings nur als absolute Notlösung, wenn alle anderen Maßnahmen nicht erfolgreich waren.

# Der Sprachkurs

Um nicht nur den praktischen Umgang mit der Sprache des Gastlandes zu verbessern, sondern auch in Grammatik und Korrespondenz dazuzulernen, sollten Sie einen geeigneten Sprachkurs besuchen. Die meisten Sprachinstitute bieten als Abschluss eines Sprachsemesters die Teilnahme an einer Prüfung an, für die man dann ein Zertifikat erhält. Der Nachweis eines Sprach-Zertifikates gilt bei späteren Bewerbungen für viele Berufe als zusätzliche Qualifikation.

Gemäß den Bestimmungen des Europäischen Au-pair-Abkommens muss einem Au-pair generell die Möglichkeit gegeben werden, einen Sprachkurs zu besuchen. In Frankreich ist der Nachweis über die Teilnahme an einem Sprachkurs sogar nötig, um die Aufenthaltserlaubnis als Au-pair beantragen zu können. Auch das Au-pair-Programm in den USA schreibt die Teilnahme an Weiterbildungskursen in einem vorgegebenen Umfang vor. In anderen Ländern ist der Besuch eines Sprachinstitutes nicht verpflichtend.

Ein Sprachkurs ist aus vielen Gründen wichtig:

- *Lücken in den Sprachkenntnissen können geschlossen werden.*
- *Kontakte zu anderen Au-pairs und Sprachstudenten werden geknüpft.*
- *Sprachprüfungen können abgelegt werden und dienen später als Nachweis über fundierte Sprachkenntnisse.*
- *Die Teilnahme an einem Sprachkurs kann für den Antrag auf Weiterzahlung des Kindergeldes gefordert werden (siehe dazu Seite 31).*

In den Ländern England, Irland, Frankreich und Spanien werden in allen größeren Städten Sprachkurse für Ausländer in verschiedenen Schwierigkeitsgraden angeboten. Es gibt viele private Sprachinstitute sowie staatliche und halbstaatliche Einrichtungen, die vergleichbar mit unseren Volkshochschulen sind. In kleinen Städten und ländlichen Gebieten, wo keine Sprachinstitute erreichbar sind, kann man im Einzelfall prüfen, ob die Teilnahme am regulären Unterricht der örtlichen weiterführenden Schule möglich ist.

In den USA kann man entweder aus dem großen Kursangebot der örtlichen Community Colleges wählen (das setzt allerdings ein Abiturzeugnis voraus) oder auch Kurse an privaten Bildungseinrichtungen belegen. Allerdings ist darauf zu achten, dass die Einrichtung staatlich anerkannt (*accredited*) ist. Es ist unmöglich, pauschal zu sagen, was man für den Sprachunterricht bezahlen muss. Die Höhe der Kursgebühren richtet sich nach

- *der Bildungseinrichtung*
- *der Stundenzahl*
- *der Klassenstärke (Gruppen- oder Einzelunterricht)*
- *den Zahlungsmodalitäten (bei Vorauszahlungen für sechs Monate sind die Kosten insgesamt meist niedriger als bei monatlicher Zahlung)*

Bei den ersten telefonischen Kontakten mit der künftigen Gastfamilie sollten Sie das Thema Sprachenschule ansprechen. Die Gasteltern werden sich sicher gerne nach einem geeigneten Kurs umsehen und dabei auch die Transportmöglichkeiten und die Kosten berücksichtigen. Viele Familien hatten auch schon Au-pairs, deren Erfahrungen in punkto Sprachkurs man sich zu Nutze machen kann. Manchmal braucht man überhaupt nicht nach einem Sprachkurs zu suchen, weil die Vermittlungsorganisation ein eigenes Sprachinstitut hat, das in Bezug auf Stundenplan, Kosten und Unterricht exakt auf die Bedürfnisse eines Au-pairs abgestimmt ist.

In fast allen Ländern beginnen zweimal im Jahr neue Sprachkurse, nämlich im September und im Februar. Um möglichst von Anfang an dabei zu sein, sollten Sie diese Termine bei der Zeitplanung berücksichtigen und den Au-pair-Aufenthalt ungefähr zeitgleich mit dem Semesterbeginn legen.

Grundsätzlich sind Sie nicht verpflichtet, im Rahmen Ihres Au-pair-Aufenthaltes einen Sprachkurs zu besuchen. Eine Ausnahme bilden Frankreich, wo zur Erteilung einer Aufenthaltsgenehmigung für den Au-pair-Status die Sprachkursanmeldung vorgelegt werden muss und die USA, wo die staatliche Regelung des Au-pair-Programms die Teilnahme an Weiterbildungskursen vorschreibt.

Wem der praktische, alltägliche Umgang mit der Sprache des Gastlandes ausreicht und wer keinen Wert auf ein Prüfungszertifikat legt, kann die Zeit und Kosten für einen Sprachkursbesuch anderweitig einsetzen. Für Sportbegeisterte ist möglicherweise die Anmeldung in einem Fitness-Center interessanter. Wer gerne kreativ und künstlerisch tätig ist, belegt eventuell einen Töpfer- oder Glasmalereikurs. Vielleicht möchten Sie ja auch noch eine ganz andere Sprache nebenbei erlernen und melden sich zu einem entsprechenden Kurs an.

Die Teilnahme an Sprach- oder anderen Kursen ist freiwillig und die Kosten dafür tragen Sie selbst, es sei denn, es wurden von vornherein andere Vereinbarungen getroffen (in den USA beteiligt sich die Gastfamilie grundsätzlich an den Kosten mit 500 US$).

## Die Freizeit

Im alltäglichen Zusammenleben mit einer Familie ist der Begriff „Freizeit" schwer festzulegen und die Abgrenzung zwischen Arbeits- und Freizeit hat sich als einer der häufigsten Reibungspunkte zwischen Au-pair und Gastfamilie erwiesen.

Lorraine Philips, Gastmutter aus Bath in England, berichtet:

> *„Unser Au-pair-Mädchen Susanne aus Deutschland frühstückte jeden Morgen über eine Stunde. Dazu bereitete sie sich aufwendige Fruchtsalate mit Müsli und las dann in aller Ruhe die Tageszeitung, während ich die Kinder versorgte und mich um das Baby kümmerte. Susanne bestand darauf, ihr ausgedehntes Frühstück als Arbeitszeit zu rechnen, obwohl sie keinen Finger rührte."*

Dazu Susanne aus Remscheid:

> *„Nach unserer Vereinbarung begann meine Arbeitszeit täglich um 7.30 Uhr und endete um 13.30 Uhr. Es ist doch klar, dass ich in dieser Zeit auch eine Mahlzeit zu mir nehmen muss."*

Bei unüberbrückbaren Unstimmigkeiten in Bezug auf die Zeiteinteilung bleibt nichts anderes übrig, als einen genauen Zeitplan mit den detaillierten Aufgaben des Au-pairs auszuarbeiten, der für alle Beteiligten eine Orientierungshilfe darstellt.

Freizeit sollte als „frei zur Verfügung stehende Zeit" definiert werden. Das heißt, dass das Au-pair frei ist von allen häuslichen Pflichten und über diese Zeit nach eigenen Wünschen bestimmen kann. Dabei darf man aber nicht erwarten, dass die Gastfamilie die Planung und Organisation der Freizeit in die Hand nimmt. Ergreifen Sie selbst die Initiative, diese Zeit sinnvoll und unterhaltsam zu gestalten!

Die betreuende Au-pair-Agentur kann bei der Freizeitgestaltung behilflich sein. Hier erhält man meist eine Adressenliste anderer Au-pairs, die sich in der Umgebung aufhalten. Treffen Sie sich möglichst mit Au-pairs, die schon länger am Ort leben. Sie können den Neuankömmlingen gute Tipps über das lokale Freizeitangebot und begehrte Jugendtreffs geben. Gemeinsam macht es natürlich viel mehr Spaß, am Abend auszugehen oder am Wochenende Ausflüge in die Umgebung zu unternehmen.
In fast allen Großstädten werden regelmäßige Au-pair-Treffen veranstaltet, bei denen man Kontakte knüpfen und nützliche Hinweise über Möglichkeiten zur Freizeitgestaltung erhalten kann.

Um gleichaltrige Ortsansässige kennen zu lernen, ist man aber zunächst auf die Unterstützung der Gastfamilie angewiesen. Vielleicht gibt es junge Leute in der Nachbarschaft oder im Freundeskreis der Familie und Sie können sich einer Clique anschließen. In Sportvereinen oder Interessenverbänden treffen Sie möglicherweise auf interessante Menschen, die Sie näher kennen lernen möchten. Wichtig ist, auf die Menschen offen zuzugehen und bereit zu sein für neue Kontakte.

Einen Teil der Freizeit wird auch der Sprachkurs und das damit verbundene Lernen in Anspruch nehmen. Viele Sprachenschulen bieten neben dem Unterrichtsprogramm auch Veranstaltungen und Ausflüge an. Ein Institut in Marseille zum Beispiel verteilt an seine Sprachstudenten ein monatliches Veranstaltungsprogramm. Da gibt es zwanglose Treffen mit Kaffee und Kuchen, gemeinsames Kochen französischer Nationalgerichte, Ausflüge in benachbarte Städte, Lesungen, Theaterbesuche zu ermäßigten Preisen und Wanderungen.

In ländlichen Gebieten ist das Angebot natürlich nicht so groß. Wer naturverbunden ist, kann Ausflüge mit dem Fahrrad unternehmen oder sich für einen Reitkurs anmelden.

Wenn zwischen der Gastfamilie und dem Au-pair ein gutes Verhältnis besteht, sind gemeinsame Freizeitaktivitäten eine angenehme Ergänzung zum Alltag. Ob man miteinander spielt, fernsieht oder Ausflüge unternimmt, hängt von den Interessen und Neigungen der Beteiligten ab.
Ideal für ein harmonisches Zusammenleben ist eine Kombination aus gemeinsam und getrennt verbrachter Freizeit.

## Die Kommunikation mit der Heimat

Inzwischen ist es einfach, mit der Familie und den Freunden in der Heimat viele Stunden am Tag zu kommunizieren. Das Telefonieren ins Ausland ist billig geworden und E-Mail und Chat bieten verlockende Möglichkeiten zur Kontaktpflege.
Gefährlich daran ist, dass man nie richtig Fuß fassen kann in seiner Gastfamilie und Umgebung, wenn man gedanklich weiterhin der Heimat verhaftet bleibt. Die Gastfamilie ist in der Regel nicht begeistert, wenn sie feststellen muss, dass ihr Au-pair mehr mit den Eltern und Freunden daheim als mit den Familienmitgliedern vor Ort kommuniziert. Erfahrungsgemäß hilft es allen Beteiligten, wenn sich die Kontakte mit Zuhause auf ein bis zwei Mal pro Woche beschränken.
Benutzen Sie das Telefon der Gastfamilie nur nach vorheriger Absprache und dehnen Sie Ihre Telefonate nicht zu lange aus. Eine hilfreiche und

zugleich günstige Möglichkeit, die Telefonate auf eigene Kosten zu führen, sind Telefonkarten. Sie können schon vor Ihrer Abreise eine entsprechende Karte bestellen (zum Beispiel die CampusCard von der Firma Call Company, www.campuscard.de).

# Urlaub

Das Au-pair-Programm USA sieht für die Au-pair-Beschäftigten einen zweiwöchigen bezahlten Urlaub vor. In den europäischen Ländern besteht kein Urlaubsanspruch für Au-pairs, meist wird jedoch eine Woche Urlaub pro Halbjahr gewährt.

Wie Sie Ihren Urlaub verbringen, hängt von vielen Faktoren ab. Oft begleiten Au-pairs ihre Gastfamilien auf Ferienreisen. Das klingt vielleicht zunächst verlockend, wenn zum Beispiel eine Reise ans Meer oder in ein feudales Skigebiet winkt. Ein solcher Urlaub ist aber für das Au-pair nicht unbedingt eine Erholungsreise. Möglicherweise wünschen die Gasteltern, um selbst mal etwas ausspannen zu können, dass Sie zeitweise die Betreuung der Kinder übernehmen. Viele Variationen sind hier möglich. Vereinbaren Sie vor Reiseantritt, wie der gemeinsame Urlaub verlaufen soll!

Au-pairs, die sich im europäischen Ausland aufhalten, nutzen ihre Urlaubswoche häufig für eine Familienfeier oder Aufnahmeprüfung oder auch, um über Weihnachten nach Hause zu fahren.

Am nachhaltigsten wird sich die Urlaubszeit jedoch einprägen, wenn Sie Ihr Gastland bereisen. Mit Bus, Bahn oder Auto können Sie spannende Trips unternehmen – am besten mit anderen Au-pairs oder Besuchern aus der Heimat.

Damit es nicht zu Enttäuschungen oder Unstimmigkeiten kommt, besprechen Sie die Urlaubsplanung möglichst frühzeitig mit den Gasteltern. So haben alle genügend Zeit zu planen und die Reisevorbereitungen zu treffen.

# Die Betreuung vor Ort

In den USA ist die Betreuung vor Ort Bestandteil des offiziellen Au-pair-Programms. Jede Vermittlungsorganisation hat einen Betreuer, der für ungefähr 20 bis 30 Au-pairs zuständig ist. Dieser Betreuer sollte immer erreichbar sein. Üblicherweise meldet er sich innerhalb der ersten zwei Wochen bei den Neuankömmlingen zunächst telefonisch und stattet im Laufe der Zeit regelmäßige Besuche bei der Gastfamilie ab. Zu seinen Aufgaben gehört auch das Veranstalten von Au-pair-Treffen. Außerdem können Sie erwarten, dass der Betreuer Informationen und Tipps über das lokale Freizeit- und Weiterbildungsangebot zur Verfügung stellt.

Ein besonders wichtiger (oft auch der einzige) Ansprechpartner ist der Betreuer, wenn zwischen Au-pair und Gastfamilie unüberwindbare Probleme auftreten und im Extremfall sogar eine Umvermittlung arrangiert werden muss.
In allen anderen Gastländern wird von den Au-pair-Agenturen kein ausgesprochener Betreuer für die Au-pairs zur Verfügung gestellt. Ansprechpartner vor Ort sind die Mitarbeiter der Au-pair-Organisation, die von ihrer deutschen Partneragentur mit der Vermittlung beauftragt wurde. Anschrift und Bürozeiten dieser Organisation werden Ihnen in der Regel mit dem Vermittlungsangebot mitgeteilt.
Viele dieser Agenturen organisieren Veranstaltungen und Treffen für die Au-pairs aus der Umgebung und helfen bei der Suche nach einer geeigneten Sprachenschule oder geben Tipps für die Freizeitgestaltung. Kleinere Agenturen laden „ihre" Au-pairs hin und wieder zu einem gemeinsamen Nachmittagskaffee ein oder bieten gemeinsame Ausflüge an.

Wenn Sie im Gastland mit Problemen konfrontiert werden, die Sie alleine nicht lösen können oder möchten, steht Ihnen die ortsansässige Agentur als Kontaktmöglichkeit zur Verfügung. Die genaue Anschrift, Telefonnummer und E-Mail-Adresse, möglichst mit dem Namen des zuständigen Ansprechpartners und den Bürozeiten, sollten Sie auf jeden Fall im Reisegepäck haben. Viele Au-pairs haben während ihres gesamten Aufenthaltes kein einziges Mal Kontakt zur Agentur vor Ort, wohingegen andere immer mal wieder um Unterstützung bitten.

# Die Rückkehr

Vor der Rückkehr in die Heimat haben Sie einige organisatorische Dinge zu erledigen: Um sich den sofortigen Krankenversicherungsschutz in Deutschland zu sichern, müssen Sie sich bei der Geschäftsstelle der ausländischen Krankenversicherung eine Bescheinigung über die Dauer der Mitgliedschaft ausstellen lassen. Nach Ihrer Ankunft im Heimatland melden Sie sich dann umgehend bei der heimischen Krankenkasse wieder an. Wer während des Au-pair-Aufenthaltes privat oder durch die Gastfamilie versichert war, muss dafür sorgen, dass unmittelbar nach der Rückkehr Krankenversicherungsschutz gewährleistet ist.

Es ist immer sinnvoll, sich von der Gastfamilie einen Beschäftigungsnachweis ausstellen zu lassen. Daraus sollten der Beschäftigungszeitraum, das Aufgabengebiet, die Leistungen der Familie und der Nachweis über den Sprachkurs hervorgehen. Letzteren benötigen Sie möglicherweise für den Antrag auf Weiterzahlung des Kindergeldes. Auch für spätere Bewerbungen gilt diese Bestätigung über den Auslandsaufenthalt als eine zusätzliche Qualifikation.

Wie geht es weiter nach der Rückkehr aus dem Ausland? Diese Frage sollten Sie sich frühzeitig stellen, damit Sie schon während oder direkt nach dem Au-pair-Aufenthalt die Weichen für die weitere berufliche Entwicklung stellen können. Beachten Sie Anmeldefristen bei Universitäten, Hochschulen oder weiterführenden Fachschulen! Bewerbungen um einen Ausbildungsplatz müssen in der Regel weit im Voraus, das heißt eventuell schon ein Jahr vor Ausbildungsbeginn, an den Betrieb gerichtet werden. Deshalb sollten Sie den Kontakt zu einigen in Frage kommenden Ausbildungsbetrieben schon vor der Abreise ins Ausland herstellen.

Wer schon vor seiner Au-pair-Zeit in einem Arbeitsverhältnis stand und dieses nicht weiterführen möchte oder kann, sollte sich rechtzeitig Gedanken über eine Neuorientierung machen. Ehemalige Au-pairs, die nach der Rückkehr in ihre Heimat keine festen Ziele vor Augen hatten, berichten über erhebliche Schwierigkeiten bei der Wiedereingewöhnung. Folgende Gründe werden dafür genannt:

- *Nach dem Erlebten im Ausland empfindet man die Heimat als eng und kleinbürgerlich.*
- *Viele der alten Bekannten und Freunde sind nicht mehr am Ort, weil sie ein Studium oder eine Ausbildung in einer anderen Stadt absolvieren.*
- *Durch die persönliche Weiterentwicklung ist die Vertrautheit mit alten Freunden verloren gegangen.*
- *Das Zusammenleben mit den Eltern wird als einengend empfunden.*

Wenn man gleich nach der Ankunft konkrete Pläne hat, treten diese Schwierigkeiten jedoch meist nicht oder nur in geringem Umfang auf.

Sabine B. aus Lohhof schildert die Zeit nach ihrer Rückkehr aus Kalifornien:

*„Nachdem die erste Wiedersehensfreude vorbei war, hatte ich zunächst das Gefühl in ein tiefes Loch zu fallen. Ich hatte keinerlei Pläne, wie es weitergehen sollte. Als Au-pair war ich es gewöhnt, über ein regelmäßiges Taschengeld zu verfügen, hier hatte ich nun kein Geld. Die alten Kontakte wieder aufleben zu lassen, stellte sich als schwierig heraus, denn einige meiner Freunde studierten inzwischen in anderen Städten und bei anderen stellte sich die alte Vertrautheit nicht mehr ein. Ich spürte auch, dass ich die amerikanische Lebensweise sehr verinnerlicht hatte. Die typisch amerikanische Offenheit, die ich übernommen hatte, wirkte auf meine Landsleute eher befremdend. Keine Aufgabe, keine Perspektive und kein Geld zu haben, stürzte mich in dieser ersten Zeit nach meiner Rückkehr in eine kleine Lebenskrise. Erst als ich einen Job angenommen und mich um einen Ausbildungsplatz beworben hatte, bekam ich wieder Boden unter die Füße und konnte von meiner Au-pair-Zeit profitieren."*

# Teil 2 - Die Länder

# Großbritannien

England war bis vor einigen Jahren das beliebteste Au-pair-Land. Erst, seit es ein offizielles Au-pair-Programm für die USA gibt, ist die Zahl der Au-pair-Beschäftigten in England etwas zurück gegangen. Viele Gründe sprechen dafür, Großbritannien als Gastland für einen Au-pair-Aufenthalt zu wählen: Nirgendwo sonst auf der Welt wird die englische Sprache so unverfälscht gesprochen. Von Deutschland aus ist die britische Insel in relativ kurzer Zeit und mit vergleichsweise geringem Kostenaufwand zu erreichen. Die Aufenthaltsdauer ist nicht auf einen festen Zeitraum beschränkt (wie zum Beispiel in den USA). Die Einreise ist für EU-Angehörige umkompliziert und ohne Visums-Formalitäten möglich.

Großbritannien setzt sich aus den vier Ländern England, Wales, Schottland und Nordirland zusammen. Die fast 60 Millionen Einwohner leben zum größten Teil im Großraum London und in den Ballungsräumen um Manchester, Leeds, Newcastle, Bristol, Glasgow, Edinburgh und Belfast. Laut Auskunft verschiedener Vermittlungsagenturen sind die Chancen auf eine erfolgreiche Vermittlung am besten in den Regionen um London mit den umliegenden Grafschaften sowie in den Midlands. Auch in Schottland gibt es immer mehr Familien, die Au-pairs aufnehmen. (Bedenken Sie aber, dass das „schottische" Englisch für unsere Ohren etwas fremdartig klingt.) Kaum Vermittlungen gibt es hingegen in die schottischen Highlands oder nach Nordirland.

## Aufenthalts- und Einreisebestimmungen

Für Staatsangehörige eines EU-Mitgliedslandes genügt der Personalausweis oder Reisepass, der noch mindestens drei Monate über den geplanten Aufenthalt in England hinaus gültig sein muss. Eine Anmeldung ist nicht erforderlich. Auskünfte über Einreise und Aufenthaltsbestimmungen erteilt das Immigration & Nationality Directorate;
http://www.ind.homeoffice.gov.uk/.

Die Auskünfte auf dieser Website richten sich allerdings in erster Linie an Bürger aus „Nicht-EU-Staaten".

# Au-pair-Bedingungen

Das Vereinigte Königreich oder *United Kingdom* gehört zu den Staaten, die das Europäische Au-pair-Abkommen weder ratifiziert noch unterzeichnet haben. Das „Home Office" hat jedoch Richtlinien für Gastfamilien, Au-pairs und Agenturen herausgegeben, die sich an die Bestimmungen des Europarates anlehnen. Die genauen Richtlinien finden Sie auf der Website des Britischen Au-pair-Verbandes *British Au Pair Agencies Association (BAPAA)*; www.bapaa.org.uk/guidlines.html

**Voraussetzungen**

Wer sich bewirbt, muss mindestens 17 und darf nicht älter als 27 Jahre sein. (Ab 2008 wird die Altersgrenze für Au-pairs aus visumspflichtigen Ländern auf 30 Jahre ausgedehnt.) Fast alle deutschen Vermittlungsagenturen akzeptieren Bewerberinnen und Bewerber erst ab 18 Jahren, da bei Minderjährigen eine Erklärung der Eltern erforderlich ist und die Gastfamilien die Verantwortung für eine minderjährige Person nicht übernehmen möchten. Alle Bewerberinnen und Bewerber müssen ledig und kinderlos sein. Raucher haben fast keine Vermittlungschancen. Gute englische Grundkenntnisse sollten vorhanden sein und der Nachweis über Erfahrungen im Umgang mit Kindern ist Bedingung.

**Dauer**

Die Aufenthaltsdauer für Au-pair-Beschäftigte liegt zwischen drei Monaten und zwei Jahren. Bewerber und Bewerberinnen, die zehn bis zwölf Monate bleiben, werden bevorzugt. Die Au-pair-Aufenthalte orientieren sich meist am Schuljahr, also September bis Juli des nächsten Jahres.

**Arbeitszeit**

Die wöchentliche Arbeitszeit beträgt 25 bis 35 Stunden plus zweimal pro Woche Babysitten am Abend. Zwei Tage in der Woche müssen komplett frei sein, es sein denn, mit der Gastfamilie werden andere Vereinbarungen in gegenseitigem Einvernehmen getroffen. Mindestens einmal im Monat muss ein gesamtes Wochenende (Samstag und Sonntag) frei sein.

**Taschengeld**
Für 25 Arbeitsstunden pro Woche ist ein Taschengeld in Höhe von 55 £ festgelegt (entspricht ungefähr 81 €). Die meisten Gastfamilien benötigen eine Wochenarbeitszeit von 30 bis 35 Stunden und zahlen dafür ein entsprechend höheres Taschengeld. Je nach Region kann die Höhe des gezahlten Taschengeldes jedoch variieren.

**Urlaub**
Bei einem Aufenthalt von zwölf Monaten werden dem Au-pair zwei Wochen bezahlter Urlaub gewährt, das bedeutet pro halbes Jahr eine Woche. Wenn der Au-pair-Aufenthalt unter sechs Monaten liegt, fällt der Urlaubsanspruch weg.

# Versicherung

In Großbritannien genießen Au-pairs vom Tag ihrer Ankunft an den Schutz des englischen Gesundheitsdienstes (*National Health Service*). Unmittelbar nach der Ankunft muss sich die/der Au-pair-Beschäftigte bei einem Arzt registrieren lassen und ist damit in das staatliche Versicherungssystem aufgenommen. Weiterhin reicht es aus, beim Arzt oder im Krankenhaus anzugeben, EU- bzw. EWR-Staatsangehöriger zu sein und das mit dem Personalausweis nachzuweisen. Bei zahnärztlicher Behandlung muss man allerdings mit einer erheblichen Selbstbeteiligung rechnen. Konsultieren Sie deshalb lange genug vor Ihrer Abreise einen Zahnarzt in Ihrem Heimatort und lassen Sie eine eventuell erforderliche Zahnsanierung durchführen.

Au-pairs in England sind nicht sozialversicherungspflichtig. Freiwillige Beiträge in die Sozialversicherung sind möglich, weil innerhalb der Europäischen Union die Beitragszahlungen auf die Rentenversicherung angerechnet werden. Wenn man in Deutschland bereits Beiträge in die Sozialversicherung einbezahlt hat, kann es sinnvoll sein, die Beiträge weiterzuführen.

Auskunft darüber erteilen die örtlichen Auskunftsbüros der Bundesversicherungsanstalt für Angestellte (BfA).

Der Abschluss einer privaten Haftpflicht- und Unfallversicherung ist auch für einen Aufenthalt in Großbritannien anzuraten. Informationen zum Thema Versicherung finden Sie hier im Buch ab Seite 28.

## Sprachkurse

In England gibt es eine Vielzahl von privaten und staatlich subventionierten Sprachinstituten, die Kurse in verschiedenen Niveaustufen und mit unterschiedlicher Wochenstundenzahl anbieten. Die Kursgebühren der privaten Sprachschulen sind meist relativ hoch. Preiswerter sind die staatlich geförderten Sprachschulen, wie zum Beispiel die *Colleges for further Education* oder *Local adult education*, die vergleichbar mit unserer Volkshochschule sind. Das Schuljahr ist in Trimester aufgeteilt, die in folgenden Zeiträumen abgehalten werden:

*1. Trimester: Mitte September bis Mitte Dezember*
*2. Trimester: Mitte Januar bis Mitte April*
*3. Trimester: Mitte April bis Anfang Juli*

Die Kursgebühren belaufen sich bei den staatlichen Einrichtungen auf bis zu 350 £ pro Trimester, können aber auch wesentlich niedriger liegen oder, im Einzelfall, sogar ganz wegfallen.

In fast allen Sprachinstituten können zweimal jährlich Prüfungen abgelegt werden und werden zum Teil für ein Studium an einem britischen College oder einer Universität anerkannt. Wie fast alle Fremdsprachenprüfungen bestehen die Tests meistens aus vier Teilen, nämlich Leseverstehen, Hörverstehen, Textproduktion und Grammatik. International anerkannte Examen sind das *Cambridge Prelimary*, das *Cambridge First Certificate*, das *Cambridge Advanced* und das *Cambridge Proficiency*.

# Landeskunde

**Währung**

Die britische Währung ist das Pfund Sterling (GBP oder £), das 100 Pence (p) entspricht. Im Oktober 1997 hat die Regierung beschlossen, zunächst nicht an der Europäischen Wirtschafts- und Währungsunion teilzunehmen, obwohl die britische Wirtschaft die Kriterien für den Euro erfüllen würde. Großbritannien will zunächst die Entwicklung der Währungsunion abwarten. Ein Pfund Sterling (GBP) entspricht etwa 1,47 € (Stand August 2007).

**Zeit**

Die britische „Greenwich Mean Time“ liegt eine Stunde hinter der kontinentaleuropäischen Zeit zurück. Die Umstellung auf die Sommerzeit Ende März und auf die Winterzeit Ende Oktober wurde dem europäischen Kontinent angepasst, so dass die Uhrzeiten sich immer um eine Stunde unterscheiden.

**Feiertage und Ferien**

An folgenden Feiertagen sind alle öffentlichen Einrichtungen, Büros, Banken und die meisten Geschäfte geschlossen:

- *1. Januar: New Year's Day*
- *Good Friday (Karfreitag) und Easter Monday (Ostermontag)*
- *Der erste Montag im Mai: Labour Day (Tag der Arbeit)*
- *Der letzte Montag im Mai sowie der erste Montag im August: Bank Holiday*
- *Whit (Pfingstmontag)*
- *25. und 26. Dezember: Christmas/Boxing Day*

Bewegliche Feiertage (z. B. auch der Geburtstag der Königin am 21. April) werden am darauf folgenden Montag begangen, sofern das eigentliche Datum auf einen Sonntag fällt.

Die Sommerferien dauern sechs Wochen von Mitte Juli bis Anfang September. Zu Weihnachten und zu Ostern sowie Mitte Oktober und Mitte Februar haben die Kinder jeweils zwei Wochen Ferien. Über die genaue Terminierung der Schulferien wird auf regionaler Ebene entschieden.

**Telefon**
Die Landesvorwahl für Großbritannien lautet 0044. Man fügt dann die Ortsnetzkennzahl ohne die erste Null (zum Beispiel London "20") und die Teilnehmerrufnummer hinzu. Von Großbritannien nach Deutschland wählt man 0049 (Österreich 0043, Schweiz 0041), dann die Ortsnetzkennzahl ohne die erste Null und die Teilnehmerrufnummer.

Öffentliche Telefone funktionieren oft nur mit Telefonkarten, die man in Postämtern, Kiosken und bei Zeitungshändlern kaufen kann. Manche Telefonzellen sind mit Karte und Münzgeld zu bedienen. Die Kosten für Ferngespräche sind von Entfernung und Tageszeit abhängig. Teuer ist das Telefonieren werktags zwischen 8.00 und 18.00 Uhr. Auslandsverbindungen können meistens in Direktwahl hergestellt werden.

**Religion**
80 % der britischen Bevölkerung sind Christen, darunter ca. 30 % Anglikaner, 21 % Katholiken und 14 % Presbyterianer.

**Bildungswesen**
Drei- bis fünfjährige Kinder besuchen in Großbritannien in der Regel die *Nursery-* oder *Play School*, die im Rahmen der Vorschulerziehung spielerisch auf die Schule vorbereitet.

Das Pflichtschulalter beginnt mit fünf und endet mit 16 Jahren. Nach dem Besuch der *Primary* und *Secondary School* endet in Großbritannien die Schulpflicht. Die Schüler legen damit das *General Certificate of Secondary Education (GCSE)* oder eine gleichwertige Prüfung ab. Damit öffnen sich ihnen unterschiedliche Wege für die weitere Bildung in Form einer betrieblichen Ausbildung, einer weiterführenden Schule (*Further Education*) oder eines Studiums (*Higher Education*).

**Mahlzeiten**
Das englische Frühstück (*English breakfast*) ist meist recht reichhaltig - mit Cornflakes, Toast, Eiern mit Speck und Würstchen. Viele Briten bevorzugen deshalb das so genannte *continental breakfast*, das weniger üppig ausfällt. Das Mittagessen (*lunch*) ist dagegen nur ein kleiner Imbiss und findet zwischen 12.00 und 14.00 Uhr statt. *Tea time* hat in England Tradition. Der

*afternoon tea* wird gewöhnlich gegen 16.00 Uhr mit etwas Gebäck eingenommen. Zwischen 19.00 und 21.00 Uhr nehmen die meisten Briten ihr *dinner* zu sich, eine eher reichhaltige, meist warme Mahlzeit.

**Straßenverkehr**

In ganz Großbritannien fährt man links und überholt rechts. Dies ist eine allgemein bekannte Tatsache, die dem ungeübten Fahrer jedoch schnelle Reaktionen abverlangt und anfangs für Verunsicherung sorgt. Das Verkehrsnetz orientiert sich in Nord-Süd-Richtung und geht hauptsächlich radial von London aus. Das Straßennetz ist rund 388.000 km lang. Davon sind ca. 3.500 km Autobahnen.

# Hilfe, Infos, Kontakte

Alle Telefon- und Faxnummern sind ohne Ländervorwahl angegeben.

| | |
|---|---|
| **Informationen über Großbritannien:** | Britisches Fremdenverkehrsamt<br>Westendstr. 16-22<br>60325 Frankfurt am Main<br>Tel.: 01801 46 86 42<br>Fax: 069 97 112 444 |
| **Diplomatische Vertretungen:** | Deutsche Botschaft<br>23, Belgrave Square<br>London SW1X 8PZ<br>Tel.: 020 7824 1300<br>Fax: 020 7824 1449<br>Website: www.london.diplo.de |
| | Deutsches Generalkonsulat<br>16 Eglinton Crescent<br>Edinburgh EH12 5DG<br>Tel.: 031 337 2323<br>Fax: 031 346 1578<br>Website: www.edinburgh.diplo.de |

| | |
|---|---|
| | Österreichische Botschaft<br>18 Belgrave Mews West<br>London SW1X 8HU<br>Tel.: 020 7344 3250<br>Fax: 020 73 44 02 92<br>E-Mail: London-ob@bmeia.gv.at<br>Website: www.bmeia.gv.at/london |
| | Schweizer Botschaft<br>16-18 Montagu Place<br>London W1H 2BQ<br>Tel.: 020 76 16 60 00<br>Fax: 020 77 24 70 01<br>E-Mail: vertretung@lon.rep.admin.ch<br>Website: www.swissembassy.org.uk |
| | Britische Botschaft<br>Wilhelmstr. 70-71<br>10117 Berlin<br>Tel.: 030 204 57 0<br>Fax: 030 204 57 594<br>Website: www.britishembassy.de<br>Öffnungszeiten:<br>Montag bis Freitag 9.00 bis 17.30 Uhr |
| **Bei Unklarheiten bezüglich der Au-pair-Regelungen bekommt man Auskünfte bei:** | Department for Trade and Industry (DTI)<br>1 Victory Street<br>London SW1H OET<br>Tel.: 020 72 15 50 00<br>oder 020 72 15 67 40<br>Fax: 020 72 15 01 05<br>E-Mail: dti.enquiries@dti.gsi.gov.uk<br>Website: www.dti.gov.uk/ |
| **Informationen über die englische Sprache, Literatur, Bildung, Kunst und Kultur erhält man beim British Council. Auch Fragen zu Schulen, Universitäten und Praktika werden hier beantwortet:** | British Council Germany<br>Hackescher Markt 1<br>10178 Berlin<br>Tel.: 030 311 099 0<br>Fax: 030 311 099 20<br>E-Mail: info@britishcouncil.de<br>Website: www.britishcouncil.de |

| | |
|---|---|
| **Beratung und Information bei der Vermittlung von Au-pair-Stellen, Auswahl geeigneter Sprachenschulen sowie regelmäßige Au-pair-Treffen und Freizeit- und Kulturveranstaltungen:** | German YMCA<br>35 Craven Terrace<br>London W2 3EL<br>Tel.: 020 7723 5684<br>Fax: 020 7262 1569<br>E-Mail: y-services@german-ymca.org.uk<br>Website: www.german-ymca.co.uk |
| **Betreuung und Beratung in akuten Krisensituationen sowie bei EU-rechtlichen Fragen:** | German Advice Centre<br>34 Belgrave Square 4th Floor<br>London SW1X 8QB<br>Tel.: 020 7235 4343<br>Fax: 020 7235 4355<br>E-Mail: German.Advice@btinternet.com<br>Website: www.gac-online.org.uk |
| **Treffpunkt und Freizeitprogramm für Jugendliche zwischen 18 und 25 Jahren schweizerischer und internationaler Herkunft:** | Swiss Church in London<br>79 Endell Street<br>London WC2H 9DY<br>Tel./Fax: 020 78 36 14 18<br>E-Mail: info@swisschurchlondon.org.uk<br>Website: www.swisschurchlondon.org.uk |

# Irland

Inzwischen ist das Au-pair-Konzept in Irland fast so bekannt und entwickelt wie in Großbritannien. Die „grüne Insel“ hat nur 4,2 Millionen Einwohner. Die Hälfte davon ist unter 30 Jahre alt. Der Osten des Landes ist wesentlich stärker besiedelt als der Westen, ungefähr ein Drittel der irischen Bevölkerung lebt in der Hauptstadt Dublin. Die meisten Gastfamilien, die ein Au-pair aufnehmen, leben im Großraum Dublin. Einige Wenige wohnen in den Städten Cork und Waterford an der Südküste oder Limerick und Galway an der Westküste – oder auch in ländlichen Gebieten. Davon hat Irland jede Menge zu bieten. Grüne, saftige Wiesen und zerklüftete Küsten bieten landschaftsbegeisterten Menschen eine große Vielfalt.

Die Iren sind ein sehr freundliches, traditionsbewusstes und familienorientiertes Volk. Die Mehrheit der Bevölkerung spricht englisch, obwohl die erste offizielle Sprache des Landes Gälisch, umgangssprachlich Irisch, war. Heute hört man Irisch nur noch in einigen Regionen an der Westküste; diese keltische Sprache verschwindet immer mehr aus dem Alltag.

Irland galt einst als das Armenhaus der damaligen Europäischen Gemeinschaft. Nach mehrjährigem starkem Wachstum zählt Irland heute zu den reichsten Staaten der EU und sogar weltweit.

Durch den Golfstrom ist Irlands Klima das ganze Jahr über mild. Da im Winter die Temperaturen so gut wie nie unter Null Grad sinken, ist Schnee eine absolute Seltenheit in Irland. Dafür regnet es häufiger und oft sehr heftig.

## Aufenthalts- und Einreisebestimmungen

Irland gehört seit 1973 zur Europäischen Union. EU-Bürger sowie Schweizer benötigen lediglich einen gültigen Personalausweis oder Reisepass zur Einreise nach Irland. Innerhalb der ersten Woche nach Ankunft muss die

Anmeldung bei der lokalen Polizeidienststelle erfolgen. Dies ist jedoch eine reine Formsache.

# Au-pair-Bedingungen

Die Republik Irland gehört wie Großbritannien zu den Staaten, die das Europäische Au-pair-Abkommen weder ratifiziert noch unterzeichnet haben. Die Au-pair-Bedingungen lehnen sich aber dennoch an die Richtlinien des Abkommens an.

**Voraussetzungen**
Das Alter der Bewerberinnen muss zwischen 18 und 26 Jahren liegen. Männliche Bewerber haben fast keine Chance auf eine Vermittlung. Alle Bewerberinnen sollten gute Englischkenntnisse haben. Grundsätzlich müssen alle Au-pairs ledig sein und dürfen keine Kinder haben. Kinderbetreuungsnachweise sind auch für eine Bewerbung als Au-pair in Irland Voraussetzung. Nichtraucher werden immer bevorzugt.

**Dauer**
Der Au-pair-Aufenthalt sollte sich idealerweise über ein Schuljahr, also von September bis Juli erstrecken. Auch halbjährliche Aufenthalte sind möglich; sie sollten aber im Juli, September oder Januar beginnen. Gelegentlich können auch Sommeraufenthalte vermittelt werden, die von Juni bis September dauern.

**Arbeitszeit**
Das normale Au-pair-Programm sieht eine wöchentliche Arbeitszeit von 30 bis 35 Stunden vor. Hinzu kommt in der Regel Babysitten an zwei bis drei Abenden pro Woche. Zwei Tage in der Woche sind frei. Meist fallen diese Tage auf das Wochenende, was jedoch nicht garantiert ist.

**Taschengeld**
Das wöchentliche Taschengeld beträgt zwischen 70 und 80 € pro Woche.

Bei der Vereinbarung eines Au-pair-Plus-Verhältnisses wird für entsprechend längere Arbeitszeit (maximal 50 Stunden pro Woche) ein höheres Taschengeld bezahlt (mindestens 80 bis 90 €).

**Urlaub**
Es besteht kein Urlaubsanspruch. Bei einem Aufenthalt, der länger als sechs Monate dauert, lassen sich jedoch meistens ein paar bezahlte Urlaubstage vereinbaren.

# Versicherungen

Wenn Sie bei Ihren Eltern gesetzlich mitversichert sind, können Sie im EU-Ausland, also auch in Irland, Ihre Europäische Versicherungskarte bei Ärzten vorlegen. Da Sie sich aber nicht als Tourist in Irland aufhalten, sondern dort Ihren vorübergehenden Wohnsitz haben, gilt der Versicherungsschutz Ihrer deutschen gesetzlichen Versicherung nicht. Schließen Sie eine spezielle Au-pair-Versicherung ab, die den geeigneten Kranken-, Unfall- und Haftpflichtschutz bietet. Informationen finden Sie auf der Seite 28.

# Sprachkurse

In Irland gibt es eine Reihe von Au-pair-Agenturen, die eigene Sprachinstitute angeschlossen haben. Die Kurse dort sind auf die Bedürfnisse von Au-pairs zugeschnitten und haben sich in den letzten Jahren sehr bewährt. Auch andere Sprachenschulen, die teilweise vom irischen Kultusministerium anerkannt sind, bieten Kurse mit verschiedenen Niveaustufen und Kursdauern an. Die Kursgebühren liegen etwas niedriger als die in Großbritannien, sind aber auch von vielen Faktoren abhängig. Zwei- bis viermal im Jahr können international anerkannte Prüfungen abgelegt werden. Die Einschreibung dafür sollte ca. drei Monate vorher erfolgen.

# Landeskunde

**Währung**
Irland gehört zu den Gründungsmitgliedern der Europäischen Wirtschaftsunion. Seit 2002 gilt der Euro (€).

**Zeit**
In Irland gilt, wie in Großbritannien, die Greenwich Meridian Time (GMT); das bedeutet, dass Sie Ihre Uhr um eine Stunde zurückstellen müssen. Die Umstellung auf die Sommerzeit Ende März und auf die Winterzeit Ende Oktober ist seit 1997 angeglichen worden, so dass die Uhrzeit immer um eine Stunde von der Mitteleuropäischen Zeit (MEZ) abweicht.

**Feiertage und Ferien**
An folgenden Feiertagen sind alle öffentlichen Einrichtungen, Büros, Banken und Geschäfte geschlossen:

- *Neujahr am 1. Januar*
- *17. März: St. Patrick's Day*
- *Ostermontag*
- *Goodfriday (Karfreitag) ist kein offizieller Feiertag, jedoch sind alle Banken und die meisten Geschäfte geschlossen.*
- *May Day am ersten Montag im Mai*
- *Der frühere Pfingstmontag wurde ersetzt durch den ersten Montag im Juni.*
- *October Bank Holiday am letzten Montag im Oktober*
- *Weihnachten am 25. und 26. Dezember*
- *Fällt der 1. Januar oder der 17. März auf einen Samstag oder Sonntag, ist der folgende Montag ebenfalls ein Feiertag.*
- *Falls der 25. Dezember auf einen Sonntag fällt, wird der folgende Dienstag zum Feiertag.*

Die Sommerferien beginnen für Grundschüler am 1. Juni und für Schüler von weiterführenden Schulen am 1. Juli und dauern bis zum 31. August. Die Schüler haben außerdem eine Woche Herbstferien Ende Oktober (Halloween), zwei Wochen Weihnachtsferien, ein paar Tage Faschingsferien und zwei Wochen Osterferien.

**Telefon**
Die Landesvorwahl von Irland ist 00353. Man fügt dann die Ortsnetzkennzahl ohne die erste Null und weiter die Teilnehmernummer hinzu. Die Landesvorwahl von Irland nach Deutschland ist 0049, nach Österreich 0043 und für die Schweiz 0041. Die Null für die Ortsnetzkennzahl entfällt auch hier.

In Irland gibt es flächendeckend Telefonzellen für Münzen und Karten. Das Benutzen einer Phonecard ist in der Regel günstiger als das Telefonieren mit Münzen. Die Karten erhält man bei der Post und in Supermärkten, oder man besorgt sich schon in Deutschland eine entsprechende Telefonkarte zur Nutzung im Ausland.

**Religion**
Die Bevölkerung in Irland ist überwiegend römisch-katholischen Glaubens. Viele irische Familien praktizieren ihren Glauben sehr engagiert und orientieren ihr Leben nach den religiösen Wertvorstellungen.

**Bildungswesen**
Irland hat eine lange und angesehene Bildungstradition. Die Schulpflicht beginnt im Alter von sechs und endet mit 15 Jahren. Die meisten irischen Schüler besuchen die Schule jedoch weiter bis zum 18. Lebensjahr. Nach der *Primary School* wird ab dem 12. Lebensjahr eine der *Secondary Schools* besucht, die mit dem *Leaving Certificate* beendet werden. Der tägliche Schulbesuch dauert von 9.00 Uhr bis 16.00 Uhr. Öffentliche Schulen sind schulgeldfrei. Privatschulen, die in Irland eine große Bedeutung haben und in der Regel als bessere Ausbildungsstätten gelten, erheben zum Teil beträchtliche Schulgebühren, werden aber darüber hinaus auch von öffentlicher Hand unterstützt.

Im Anschluss an die *Secondary Schools* können weiterführende Schulen besucht werden bis zur Zulassung zum Studium oder einer betrieblichen Ausbildung.

**Mahlzeiten**
Ebenso wie die Briten nehmen die Iren am Morgen ein ausgiebiges Frühstück ein. Das Mittagessen besteht meist nur aus einem kleinen Imbiss. Am

Spätnachmittag wird der Tee im Rahmen einer kleinen Mahlzeit eingenommen und schon am frühen Abend das *dinner*, das oft aus mehreren Gängen besteht.

**Straßenverkehr**
In Irland wird ausnahmslos auf der linken Straßenseite gefahren.

# Hilfe, Infos, Kontakte

Alle Telefon- und Faxnummern sind ohne Ländervorwahl angegeben.

| | |
|---|---|
| **Informationen über Irland:** | Irische Fremdenverkehrszentrale<br>Untermainanlage 7<br>60329 Frankfurt am Main<br>Tel.: 069 668 009 50<br>Fax: 069 923 185 88<br>E-Mail: info@irishtouristboard.de<br>Website: www.discoverireland.com/de/ |
| **Diplomatische Vertretungen:** | Deutsche Botschaft<br>31, Trimleston Avenue<br>Booterstown, Blackrock<br>Co. Dublin<br>Tel.: 01 269 30 11<br>Fax: 01 269 39 46<br>Website: www.dublin.diplo.de |
| Österreichische Botschaft<br>93 Ailesbury Road<br>15 Ailesbury Court Apartments<br>Ballsbridge<br>Dublin 4<br>Tel.: 01 269 45 77<br>Fax: 01 283 08 60 | Schweizer Botschaft<br>6 Ailesbury Road<br>Ballsbridge<br>Dublin 4<br>Tel.: 01 218 63 82/83<br>Fax: 01 218 03 44<br>Website: www.eda.admin.ch/dublin |

| | |
|---|---|
| Botschaft von Irland<br>Friedrichstr. 200<br>10117 Berlin<br>Tel.: 030-22 07 20<br>Fax: 030-22 07 22 99<br>Website: www.botschaft-irland.de<br>Öffnungszeiten: Mo. - Fr. 9.30 - 12.30, 14.30 - 16.45 Uhr | |
| **Jugendinformationszentren:** | Blanchardstown Youth Information Centre<br>Main Street<br>Blanchardstown<br>Dublin 15<br>Tel.: 01 821 20 77 / 821 2012<br>Fax: 01 821 1144<br>E-Mail: yiblanc@iol.ie |
| Dublin Corporation Community & Youth Information Centre<br>Sackville House<br>Sackville Place<br>Dublin 1<br>Tel.: 01 878 6844<br>Fax: 01 878 6610<br>E-Mail: cyicinfo@iol.ie | Dun Laoghaire Youth Information Centre<br>The Bell Tower<br>Marine Road, Dun Laoghaire<br>Co. Dublin<br>Tel.: 01 280 9363<br>Fax: 01 280 0386<br>E-Mail: yicdlys@iol.ie<br>Website: www.youthquest.ie |
| Clondalkin Youth Information Centre<br>Monastery Road<br>Clondalkin<br>Dublin 22<br>Tel.: 01 459 4666<br>Fax: 01 459 3523<br>E-Mail: yicclond@iol.ie | Tallaght Youth Information Centre<br>Main Road, Tallaght<br>Dublin 24<br>Tel.: 01 451 6322<br>Fax: 01 451 6949<br>E-Mail: yictall@iol.ie |
| Limerick Youth Information Bureau<br>35 O'Connell Street<br>Limerick<br>Tel.: 061 41 69 63<br>Fax: 061 41 62 34<br>E-Mail: yiclimer@tinet.ie | |

# Frankreich

Frankreich gilt neben England als „klassisches" Au-pair-Land. Es gibt eine Vielzahl von gut eingeführten Au-pair-Agenturen, die auf viele Jahre Erfahrung zurückblicken können. Die meisten Au-pairs befinden sich im Großraum Paris und in den Universitätsstädten Tours oder Aix-en-Provence. Auch der Süden Frankreichs ist Ziel vieler Au-pair-Bewerberinnen und -Bewerber, vor allem weil sie das milde Klima lieben und während ihres Aufenthaltes einen Hauch von Urlaubsstimmung mitbekommen möchten.

Frankreich ist (mit Korsika) mehr als doppelt so groß wie die Bundesrepublik Deutschland. Die Bevölkerungsdichte ist jedoch im Vergleich zu den Nachbarländern relativ gering. In Frankreich leben derzeit ungefähr 62 Millionen Menschen. Die einzige echte Millionenstadt ist Paris mit etwas mehr als 2,1 Millionen Einwohnern. 80 % der Bevölkerung Frankreichs leben in den städtischen Großräumen. Frankreich ist aufgegliedert in 100 Departments innerhalb von 26 Verwaltungsregionen.

Das Klima in der nördlichen Hälfte Frankreichs ist milde und feucht, die Temperaturschwankungen im Sommer und im Winter sind geringer als im übrigen Mitteleuropa. Der südliche Teil gehört bereits zur Mittelmeer-Klimazone mit heißen, trockenen Sommern und eher milden Wintern.

## Aufenthalts- und Einreisebestimmungen

Frankreich gehört zu den Ländern, die das Europäische Au-pair-Abkommen im Jahr 1971 ratifiziert und unterzeichnet haben. Dadurch genießen Au-pairs den gesetzlichen Schutz der Richtlinien dieses Abkommens. Abweichungen können zwischen Gastfamilie und Au-pair vereinbart werden, sofern dem keine gesetzlichen Vorschriften entgegenstehen. Durch diese Absicherung sind Au-pairs zwar gesetzlich geschützt, für die Gastfamilie stellen die Bedingungen allerdings einen erheblichen finanziellen und administrativen Aufwand dar, da sie neben dem Taschengeld an das Au-pair relativ hohe Beiträge in die gesetzliche Sozialversicherung einbezahlen müssen. Deshalb bestehen in Frankreich die meisten Au-pair-Verhältnisse inoffiziell.

Auch Angehörige eines EU-Mitgliedsstaates benötigen bei einem Aufenthalt von mehr als drei Monaten eine Aufenthaltsgenehmigung. Sie ist auch Voraussetzung dafür, die Leistungen der französischen Sozialversicherung (*Securité sociale*) in Anspruch nehmen zu können. Folgende Unterlagen müssen für die Erteilung der Aufenthaltsgenehmigung vorgelegt werden:

- *ein gültiger Reisepass oder Personalausweis*
- *ein ärztliches Attest im Original, das bei Reiseantritt nicht älter als drei Monate sein darf*
- *eine beglaubigte und ins Französische übersetzte Kopie des letzten Schul- oder Ausbildungszeugnisses*
- *ein Einladungsbrief der Gastfamilie, der die Aufnahme als Au-pair bescheinigt*
- *eine Bescheinigung über die Einschreibung bzw. Anmeldung an einer Sprachenschule*
- *vier Passfotos*
- *eine Geburtsurkunde (*Acte de naissance*); eine Übersetzung bekommen Sie als so genannten „Internationalen Schein" bei der zuständigen Gemeindeverwaltung*

Nach der Ankunft in Frankreich muss man sich umgehend bei der *Préfecture de la Police* melden, um eine *Carte de Séjour Provisoire* zu beantragen. Mit dieser Karte suchen Sie dann das zuständige Büro der französischen Arbeitsverwaltung (*Service de la Main d'Oeuvre Etrangère*) auf. Dort bekommen Sie die Vordrucke für den mit der Gastfamilie zu schließenden Vertrag (*Accord de placement au pair de stagiare aide-familiale*). Den von beiden Seiten unterschriebenen Au-pair-Vertrag legen Sie dann zusammen mit dem Personalsausweis, dem ärztlichen Attest und der Geburtsurkunde bei der Arbeitsverwaltung vor. Die *Préfecture de Police* lädt Sie daraufhin vor, um Ihnen die *Carte de Séjour Définitive* auszuhändigen. Die Anschrift der zuständigen Arbeitsverwaltung erhält man beim örtlichen Arbeitsamt (*Direction Départmentale du Travail et de l'Emploi*).

Bei all diesen Formalitäten sind die ortsansässigen Agenturen behilflich. Da die behördlichen Auflagen jedoch umfangreich sind und die Vorgehensweise sehr bürokratisch gehandhabt wird, kann es manchmal mehrere Wochen dauern, bis die offizielle Anmeldung erfolgt ist.

Tatsächlich werden die wenigsten Au-pair-Verhältnisse in Frankreich angemeldet. Um aber auf der sicheren Seite zu sein, sollten Sie auf jeden Fall eine spezielle Kranken-, Unfall- und Haftpflichtversicherung für Au-pairs abschließen.

Staatsangehörige aus Nicht-EU-Ländern müssen vor Einreise ein Visum bei der Französischen Botschaft oder einem Französischen Generalkonsulat in ihrem Heimatland beantragen.

## Au-pair-Bedingungen

### Voraussetzungen

Au-pair-Bewerberinnen und -Bewerber müssen ledig sowie kinderlos und zwischen 17 und 30 Jahre alt sein. Die meisten deutschen Vermittlungsagenturen akzeptieren Bewerber/-innen erst ab 18 Jahren. Ihre Französischkenntnisse sollten ausreichen, um eine einfache Unterhaltung zu führen. Erfahrungen mit der Betreuung von Kindern – etwa durch regelmäßiges Babysitten, als Helfer im Ferienlager oder Sportverein – gehören ebenfalls zur Qualifikation eines Au-pairs.

### Dauer

Die Aufenthaltsdauer für Au-pair-Beschäftigte beträgt drei bis höchstens 18 Monate. Auch in Frankreich wird man bevorzugt, wenn man bereit ist, ein Schuljahr lang, also von September bis Juli, bei der Gastfamilie zu bleiben. Es gibt auch immer einige Stellenangebote für Sommer-Au-pair, jedoch übersteigt die Nachfrage bei Weitem das Angebot.

### Arbeitszeit

Auch in Frankreich beträgt die wöchentliche Arbeitszeit für eine normale Au-pair-Beschäftigung 30 Stunden, die auf fünf oder sechs Tage mit jeweils sechs bzw. fünf Arbeitsstunden verteilt sind. Zusätzlich wird an zwei bis drei Abenden pro Woche Babysitten verlangt. Manche Agenturen bieten auch Au-pair-Plus-Positionen mit einer wöchentlichen Arbeitszeit von 35-40 Stunden an.

**Taschengeld und sonstige Leistungen**

Die Mindesthöhe des Taschengeldes für Au-pairs in Frankreich beträgt 234 € pro Monat. Allerdings hat es sich inzwischen durchgesetzt, dass die meisten Gastfamilien mehr bezahlen. Üblich ist für 30 Wochenarbeitsstunden ein wöchentliches Taschengeld in Höhe von 75 €. Für eine Au-pair-Plus-Beschäftigung mit 35 Wochenstunden wird ein Taschengeld in Höhe von 95 € pro Woche gezahlt. Vor allem in Paris und Umgebung ist außerdem die Zahlung einer Monatskarte (*Carte Orange*) für den öffentlichen Nahverkehr üblich, aber nicht gesetzlich vorgeschrieben.

**Urlaub**

Au-pairs sind keine Arbeitnehmer und haben daher keinen Anspruch auf bezahlten Urlaub. Häufig wird aber zwischen und Au-pair und Gastfamilie vereinbart, dass bei einem Aufenthalt von mehr als sechs Monaten ein bis zwei Wochen Urlaub gewährt werden.

# Versicherungen

Die Gastfamilie ist verpflichtet ein Au-pair, das länger als drei Monate in Frankreich bleibt, bei der staatlichen französischen Sozialversicherung (*Sécurité Sociale*) zu versichern. Vom Tag der Anmeldung an ist das Au-pair unfallversichert. Kosten für die medizinische Behandlung im Krankheitsfall werden jedoch erst nach einer Arbeitszeit von insgesamt 60 Stunden rückerstattet. Ist das Au-pair älter als 25 Jahre, erhöht sich die Arbeitszeit sogar auf 120 Stunden, bevor der Versicherungsschutz in Kraft tritt. Stationäre Behandlung wird von der Versicherung voll übernommen, Arzt- und Arzneimittelkosten jedoch nur zu 70-80 % erstattet.

Angesichts der relativ hohen Versicherungskosten (derzeit ungefähr 180 € pro Monat) ziehen es die meisten Gastfamilien vor, ihr Au-pair bei einer privaten Versicherung anzumelden. Viele Familien erwarten auch, dass das Au-pair eine gültige Krankenversicherung im Heimatland hat. Zur Erlangung der Aufenthaltsgenehmigung, die für einen Aufenthalt von mehr als drei Monaten erforderlich ist, werden private und „nicht französische" Versicherungen jedoch nicht anerkannt.

Die Versicherungslage für das Gastland Frankreich ist sehr unbefriedigend, da in der Praxis die meisten Gastfamilien ihr Au-pair nicht bei der *Sécurité Sociale* anmelden und damit die Beantragung der Aufenthaltserlaubnis nicht möglich ist.

Was die Haftpflichtversicherung der Au-pairs betrifft: Au-pairs sind nach französischer Gesetzeslage während der Arbeitszeit automatisch durch die Haftpflichtversicherung der Gastfamilie mitversichert. Es handelt sich dabei jedoch nicht um einen persönlichen, sondern um einen an die Familie gebundenen Versicherungsschutz. Damit sind nur Schäden abgedeckt, die im unmittelbaren Umfeld der Gastfamilie entstehen – nicht solche in ihrer Freizeit.

Für einen umfassenden lückenlosen Versicherungsschutz sollten Sie im Heimatland eine entsprechende Versicherung für Au-pair-Aufenthalte abschließen bzw. prüfen, ob Ihre bestehende Versicherung auch im Ausland für einen nicht touristischen Aufenthalt gilt.

Wenn Sie als Au-pair das Auto der Gastfamilie benutzen, muss die entsprechende Versicherungsgesellschaft darüber informiert und das Au-pair als zusätzlicher Fahrer eingetragen werden.

# Sprachkurse

Die Teilnahme an Sprachkursen ist für ein offizielles Au-pair-Verhältnis in Frankreich vorgeschrieben. In allen größeren Städten werden Sprachkurse in unterschiedlichen Leistungsstufen und Klassenstärken angeboten. Es gibt eine Vielzahl von privaten Sprachinstituten. In einigen Regionen findet man ein Äquivalent zu der deutschen Volkshochschule, die *Université populaire* oder den *Cours Municipal d'Adultes*. Allerdings sind diese Kurse häufig für Au-pairs nicht geeignet, weil sie zu ungünstigen Zeiten stattfinden. Es ist außerdem nicht ganz einfach, in einen dieser Kurse aufgenommen zu werden, weil, zumindest in Paris, die Nachfrage das Angebot bei weitem übersteigt. Ein Semester, das von Oktober bis Februar dauert, kostet in diesem Rahmen bei drei Wochenstunden ungefähr 60 €. Ansonsten gibt es noch die Möglichkeit, sich an der Universität einzuschreiben. Diese Variante ist die preisgünstigste, da kostenlos, aber sie ist dem Au-pair-Programm eigentlich nicht angemessen, da dort in der Regel 15 Wochenstunden Unterricht vorgesehen sind.

Viele Au-pair-Agenturen in Frankreich haben ein angeschlossenes Sprachinstitut, das mit seinem Unterrichtsprogramm und den Kursterminen den Bedürfnissen der Au-pair-Beschäftigten entspricht.

Zum Abschluss der Sprachkurse können verschiedene Prüfungen abgelegt werden, die zum Teil international anerkannt werden. Das *DALF (Diplôme Approfondi de Langue Française)* zum Beispiel ist ein vom französischen Bildungsministerium ausgehändigtes Diplom, das als Sprachtest zur Aufnahme an allen französischen Universitäten anerkannt wird.

# Landeskunde

**Währung**
In Frankreich wird mit Euro (€) bezahlt.

**Zeit**
In Frankreich gilt die Mitteleuropäische Zeit (MEZ). Ende März wird auf Sommer- und Ende Oktober auf Winterzeit umgestellt.

**Feiertage und Ferien**
Als Feiertage gelten in Frankreich:

- *1. Januar: Jour de l'An*
- *Karfreitag: Vendredi Saint (nur im Elsaß und in Teilen Lothringens)*
- *Ostermontag: Lundi de Pâques*
- *1. Mai: Fête du travail (Tag der Arbeit)*

- *8. Mai: Victoire 1945 (Gedenktag zum Ende des zweiten Weltkrieges)*
- *Christi Himmelfahrt: Ascension*
- *Pfingstmontag: Lundi de Pentecôte*
- *14. Juli: Fête Nationale de la France (Nationalfeiertag)*
- *15. August: Assomption (Maria Himmelfahrt)*
- *1. November: Toussaint (Allerheiligen)*
- *11. November: Armistice 1918 (Gedenktag zum Ende des ersten Weltkrieges)*
- *25. Dezember: Noël (Weihnachtsfeiertag)*

Schulkinder in Frankreich haben etwa acht Wochen Sommerferien von Anfang Juli bis Ende August. Im Herbst gibt es eine Ferienwoche, meist Anfang November, und ab Weihnachten zwei Wochen bis zum Ende der ersten Januarwoche. Frühjahrsferien haben die französischen Kinder im April für 14 Tage.

**Telefon**

Wer nach Frankreich telefonieren möchte, wählt die Landesvorwahl 0033, dann die entsprechende regionale Kennziffer, gefolgt von einer 8-stelligen Rufnummer. Innerhalb Frankreichs wählt man vor der regionalen Kennziffer noch die Null. Wenn man von Frankreich aus ins Ausland telefonieren möchte, wählt man zunächst die 00, gefolgt von der Länderkennung, zum Beispiel 49 für Deutschland, 43 für Österreich und 41 für die Schweiz, dann die Ortsvorwahl ohne die Null und die Rufnummer des gewünschten Gesprächspartners.

Für die öffentlichen Telefonzellen braucht man in der Regel eine Telefonkarte, die bei der Post oder in Tabakläden erhältlich sind. Münzfernsprecher gibt es nur noch selten.

Die Polizei erreicht man landesweit unter der Rufnummer 17, die Feuerwehr unter der 18 und den Rettungsdienst unter der Rufnummer 15.

**Religion**

Über die Hälfte der Franzosen sind katholisch. Ungefähr drei Millionen Einwohner sind Muslime und eine Million Protestanten. Außerdem ergänzen Juden und Orthodoxe als weitere Glaubensrichtungen die religiöse Vielfalt des Landes. Ein Drittel der Bevölkerung gehört keiner Religionsgemeinschaft an.

**Bildungswesen**

Kinder im Alter von zwei bis sechs Jahren besuchen in der Regel die Ganztagsvorschule (*Ecole maternelle*). Es gibt nur wenige Familien, die dieses Angebot nicht nutzen. Die *Ecole maternelle* wird als Schule für die Kleinen betrachtet. Kinder, die die *Ecole maternelle* nicht besucht haben, müssen in der „richtigen" Schule oft mit erheblichen Schwierigkeiten auf der fachlichen und sozialen Ebene rechnen. Das französische Bildungssystem umfasst drei Ebenen: Die elementare Bildung wird in Vorschulen und Grundschulen vermittelt. Die Sekundarstufe wird in *Collèges* und *Lycées* absolviert. Die Schüler wechseln im Alter von elf bis zwölf Jahren an das *Collège* und bleiben dort vier Jahre. Je zwei Jahre lang werden die Beobachtungsstufe und die Orientierungsstufe besucht.

Für Schüler bis etwa zum zehnten oder elften Lebensjahr (*classe primaire*) findet mittwochs kein Unterricht statt, dafür jedoch an den meisten Samstagen. Der Unterricht dauert in der Regel von 9.00 bis 12.00 Uhr und von 13.30 bis 16.30 Uhr. Im Allgemeinen nehmen die Schüler ihr Mittagessen in der *cantine* ein.

**Mahlzeiten**

Die Hauptmahlzeiten werden in Frankreich zwischen 7.00 und 9.00 Uhr mit dem Frühstück (*petit déjeuner*), zwischen 12.00 und 14.00 Uhr mit dem Mittagessen (*déjeuner*) und zwischen 19.30 und 21.00 Uhr mit dem Abendessen (*dîner*) eingenommen. Es gibt täglich zwei warme Mahlzeiten, wobei diese aus mehreren Gängen bestehen.

# Hilfe, Infos, Kontakte

| | |
|---|---|
| **Informationen über Frankreich:** | Französisches Fremdenverkehrsamt<br>Zeppelinallee 37<br>60325 Frankfurt am Main<br>Tel.: 0190 57 00 25<br>Fax: 0190 59 90 61<br>Website: http://www.franceguide.com<br>E-Mail: info.de@franceguide.com |
| **Diplomatische Vertretungen:** | Deutsche Botschaft<br>13-15, avenue Franklin D. Roosevelt<br>75008 Paris<br>Tel.: 0033 1 53 83 45 00<br>Fax: 0033 1 43 59 74 18<br>Website: www.amb-allemagne.fr |
| | Österreichische Botschaft<br>6, rue Fabert<br>75007 Paris<br>Tel.: 0033 1 40 63 30 63<br>Fax: 0033 1 45 55 63 65<br>Website: www.bmeia.gv.at/paris |
| | Schweizer Botschaft<br>142, rue de Grenelle<br>75007 Paris<br>Tel.: 0033 1 49 55 67 00<br>Fax: 0033 1 49 55 67 67<br>Website: www.eda.admin.ch/paris<br>E-Mail: par.vertretung@eda.admin.ch |
| | Botschaft von Frankreich<br>Pariser Platz 5<br>10117 Berlin<br>Tel.: 030 590 03 90 00<br>Fax: 030 590 03 90 67<br>Website: www.botschaft-frankreich.de<br>E-Mail: consulat.berlin-amba@<br>diplomatie.gouv.fr<br>Öffnungszeiten:<br>Montag bis Freitag 9.00 bis 12.00 Uhr;<br>Mittwoch zusätzlich 14.00 bis 17.00 Uhr |

| | |
|---|---|
| **Informationen über weitere Austauschprogramme und Praktika sowie eine Adressenliste mit zahlreichen Jugend- und Kulturaustausch-Organisationen:** | Deutsch-Französisches Jugendwerk<br>Molkenmarkt 1-3<br>10179 Berlin<br>Tel.: 030 288 757 0<br>Fax: 030 288 757 88<br>Website: http://www.dfjw.org/ |
| | OFAJ (Office Franco-allemande de la Jeunesse)<br>51, rue de l'Amiral-Mouchez<br>75013 Paris<br>Tel.: 0033 1 40 78 18 18<br>Fax: 0033 1 40 78 18 88<br>Website: www.ofaj.org |
| **Jugendhäuser in Paris:** | Centre international de Séjour AJF-Bastille<br>151, avenue Ledru-Rollin<br>75011 Paris<br>Tel.: 01 43 79 53 86 |
| | Centre international de Séjour de Paris<br>6, avenue Maurice-Ravel<br>75012 Paris<br>Tel.: 01 43 43 19 01 |
| | Centre international de Séjour de Paris<br>Paris Kellermann<br>17, bd Kellermann<br>75013 Paris<br>Tel.: 01 44 16 37 38 |
| | Foyer Porta<br>14, rue Rierre Demours<br>75017 Paris<br>Tel.: 01 45721866<br>Fax: 01 45721973<br>E-Mail: foyerporta@orange.fr |

# Spanien

Spanien ist in den letzten Jahren immer mehr zum Zielland für Au-pair-Bewerber geworden. Natürlich ist die Nachfrage für Spanien geringer als für Großbritannien, Frankreich oder die USA; die Au-pair-Agenturen verzeichnen aber eine stetige Zunahme der Bewerbungen für die iberische Halbinsel.

Spanisch ist die vierte große Weltsprache. Als internationales Kommunikationsmittel steht sie sogar an zweiter Stelle und in der Rangliste der internationalen Sprachen für Politik, Wirtschaft und Kultur nimmt sie den dritten Platz ein. Deutschland hat im höheren Schulwesen mittlerweile über 100.000 Spanischschüler und fast 20.000 an den Universitäten.

Spanien ist nach Frankreich das zweitgrößte westeuropäische Land. Die über 45 Millionen Einwohner des Königreiches verteilen sich auf 17 autonome Regionen (*Comunidades Autónomas*), die sich insgesamt in 50 Provinzen untergliedern. Auffällig im Königreich Spanien ist die Landflucht der Bevölkerung. Bereits zwei Drittel aller Spanier leben in Städten. In manchen Provinzen Kastiliens und Aragóns sind auf dem Land fast nur noch über Sechzigjährige anzutreffen, denn für junge Leute bieten sich dort kaum Perspektiven. In den Ballungszentren an der Küste dagegen locken Arbeitsplätze im Tourismus und in der Industrie.

Nach dem Tod des Diktators Franco im Jahre 1975 haben sich viele Bereiche des gesellschaftlichen Lebens, zum Beispiel das Bildungssystem oder die Gleichberechtigung der Geschlechter, radikal geändert. Auch die eigenständische Kultur vieler spanischer Regionen wurde vom zentralistischen Franco-Regime massiv unterdrückt. Die einzige zugelassene Sprache war das kastilische Spanisch (*castellano*). Sich in einer der Regionalsprachen Baskisch, Katalanisch oder Galizisch zu verständigen, war unter der Franco-Diktatur verboten. Seit dem Tod Francos pflegen wieder viele Spanier ihre eigene Muttersprache. In Katalonien, in València und auf den Balearen wird die katalanische Sprache gesprochen und gefördert, indem in den Schulen und Universitäten auf Katalanisch unterrichtet wird. Am Westrand von Spanien spricht eine Minderheit Galego, eine Sprache, die mit dem

Portugiesischen verwandt ist. Etwa eine Million Basken verständigen sich in der Sprache Euskera.

Das Klima in Spanien ist sehr vielfältig. Der Südosten des Landes ist eines der trockensten Gebiete West-Europas, der Nordwesten dagegen ist eine der regenreichsten europäischen Regionen. Im Landesinneren herrscht Kontinentalklima mit großen jahreszeitlichen Temperaturschwankungen vor.

## Aufenthalts- und Einreisebestimmungen

Spanien hat im Jahre 1988 das Europäische Au-pair-Abkommen ratifiziert, deshalb sind die Richtlinien des Abkommens in Spanien auch verbindlich. EU-Angehörige reisen mit ihrem gültigen Reisepass oder Personalausweis nach Spanien ein. Bei einem geplanten Aufenthalt von mehr als drei Monaten müssen sie sich bei der Ausländerbehörde melden (je nach Region *Oficina de Extranjeros* oder *Comisaria Provincial de Policia*).

## Au-pair-Bedingungen

**Voraussetzungen**
Au-pair-Bewerberinnen für Spanien müssen, wie in allen Ländern, ledig und kinderlos sein. Sie dürfen nicht jünger als 18 und nicht älter als 30 Jahre alt sein. Im Gegensatz zu den meisten anderen Ländern haben in Spanien auch Bewerberinnen eine Chance, die über sehr geringe Spanischkenntnisse verfügen. Viele Familien, vor allem im Süden Spaniens und auf den Balearen, wünschen ein deutschsprachiges Au-pair-Mädchen, weil entweder ein Elternteil deutschstämmig ist oder die Kinder eine deutsche Schule besuchen.

Der Nachweis über Kinderbetreuungserfahrung ist Grundvoraussetzung. Bewerbungen von männlichen Au-pairs werden von spanischen Familie nur selten akzeptiert. Offensichtlich hat hierbei das Erbe Francos seine Spuren hinterlassen, denn bis 1975 durften Ehefrauen ohne Einwilligung ihrer Gatten nicht einmal ein Bankkonto eröffnen oder einen Reisepass beantragen. Obwohl nun die Gleichberechtigung der Geschlechter seit 1981 in der Verfassung festgeschrieben ist, haben viele Spanier immer noch ein sehr klares Bild von der Rolle des Mannes, in das ein Au-pair-Junge, der Haushalt und Kinder versorgt, nicht hineinpasst.

**Dauer**

In Spanien erstreckt sich ein Au-pair-Aufenthalt üblicherweise über sechs bis zwölf Monate. Die Ankunft im September oder Januar/Februar ist meist am günstigsten. Das Angebot an Sommer-Au-pair-Stellen ist beschränkt, aber wer sich rechtzeitig bewirbt, hat eine gute Chance, für die Monate Juni, Juli und August in eine Gastfamilie aufgenommen zu werden.

**Arbeitszeit**

Die wöchentliche Arbeitszeit beträgt, wie in nahezu allen europäischen Ländern, 30 Stunden, verteilt auf fünf bis sechs Tage pro Woche. Dazu kommen Babysitterdienste an zwei bis drei Abenden in der Woche. Ein Tag pro Woche muss komplett frei sein (inklusive des Abends) und einmal im Monat muss ein freies Wochenende gewährt werden.

**Taschengeld und sonstige Leistungen**

Als Gegenleistung für die Arbeit ist neben freier Kost und Logis ein monatliches Taschengeld in Höhe von 220 bis 260 € üblich. Die Zahlung einer Monatskarte für den öffentlichen Nahverkehr gehört in Spanien nicht zu den Gepflogenheiten der Gastfamilien.

**Urlaub**

Es besteht kein Urlaubsanspruch für Au-pairs. Bei Aufenthalten über sechs Monaten wird häufig eine Woche bezahlter Urlaub gewährt, wenn dies vorher vereinbart wurde.

# Versicherungen

Die Gastfamilie ist nicht verpflichtet, das Au-pair gegen Krankheit und Unfall zu versichern. Oft beteiligen sich die spanischen Familien mit 50% an den Kosten für eine private Krankenversicherung.

Die europäische Versicherungskarte EHIC (erhältlich bei der AOK) ist auch in Spanien gültig. Daher sollten Sie Ihre Zugehörigkeit zur Familienversicherung beibehalten, falls diese besteht. Stationäre und ambulante Behandlungskosten werden in voller Höhe übernommen. Für Arzneimittel beträgt die Eigenbeteiligung ca. 40%. Wie auch in anderen EU-Ländern müssen Sie damit rechnen, dass nicht jeder Arzt die Karte anerkennt. Deshalb sind Sie immer auf der sicheren Seite, wenn Sie eine spezielle Au-pair-Versicherung abgeschlossen haben. Sie beinhaltet neben der Krankenversicherung auch einen Haftpflicht- und Unfallversicherungsschutz.

# Sprachkurse

Obwohl es auch in Spanien zahlreiche Sprachinstitute gibt, ist das Angebot an Sprachkursen bei Weitem nicht so groß wie etwa in Großbritannien oder Frankreich. In vielen Kleinstädten und allen Großstädten ist die Teilnahme an Kursen einer staatlichen Schule (*Colegio Oficial de Idiomas*) möglich. Die Kursgebühren für die staatlichen Bildungseinrichtungen sind, verglichen mit den privaten Sprachenschulen, relativ kostengünstig. Manche Au-pair-Agenturen haben eigene Sprachinstitute angeschlossen, die ihre Kurse im Hinblick auf den Stundenplan und den Unterrichtsablauf auf die Bedürfnisse von Au-pairs und Sprachstudenten aus dem Ausland zugeschnitten haben. Es gibt natürlich auch eine Reihe privater Sprachenschulen, die jedoch meist recht teuer sind und deren Stundenpläne oft nicht mit den Au-pair-Arbeitszeiten harmonieren.

Offizielle Sprachdiplome für Spanisch als Fremdsprache (D.E.L.E.) können bei den meisten Sprachinstituten erworben werden. Die drei Prüfungsstufen heißen *Certificado Inicial*, *Diploma Básico* und *Diploma Superior*.

Ausführliche Informationen über Sprachkurse und anerkannte Sprachdiplome erhält man vom Instituto Cervantes, dem spanischen Kulturinstitut. Das Instituto Cervantes ist eine gemeinnützige Einrichtung, die 1991 von der spanischen Regierung ins Leben gerufen wurde mit dem Ziel, die spanische Sprache und das Kulturgut aller spanischsprachigen Länder zu fördern und zu pflegen. Derzeit existieren 35 Institute in mehr als 20 Ländern. Die Zentrale befindet sich in Madrid. Das nach dem spanischen Autor Miguel de Cervantes benannte Institut hat in Deutschland Niederlassungen in München, Bremen, Hamburg, Berlin sowie in Frankfurt am Main.

Im Internet kann man kostenlos Spanisch lernen:
http://www.spanisch-live.de

# Landeskunde

**Währung**
Seit Januar 2002 wird gilt auch in Spanien der Euro (€) als Zahlungsmittel.

**Zeit**
In Spanien gilt die Mitteleuropäische Zeit (MEZ) mit der allgemeinen Sommerzeitregelung.

**Feiertage und Ferien**
In Spanien werden landesweit dreizehn Feiertage begangen:

- *1. Januar: Año nuevo*
- *6. Januar: Reyes Magos (Heilige Drei Könige)*
- *19. März: San José (Josefstag)*
- *März/April: Gründonnerstag und Karfreitag*
- *1. Mai: Dia del Trabajo (Tag der Arbeit)*
- *12. Oktober: Dia de la Hispanidad (Nationalfeiertag)*
- *1. November: Todos los Santos (Allerheiligen)*
- *6. Dezember: Dia de la Constitución (Tag der Verfassung)*
- *8. Dezember: Inmaculada Concepción (Mariä Empfängnis)*
- *25./26. Dezember: Navidad (Weihnachten)*

Die Sommerferien in Spanien beginnen meist Mitte Juni und enden Mitte September. Dies ist nicht einheitlich geregelt und kann je nach Region und Schule etwas variieren. Die Weihnachtsferien beginnen vor den Feiertagen und dauern bis nach dem 6. Januar.

**Telefon**

Die Landesvorwahl für Spanien ist 0034. Darauf folgt dann die 9 (oder 8) und anschließend die Ortsnetzkennzahl sowie die Teilnehmernummer. Einige Mobilfunknummern beginnen mit 6.

Von Spanien nach Deutschland wird zunächst die 00 gewählt, dann die Landeskennzahl 49, die deutsche Vorwahlnummer ohne 0 und die Teilnehmernummer. Nach Österreich wählt man von Spanien aus die Ländervorwahl 0043 und in die Schweiz 0041 und anschließend jeweils die Vorwahlnummer ohne Null vor der Teilnehmernummer.

Für Telefonate vom öffentlichen Netz empfiehlt sich eine Telefonkarte, die Sie sich am besten schon in Ihrer Heimat besorgen (z. B. CallCompany). Die Notrufnummer für Polizei (*policia*), Feuerwehr (*bomberos*) und Notarzt (*ambulancia*) ist die 091.

**Religion**

92 % der spanischen Bevölkerung sind Katholiken.

**Bildungswesen**

Seit einigen Jahren befindet sich das spanische Bildungssystem in einem Reformprozess. Die Schulpflicht beginnt mit sechs und endet mit dem 16. Lebensjahr. Das spanische Schulsystem wird in drei Blöcke gegliedert: Als erstes besuchen die Schüler die *Educación Primaria* für die Dauer von sechs Jahren. Darauf folgt die vierjährige *Educación Secundaria Obligatoria* (kurz *E.S.O.* genannt) für Schüler zwischen 12 und 16 Jahren. Nach Abschluss des *E.S.O.* entscheiden sich die meisten Spanier für eine weiterführende Ausbildung. Es besteht die Möglichkeit, den allgemeinbildenden Weg zu wählen (*Educación Postobligatoria*), welcher mit dem *Bachillerato* endet, oder aber der Schüler entscheidet sich für den berufsbildenden Weg mit einem bestimmten Fachbereich. Dieser Abschluss führt zum *Tecnico Su-*

*perior.* Beide Ausbildungswege dauern zwei Jahre, das Alter der Schüler ist zwischen 16 und 18 Jahre.

Die wohlhabenden Spanier – und nur jene können sich die Aufnahme eines Au-pairs leisten – schicken ihre Kinder meist auf Privatschulen. Der Unterricht dauert in der Regel von 9.00 Uhr bis zum frühen Nachmittag. In fast allen Privatschulen wird den Schülern ein Mittagessen gereicht.

**Mahlzeiten**
Für das Essen nehmen sich die Spanier Zeit. Bescheiden fällt lediglich das Frühstück (*desayuno*) aus. Bis zum warmen und reichhaltigen Mittagessen (*comida, almuerzo*), das erst gegen 14.00 Uhr eingenommen wird, gibt es höchstens einen kleinen Snack in Form eines Sandwiches. Am Spätnachmittag trifft man sich meist zu einem kleinen süßen oder pikanten Imbiss (*merienda*). Das Abendessen (*cena*) findet frühestens gegen 21.00 Uhr statt und besteht in der Regel aus einem Menü.

# Hilfe, Infos, Kontakte

Alle Telefon- und Faxnummern sind ohne Ländervorwahl angegeben.

| | |
|---|---|
| **Informationen über Spanien:** | Spanisches Fremdenverkehrsamt<br>Myliusstr. 14<br>60323 Frankfurt am Main<br>Tel.: 069 72 50 33 oder 72 50 38<br>Fax: 069 72 53 13<br>Website: www.tourspain.es |
| **Diplomatische Vertretungen:** | Deutsche Botschaft<br>Calle Fortuny 8<br>28010 Madrid<br>Tel.: 91 5 57 90 00<br>Fax: 913 10 21 04<br>Website: www.madrid.diplo.de |

| | |
|---|---|
| | Deutsches Generalkonsulat<br>Passeig de Gracia 111<br>08008 Barcelona<br>Tel.: 9 32 92 10 00<br>Fax: 9 32 92 10 02<br>Website: www.barcelona.diplo.de |
| | Österreichische Botschaft<br>Paseo de la Castellana 91/9<br>28046 Madrid<br>Tel.: 91 5 56 53 15<br>Fax: 91 5 97 35 79<br>Website: www.bmeia.gv.at/madrid |
| | Schweizer Botschaft<br>Calle Núñez de Balboa 35A-7<br>Edificio Goya<br>28001 Madrid<br>Tel.: 91 4 36 39 60<br>Fax: 91 4 36 39 80 |
| | Botschaft von Spanien<br>Lichtensteinallee 1<br>10787 Berlin<br>Tel.: 030 254 007 215<br>Fax: 030 254 007 216<br>Website: www.spanischebotschaft.de<br>E-Mail: embespde@correo.mae.es<br>Öffnungszeiten: Montag bis Donnerstag 9.00 bis 17.00 Uhr; Freitag 9.00 bis 14.00 Uhr |
| **Informationen über die spanische Sprache und Kultur:** | Spanisches Kulturinstitut<br>Instituto Cervantes<br>Alfons-Goppel-Str. 7<br>80539 München<br>Tel.: 089 29 07 18 0<br>Fax: 089 29 32 17<br>Website: www.cervantes-muenchen.de<br>E-Mail: info@cervantes-muenchen.de |

# Italien

Italien ist eines der attraktivsten Reiseziele für Touristen aus der ganzen Welt. Das milde Klima, viel Kunst und Kultur, das hervorragende Essen und die südländische Lebensart ziehen viele Menschen in das Land des „dolce vita“. Das Land erstreckt sich von den Alpen bis weit in das Mittelmeer hinein und ist aufgeteilt in 20 Regionen mit insgesamt 95 Provinzen. Die Wirtschaft (gelenkte Volkswirtschaft) Italiens erlebte in den letzten Jahren eine positive Entwicklung, weil sie zunehmend dereguliert und privatisiert wurde.

Ein ausgeprägtes Nord-Süd-Gefälle ist charakteristisch für Italien. Während im Norden des Landes der Lebensstandard hoch und die Arbeitslosenquote niedrig ist, ist der Süden nach wie vor wirtschaftlich eher schwach und muss eine hohe Arbeitslosenquote verkraften. Vor allem für Jugendliche ist es schwer, im eher landwirtschaftlich geprägten Süden Arbeit zu finden. Dies führt zu einer hohen Kriminalitätsrate.

Als Au-pair-Gastland ist Italien nicht gerade vorbildlich, was die Einhaltung der Bestimmungen des Europäischen Au-pair-Abkommens angeht. Zahlreiche ehemalige Au-pairs berichten von ungeregelten Arbeitszeiten, unpünktlicher Bezahlung des Taschengeldes und Abweichungen der vereinbarten Bedingungen. Viele der italienischen Au-pair-Agenturen bieten keine zuverlässige Betreuung und prüfen die Gastfamilien nur unzureichend. Die Büros sind häufig nicht besetzt und die Mitarbeiter schwer zu erreichen. Natürlich gibt es auch einige gut eingeführte Agenturen in Italien, die Au-pair-Verhältnisse zuverlässig organisieren. Wer sich zu einem Au-pair-Aufenthalt in Italien entschließt, sollte das Land und die Lebenseinstellung der Landsleute schon etwas kennen und die Bereitschaft mitbringen, sich auf die südländische Mentalität einzustellen.

## Aufenthalts- und Einreisebestimmungen

Angehörige von Mitgliedstaaten der Europäischen Union können mit ihrem gültigen Personalausweis oder Reisepass nach Italien einreisen und ihre

Au-pair-Tätigkeit aufnehmen. Ist der Aufenthalt für mehr als drei Monate geplant, müssen Sie in der ersten Woche nach Einreise die Aufenthaltsgenehmigung (*permesso di soggiorno*) bei der zuständigen Polizeibehörde (*Questura Centrale*) beantragen.

## Au-pair-Bedingungen

**Voraussetzungen**
Akzeptiert werden fast nur weibliche Au-pairs. Die Bewerberinnen müssen zwischen 18 und 30 Jahre alt, unverheiratet und kinderlos sein. Grundkenntnisse der italienischen Sprache sollten vorhanden sein. Es hat sich jedoch gezeigt, dass auch Menschen mit geringen Sprachkenntnissen die italienische Sprache nach relativ kurzer Zeit verstehen und sprechen können. Erfahrungen in der Kinderbetreuung, zum Beispiel durch regelmäßiges Babysitten, sind in jedem Fall nachzuweisen.

**Dauer**
Ein Au-pair-Aufenthalt in Italien erstreckt sich üblicherweise über ein halbes bis ganzes Jahr. Auch Aufenthalte als Sommer-Au-pair für die Monate Juli, August und September werden in geringem Umfang angeboten.

**Arbeitszeit**
Nach den Bestimmungen des Europäischen Au-pair-Abkommens, das von Italien ratifiziert wurde, beträgt die wöchentliche Arbeitszeit 30 Stunden zuzüglich Babysitten an zwei bis drei Abenden pro Woche. Mindestens ein Tag in der Woche muss komplett frei sein. Da die Kinder in Italien meist recht spät am Abend ins Bett gehen, kann die tägliche Arbeitszeit von fünf bis sechs Stunden manchmal auf mehrere Etappen aufgeteilt werden.

Italienische Gastfamilien neigen häufig dazu, die Bestimmungen nicht so ernst zu nehmen und die Arbeitszeiten keiner Regelmäßigkeit unterzuordnen. Wenn Sie sich für Italien entscheiden, überlegen Sie, dass dieses Problem auftreten und nicht unbedingt gelöst werden kann.

**Taschengeld und sonstige Leistungen**
Neben freier Verpflegung und Unterbringung im eigenen Zimmer gewähren italienische Familien in der Regel ein monatliches Taschengeld in Höhe von 240 bis 300 €. Das Bezahlen einer Fahrkarte für den öffentlichen Nahverkehr ist nicht vorgeschrieben und Sie können das in der Regel auch nicht erwarten.

**Urlaub**
Einen Rechtsanspruch auf bezahlten Urlaub haben Au-pairs in Italien nicht. Bei einer Aufenthaltsdauer von mehr als sechs Monaten kann im Einzelfall ein einwöchiger, bezahlter Urlaub (zum Beispiel über Weihnachten) vereinbart werden.

## Versicherungen

Das Gesundheitssystem in Italien ist, ähnlich wie in Großbritannien, als nationaler Gesundheitsdienst strukturiert. Die Hausärzte erhalten für jeden registrierten Patienten eine Kopfpauschale.

Die Gastfamilien sind nicht verpflichtet, eine Versicherung für das Au-pair abzuschließen.

Die Europäische Krankenversicherungskarte EHIC ist auch in Italien gültig. Wenn Sie der gesetzlichen Familienversicherung angehören, sollten Sie diese beibehalten. Eine spezielle Au-pair-Versicherung, die Kranken-, Unfall- und Haftpflichtversicherungsschutz beinhaltet, ist demnach auch für Italien auf jeden Fall zu empfehlen.

## Sprachkurse

In fast allen größeren Städten Italiens werden Sprachkurse für Ausländer angeboten. Das Unterrichtsprogramm und die Kursgebühren sind sehr unterschiedlich. Zum Abschluss kann man sich einer offiziell anerkannten Prüfung unterziehen. Das Mittelstufendiplom und das Fortgeschrittenendiplom können Sie bei den meisten Sprachenschulen während des ganzen Jahres ablegen. Das Zertifikat für Italienisch als Fremdsprache, genannt *Certificato di Italiano come Lingua straniera (CILS)*, wird von der Ausländeruniversität in Siena ausgestellt und ist ein offiziell anerkanntes Diplom.

Der gemeinnützige Verein „Centro Culturale Italkontakt e. V." vertritt die staatlich anerkannten Schulen „Centro Fiorenza" in Florenz, „Instituto dilit" in Rom und „Linguadue" in Mailand.

# Landeskunde

**Währung**
Seit 2002 ist der Euro (€) in Italien gesetzliches Zahlungsmittel.

**Zeit**
In Italien gilt die Mitteleuropäische Zeit (MEZ) mit der Sommerzeitregelung.

**Feiertage und Ferien**
An folgenden Tagen sind Geschäfte und Banken landesweit geschlossen:

- *1. Januar: Capodanno*
- *6. Januar: Epifania (Dreikönigsfest)*
- *Ostermontag: Luendi dell'Angelo*
- *25. April: Anniversario della Liberazione (Tag der Befreiung)*
- *1. Mai: Festa del Lavoro (Tag der Arbeit)*
- *2. Juni: Festa della Repubblica (Tag der Republik)*
- *15. August: Assuzione S.Vergine/Ferragosto (Mariä Himmelfahrt)*
- *1. November: Ognissanti (Allerheiligen)*
- *8. Dezember: Immacolata (Maria Empfängnis)*
- *25. Dezember: Natale (Weihnachtsfest)*
- *26. Dezember: San Stefano (Stephanstag)*
- *31. Dezember: San Silvestro (Silvester)*

Außerdem werden einige regionale, meist kirchliche Feiertage begangen.

Die Sommerferien in Italien sind lang. Sie dauern zwischen 13 und 14 Wochen von Juni bis September.

**Telefon**
Die Länderkennzahl für Italien lautet 0039. Anschließend wählt man die Ortsnetzkennzahl, wobei die Null mitgewählt werden muss und weiter die Teilnehmernummer. Bei Ortsgesprächen innerhalb Italiens wird immer die entsprechende Vorwahlnummer mitgewählt. Will man von Italien aus nach Deutschland anrufen, wählt man die Länderkennzahl 0049, dann die Ortsvorwahl ohne die erste Null und weiter die Teilnehmernummer. Für Österreich gilt die Landesvorwahl 0043 und für die Schweiz 0041.

Es gibt nur noch wenige Telefonzellen, die mit Münzen funktionieren. Von den meisten Telefonzellen aus kann man mit einer Telefonkarte (*carta telefonica*) telefonieren. Telefonkarten bekommt man in Bars, Tabakgeschäften, Postämtern und an Zeitungskiosken. Am besten beschaffen Sie sich schon zu Hause eine Telefonkarte für Italien.

Die Notrufnummern in Italien für Polizei und Feuerwehr ist 112, für Krankenwagen und Unfallhilfe 113.

**Religion**
Der überwiegende Teil der italienischen Bevölkerung bekennt sich zur römisch-katholischen Kirche. Die katholische Kirche in Italien ist traditionell einflussreich.

**Bildungswesen**
Die vorher übliche 8-jährige Schulpflicht wurde zum Schuljahr 2000/2001 in eine insgesamt 10-jährige Schulpflicht geändert, die etwa mit dem 15. Lebensjahr endet. Die Schulreform setzt sich aus folgenden Elementen zusammen: Das letzte Kindergartenjahr (*Scuola materna*) ist Pflicht. Fünf Schuljahre werden dann in der Grundschule (*Scuola Elementare*) und weitere drei Jahre in der Mittelschule (*Scuola Media*) absolviert. Das Abitur wird nach insgesamt 12 Schuljahren und dem Besuch des Gymnasiums (*Liceo*) erreicht.

**Mahlzeiten**
Das italienische Frühstück (*colazione*) fällt eher bescheiden aus. Oft nimmt man nur einen Cappuccino oder Espresso zu sich. Die Hauptmahlzeit stellt das Mittagessen (*pranzo*) mit Vorspeise, Hauptgericht und Obst oder Käse dar. Das Abendessen ist dem Mittagsmahl ähnlich, doch in der Regel leichter.

# Hilfe, Infos, Kontakte

Alle Telefon- und Faxnummern sind ohne Ländervorwahl angegeben.

| | |
|---|---|
| **Informationen über Italien:** | Staatliches Italienisches Fremdenverkehrsamt<br>Uffici E.N.I.T.<br>Friedrichstr. 187<br>10117 Berlin<br>Tel.: 030 2 47 83 98, 2 47 83 31<br>Fax: 030 2 47 83 99<br>Website: http://www.enit.it<br>E-Mail: Enit-berlin@t-online.de |
| | Kaiserstr. 65<br>60329 Frankfurt/Main<br>Tel.: 069 25 91 26<br>Fax: 069 23 28 94<br>E-Mail: Enit.ffm@t-online.de |
| | Lenbachplatz 2<br>80333 München<br>Tel.: 089 53 13 17<br>Fax: 089 53 45 27<br>E-Mail: enit-muenchen@t-online.de |
| **Diplomatische Vertretungen:** | Deutsche Botschaft<br>Via San Martino delle Bartaglia 4<br>00185 Roma<br>Tel.: 06 49 21 31<br>Fax: 06 44 52 672<br>Website: www.ambgermania-roma.it<br>E-Mail: mail@deutschebotschaft-rom.it |

| | |
|---|---|
| | Österreichische Botschaft<br>Via Pergolesi 3<br>00198 Roma<br>Tel.: 06 844 01 41<br>Fax: 06 854 32 86<br>Website: www.austria.it |
| | Botschaft der Schweiz<br>Via Barnaba Oriani 61<br>00197 Rom<br>Tel.: 06 809 571<br>Fax: 06 808 14 79<br>Website: www.eda.admin.ch/roma<br>E-Mail: rom.vertretung@eda.admin.ch |
| | Botschaft der Italienischen Republik<br>Hiroshimastr. 1<br>10785 Berlin<br>Tel.: 030 25 44 00<br>Fax: 030 25 44 01 20<br>Website: www.ambberlino.esteri.it<br>E-Mail: cimaneri@botschaft-italien.de<br>Öffnungszeiten: Montag bis Donnerstag 8.30 bis 13.15 Uhr und 14.30 bis 17.00 Uhr;<br>Freitag 8.30 bis 12.00 Uhr |
| **Das italienische Kulturinstitut verbreitet die italienische Sprache und Kultur und vermittelt Kontakte zwischen deutschen und italienischen Universitäten und anderen Institutionen.** | Istituto Italiano di Cultura Wolfsburg<br>Goethestr. 52<br>38440 Wolfsburg<br>Tel.: 05361 29 80 10<br>Fax: 05361 29 80 14<br>Website: www.iicwolfsburg.esteri.it<br>E-Mail: iicwolfsburg@esteri.it |
| **Ein ehrenamtliches Beratungszentrum für Italien ist das CENTRO CULTURALE.** | CENTRO CULTURALE<br>„ITALKONTAKT" e. V.<br>Am Brachfelde 14<br>37077 Göttingen<br>Tel.: 0551 2 47 18<br>Fax: 0551 2 52 62 |

# Die Schweiz

Mit etwas über 40.000 Quadratkilometern und siebeneinhalb Millionen Einwohnern ist die Schweiz ein relativ kleines aber trotzdem bedeutendes Land Europas. Die Schweiz hat sich beharrlich ihre Unabhängigkeit bewahrt und wird für ihre fleißige, gut organisierte Bevölkerung weltweit bewundert. Das Land ist gegliedert in 26 Kantone und vier Sprachgruppen. 65 Prozent der Bevölkerung sprechen Deutsch, das so genannte Schwyzerdütsch. In der West- und Südwestschweiz wird Französisch gesprochen und im Kanton Tessin herrscht das Italienische vor. Nur ein Prozent der Schweizer Bevölkerung spricht Rätoromanisch.

Für deutsche Au-pair-Bewerber ist die Aufnahme einer Au-pair-Tätigkeit nur im französischen und italienischen Sprachgebiet sinnvoll und möglich. Gerade die Westschweiz ist schon immer ein beliebtes Ziel für Au-pairs gewesen, welche die französische Sprache in Verbindung mit der Kultur und Lebensart der Schweizer sowie eine reizvolle Landschaft kennen lernen möchten.

Laut Definition der Schweizer Behörden sind Au-pair-Angestellte (nach dem Abkommen der Mitgliedstaaten des Europarates, dem auch die Schweiz angehört) junge Leute, die sich zur sprachlichen und allgemeinen Weiterbildung in einem fremden Sprachgebiet bei einer Familie aufhalten und zur Bestreitung ihres Lebensunterhaltes in begrenztem Umfang im Haushalt dieser Familie mithelfen. Die Bestimmungen für Au-pairs in der Schweiz richten sich nach dem Normalarbeitsvertrag für hauswirtschaftliche Arbeitnehmerinnen mit allen sich daraus ergebenden Rechten und Pflichten. Au-pairs haben Anspruch auf Urlaub, Lohnfortzahlung im Krankheitsfall und eine Reihe weiterer Sozialleistungen. Die soziale Absicherung für Au-pairs und die damit verbundenen hohen Kosten für die Gastfamilie haben ähnliche Auswirkungen wie in Frankreich: Es kommt oft vor, dass die Gastfamilien ihrer Anmeldepflicht nicht nachkommen und Au-pairs dann ohne Aufenthalts- und Arbeitsbewilligung arbeiten.

# Aufenthalts- und Einreisebestimmungen

Angehörige von EU-Mitgliedstaaten können zunächst mit dem gültigen Personalausweis oder Reisepass einreisen. Bei beabsichtigter Arbeitsaufnahme – darunter fallen auch Au-pair-Aufenthalte – müssen alle Ausländer die Zusicherung der Aufenthalts- und Arbeitserlaubnis vorweisen. Diese muss der Arbeitgeber, also die Gastfamilie, vor Ihrer Einreise beim regional zuständigen Arbeitsamt beantragen. Dazu reicht die Gastfamilie die Formulare „Erklärung zur Einstellung von Au-pair-Angestellten" und das „Einreisegesuch" beim Arbeitsamt ein. Die Au-pair-Angestellte darf erst dann zur Einreise aufgefordert werden, wenn die schriftliche Bewilligung der kantonalen Fremdenpolizei vorliegt.

Folgende Dokumente werden von den Schweizer Behörden verlangt:

- *Personalausweis bzw. Reisepass*
- *mehrere Passfotos*
- *Kopie der Geburtsurkunde*
- *Gesundheitszeugnis*
- *Kopie der Anmeldung an einer Sprachenschule*
- *Kopie des letzten Schul-, Ausbildungs- oder Arbeitszeugnisses*

# Au-pair-Bedingungen

**Voraussetzungen**
Es werden fast nur weibliche Bewerber akzeptiert. Sie dürfen nicht jünger als 18 und nicht älter als 30 Jahre sein. Sie müssen unverheiratet und kinderlos sein und über Grundkenntnisse der Sprache verfügen, die in der Sprachregion des Au-pair-Aufenthaltes gesprochen wird.

Bewerberinnen mit Deutsch als Muttersprache bekommen keine Aufenthalts- und Arbeitsbewilligung für eine Au-pair-Position in der deutschsprachigen Schweiz! Die Gasteltern dürfen nicht die gleiche Muttersprache wie die Au-pair-Beschäftigten haben.

Als Au-pair-Bewerberin müssen Sie außerdem nachweisen, dass Sie die obligatorische Schulpflicht erfüllt haben und über Erfahrungen im Umgang mit Kindern und einfachen Hausarbeiten verfügen.

**Dauer**

Schweizer Familien dürfen nur einmal im Jahr eine Aufenthalts- und Einreisebewilligung für eine Au-pair-Angestellte beantragen. Daher sind fast alle Gastfamilien daran interessiert, dass ihr Au-pair-Mädchen ein Jahr bei ihnen bleibt. Üblicherweise beginnt das Au-pair-Jahr im September und endet im Juli oder August des folgenden Jahres. Die Bewilligung der Behörden wird für längstens 18 Monate ausgestellt.

**Arbeitszeit**

Die Arbeitszeit für Au-pair-Angestellte beträgt höchstens 30 Stunden in der Woche. Eine gelegentlich verlängerte Arbeitszeit nach 20.00 Uhr, zum Beispiel zum Babysitten oder Gäste betreuen, muss entsprechend ausgeglichen werden. Im Laufe einer Woche hat das Au-pair-Mädchen ein Anrecht auf mindestens 1,5 freie Tage. Mindestens zwei freie Tage innerhalb von vier Wochen müssen auf Sonntage fallen. An freien Tagen oder Nachmittagen besteht auch am Abend keine Arbeitsverpflichtung. Hat die Au-pair-Angestellte einen halben Tag frei, darf die restliche Arbeitszeit nur ein halbes Tagespensum umfassen (maximal vier Stunden).

**Taschengeld**

In der Schweiz ist das Taschengeld für Au-pair-Angestellte tariflich geregelt. Von dem festgesetzten Bruttolohn, der von der Größe des Haushaltes und dem Alter der Au-pair-Beschäftigten abhängt, wird der so genannte Naturallohn für Verpflegung, Unterkunft und Versorgung der Wäsche sowie eine Essensentschädigungspauschale abgezogen. Es bleibt ein monatlicher Nettolohn von 480 bis 730 Schweizer Franken je nach Haushaltsgröße und Arbeitszeit. Au-pairs in der Schweiz sind einkommenssteuerpflichtig.

**Urlaub**

Au-pair-Beschäftigte bis zum vollendeten 20. Lebensjahr haben Anspruch auf fünf Wochen bezahlten Urlaub pro Jahr, also zweieinhalb Arbeitstage je Monat. Ab dem 20. Lebensjahr beträgt der Urlaubsanspruch vier Wochen pro Beschäftigungsjahr, das sind zwei Arbeitstage pro Monat. Den Urlaub soll man außerhalb der Gastfamilie verbringen.

Grundsätzlich hat der Arbeitgeber das Recht, den Zeitpunkt der Ferien zu bestimmen; deshalb sind rechtzeitige Absprachen möglichst schon zu Beginn des Au-pair-Verhältnisses sinnvoll.

## Versicherungen

Sie müssen durch Ihren Arbeitgeber gegen Krankheit sowie „Betriebs- und Nichtbetriebsunfall" versichert werden. In der Regel trägt die Gastfamilie etwa die Hälfte der Kranken- und Unfallversicherungskosten. Die Leistungen der Krankenversicherung können allerdings vielfach erst drei Monate nach Versicherungsbeginn in Anspruch genommen werden, weil die Versicherungsgesellschaften sich eine Karenzzeit vorbehalten.

Wer in Deutschland gesetzlich (mit-)versichert ist, übergibt die Europäische Versicherungskarte EHIC dem Krankenhaus bei stationärer Behandlung. Ärztliche Behandlungen sowie zahnärztliche Schmerzbehandlung und Arzneimittel müssen zunächst selbst bezahlt werden. Nach der Rückkehr ins Heimatland erstatten die gesetzlichen Versicherungen einen großen Teil der Kosten.

*Achtung: Arzt- und Krankenhauskosten in der Schweiz sind sehr hoch! Aufwendungen für konservierende Zahnbehandlung werden meist nicht erstattet.*

Auf jeden Fall ist es ratsam, die Versicherungsfrage vor Einreise eindeutig mit der Gastfamilie zu klären. Eine spezielle Au-pair-Versicherung, die Sie schon vor Beginn Ihres Aufenthaltes zu Hause abschließen, ist zumindest eine sinnvolle Lösung für die ersten drei Monate, möglicherweise aber auch für den gesamten Aufenthalt.

Ab 18 Jahren sind Au-pairs beitragspflichtig für die Renten-, Invaliden- und Arbeitslosenversicherung. Die Beiträge bemessen sich am Bruttolohn und sind je zur Hälfte von der Gastfamilie und dem Au-pair zu tragen. Aufgrund des Sozialversicherungsabkommens zwischen der Bundesrepublik Deutschland und der Schweiz ist eine Anrechnung auf spätere Rentenansprüche möglich. Informieren kann man sich darüber bei der Beratungsstelle der Deutschen Rentenversicherung unter der kostenfreien Telefonnummer 0800 1000 480 70.

# Sprachkurse

Die Gastfamilie ist verpflichtet, Ihnen bei der Wahl einer geeigneten Schulungsmöglichkeit zu helfen und den Schulbesuch zu begleiten. Innerhalb von vier Wochen nach Ihrer Einreise sollten Sie mit dem Schulbesuch beginnen.

In den Städten Lausanne, Montreux, Neuchâtel und Genf bieten verschiedene Sprachinstitute Französischkurse für Ausländer an. Vielerorts gibt es auch eine staatlich subventionierte Schule für Erwachsenenbildung, ähnlich der deutschen Volkshochschule, die ein breites Angebot an Kursen aller Art vorzuweisen hat. In Lugano gibt es ein privates Sprachinstitut, das Italienischkurse anbietet. Adressen von Sprachinstituten finden Sie im Internet auch unter folgender Adresse: www.language-learning.de

# Landeskunde

### Währung

Die nationale Währung ist der Schweizer Franken. Ein Schweizer Franken (CHF oder SFr) hat 100 Rappen und entspricht derzeit 0,61 €; ein Euro entspricht 1,64 CHF (Stand August 2007).

### Zeit

In der gesamten Schweiz gilt die Mitteleuropäische Zeit (MEZ) mit der Sommer- und Winterzeitregelung.

**Feiertage und Ferien**
Als allgemeine Feiertage gelten in der Schweiz:

- *1. Januar: Neujahr*
- *Karfreitag und Ostermontag*
- *Christi Himmelfahrt*
- *Pfingstmontag*
- *1. August: Nationalfeiertag*
- *25. Dezember: Weihnachten*

Dazu kommen konfessionelle Feiertage, die in den entsprechenden Regionen gefeiert werden: der Berchtoldstag am 2. Januar, Fronleichnam, Mariä Himmelfahrt am 15. August, Allerheiligen am 1. November, Mariä Empfängnis am 8. Dezember und der Stephanstag am 26. Dezember. Der 1. Mai wird nicht überall als Feiertag begangen.

Die Sommerferien für die Schweizer Schüler beginnen, je nach Region, meistens Anfang Juli und dauern bis Ende August. Dazu gibt es eine Woche Herbstferien im Oktober, zwei Wochen Weihnachts- oder Sportferien und zwei Wochen Frühjahrsferien.

**Telefon**
Für Auslandsgespräche aus der Schweiz muss die Kennzahl des Landes, zum Beispiel für Deutschland 0049 und für Österreich 0043, vorgewählt werden, anschließend die Ortsnetzkennzahl ohne die erste Null und weiter die Teilnehmernummer. Von Deutschland oder Österreich aus in die Schweiz wählt man 0041, dann die Ortsnetzkennzahl ohne die erste Null und weiter die Teilnehmernummer.

Auslandsgespräche können in der Schweiz von allen öffentlichen Telefonzellen direkt geführt werden. Die kostenlosen Notrufnummern sind 117 für die Polizei, 118 für die Feuerwehr, 140 für die Straßenhilfe und 144 für den Krankenwagen.

### Religion
Fast die gesamte Schweizer Bevölkerung gehört dem christlichen Glauben an. Die beiden Konfessionen evangelisch und römisch-katholisch sind in etwa gleich stark vertreten.

### Bildungswesen
Das Schweizer Schulsystem ist ein komplexes Gebilde. Das Schulwesen unterliegt nicht ausschließlich der Verantwortung des Bundes, sondern aufgrund des Föderalismus vorwiegend den Kantonen. Fast alle Kinder zwischen drei und sechs Jahren besuchen eine Vorschule beziehungsweise den Kindergarten, obwohl dies nicht Pflicht ist. Die Pflichtschulzeit dauert neun Jahre und teilt sich in die Primarstufe und Sekundarstufe I. Danach müssen sich die Schüler für eine weiterführende dreijährige Diplommittelschule, eine Berufsausbildung (Lehre) oder den Besuch eines Gymnasiums entscheiden, das nach insgesamt zwölf Schuljahren mit dem Abitur beendet ist.

### Mahlzeiten
Das Frühstück der Schweizer besteht in der Regel aus Kaffee oder Tee, Brot, Butter und Konfitüre. Das warme Mittagessen wird gegen zwölf Uhr eingenommen und das Abendessen meist gegen 18.00 Uhr. Die Abendmahlzeit besteht meist aus einer Vorspeise, Fleisch oder Fisch mit Gemüse oder Teigwaren und einem süßen Nachtisch.

# Hilfe, Infos, Kontakte

Alle Telefon- und Faxnummern sind ohne Ländervorwahl angegeben.

| | |
|---|---|
| **Informationen über die Schweiz:** | Schweiz Tourismus Landesvertretung Deutschland<br>Postfach 16 07 54<br>60070 Frankfurt<br>Tel.: 069 256001-0 oder<br>0800 100 200 30 (kostenfrei)<br>Fax: 069 256001-38 oder<br>0800 100 200 31 (kostenfrei)<br>Website: www.myswitzerland.com<br>E-Mail: infor@myswitzerland.com |
| **Diplomatische Vertretungen:** | Deutsche Botschaft<br>Willadingweg 83<br>CH-3006 Bern<br>Tel.: 0 31 359 41 11<br>Fax: 0 31 359 44 44 |
| | Deutsches Generalkonsulat<br>28 C, chemin du Petit – Saconnex<br>CH-1209 Genève<br>Tel.: 0 22 730 11 11<br>Fax: 0 22 734 30 43 |
| | Österreichische Botschaft<br>Kirchenfeldstr. 77-79<br>CH-3000 Bern 6<br>Tel.: 0 31 356 52 52<br>Fax: 0 31 351 56 64 |
| **Hilfe bei Fragen zu den Au-pair-Bedingungen und bei Umvermittlungen sowie Sprachschulvermittlung werden angeboten von den gemeinnützigen Organisationen:** | Botschaft der Schweizerischen Eidgenossenschaft<br>Otto-von-Bismarck-Allee 4 A<br>10557 Berlin<br>Tel.: 030-3 90 40 00<br>Fax: 030-3 91 10 30<br>Öffnungszeiten:<br>Montag bis Freitag 9.00 - 12.00 Uhr<br>Website: www.eda.admin.ch<br>E-Mail: info@botschaft-schweiz.de |

PRO FILA
Association catholique suisse des
Services de la Jeunesse féminine
Beckenhofstr. 16
CH-8035 Zürich
Tel.+Fax : 0 44 361 53 31
Website: www.profilia.ch
E-Mail: info@profilia.ch

Swissaupair
Quai Maria Belgia 1
CH-1800 Vevey
Tel.: 021 921 28 47
Fax: 021 921 28 47
Website: www.swissaupair.ch
E-Mail: info@swissaupair.ch

# Norwegen

Das Interesse an Au-pair-Aufenthalten in Norwegen ist vergleichsweise gering, denn kaum jemand hierzulande lernt oder spricht die norwegische Sprache. Seit den olympischen Winterspielen in Lillehammer vor einigen Jahren ist das allgemeine Interesse an Norwegen jedoch merklich gestiegen, denn mit einem Mal erhielt das Land internationale Aufmerksamkeit und Bilder von der vielfältigen und phantastischen Natur gingen um die Welt. Nicht nur als Urlaubsland hat Norwegen heute eine gewisse Popularität gewonnen.

Au-pair-Agenturen, die nach Norwegen vermitteln, berichten, dass viele junge Leute, die einen Au-pair-Aufenthalt in diesem Land anstreben, die Möglichkeit einer späteren Einwanderung ins Auge fassen. Es gibt aber auch eine Reihe von Au-pairs, die Norwegen als Gastland wählen, weil sie etwas Besonderes, Ausgefallenes erleben wollen.

Norwegen ist mit seinen 4,7 Millionen Einwohnern und einer Fläche von 386.000 Quadratkilometern eines der am dünnsten besiedelten Länder Europas. Die Wälder, Wiesen, Berge und Fjorde bieten ein Paradies für Freizeitsportler und Naturliebhaber, aber auch die Städte Bergen, Stavanger, Kristiansand und natürlich die Hauptstadt Oslo verfügen über ein vielfältiges Kulturangebot sowie Restaurants, Clubs und Bildungsmöglichkeiten.

Aufgrund des Golfstroms herrscht in Norwegen ein ähnlich ausgeglichenes Klima wie in Mitteleuropa. Wegen seiner geographischen Lage beträgt die Tageslänge zum Beispiel in der Stadt Trondheim im Sommer fast 21 Stunden, während sich im Winter das Tageslicht nur knapp fünfeinhalb Stunden zeigt. Um die Mitternachtssonne erleben zu können, müsste man allerdings während der Monate Mai, Juni und Juli in den kaum besiedelten Norden des Landes reisen.

Die norwegische Sprache hat zwei offizielle Formen: Bokmal (Standard-Norwegisch) und Nynorsk (Neunorwegisch). In der Schule werden beide Formen unterrichtet. In den Sprachkursen für Ausländer wird jedoch in der Regel Bokmal gelehrt. In der norwegischen Bevölkerung ist Englisch sehr verbreitet und wird in nahezu jeder Familie gesprochen. Häufig trifft man auch Norweger, die über gute Kenntnisse der deutschen Sprache verfügen.

## Aufenthalts- und Einreisebestimmungen

Staatsbürger aus EU-Ländern sowie Schweizer mit gültigem Reisepass dürfen sich bis zu drei Monate als Tourist in Norwegen aufhalten. Wenn die Aufnahme einer Au-pair-Beschäftigung beabsichtigt wird, muss vor Einreise im Heimatland eine Arbeitserlaubnis bei der Konsularabteilung der norwegischen Botschaft beantragt werden. Dazu sind der Reisepass, die Geburtsurkunde und der Au-pair-Vertrag vorzulegen. Antragsformulare bekommen Sie bei der Botschaft oder einem der Konsulate.

Wenn Sie länger als drei Monate lang in Norwegen bleiben möchten, brauchen Sie auch eine Aufenthaltserlaubnis. Der Antrag muss innerhalb einer Woche nach der Einreise in Norwegen gestellt werden. Die zuständige Behörde ist die zentrale Ausländerbehörde (*Utlendingsdirektoratet*) in Norwegen; den Antrag stellen Sie bei der örtlichen Polizei (*Politikammer*) in Norwegen.

Informationen erteilt die Königliche Norwegische Botschaft (www.norwegen.no/info/embassy.htm) und das norwegische Ausländerzentralamt UDI (www.udi.no).

## Au-pair-Bedingungen

Norwegen hat das Abkommen des Europarates über die Au-pair-Beschäftigung im Jahre 1971 ratifiziert. Dies galt jedoch in erster Linie der Absicherung junger Norweger/-innen, die als Au-pair ins Ausland gehen. Aufgrund der weltweit geringen Bedeutung der norwegischen Sprache ging man damals nicht davon aus, dass viele Au-pairs aus dem Ausland nach Norwegen kommen würden.

**Voraussetzungen**

Au-pair-Bewerberinnen und -Bewerber müssen zwischen 18 und 30 Jahre alt, ledig und kinderlos sein. Norwegische Sprachkenntnisse sind nicht erforderlich, jedoch sollte man über gute Englischkenntnisse verfügen. Außerdem werden Referenzen über Kinderbetreuung verlangt.

**Dauer**

Der Mindestaufenthalt beträgt 6 Monate. Die meisten Gastfamilien bevorzugen Au-pairs, die 10 Monate, meistens von September bis Juli des nächsten Jahres, bleiben wollen. Sie können längstens zwei Jahre bleiben, wobei Sie nach zwölf Monaten eine Verlängerung beantragen müssen.

**Arbeitszeit**

Au-pairs mit einer Basisvereinbarung arbeiten 30 Stunden pro Woche, verteilt auf fünf oder sechs Tage. Bei einem Au-pair-Plus-Verhältnis beträgt die wöchentliche Arbeitszeit 37,5 Stunden bei entsprechend höherer Entlohnung. Zwei Tage pro Woche sind frei, wenn sich die Mithilfe auf sechs Stunden an fünf Tagen verteilt. Ein Tag pro Woche ist frei, wenn Sie täglich fünf Stunden verteilt auf sechs Tage pro Woche arbeiten. Die Essenszeiten sind dabei nicht eingerechnet. An zwei Abenden pro Woche kann die Familie die Anwesenheit des Au-pairs zum Babysitten verlangen.

**Taschengeld**

Au-pair-Beschäftigte in Norwegen erhalten für ihre geleisteten Dienste ein monatliches Taschengeld von derzeit 4.000 Norwegischen Kronen; das entspricht ungefähr 520 €. Da Au-pair-Angestellte in Norwegen als Arbeitnehmer betrachtet werden, ist das Arbeitsentgelt steuerpflichtig, so dass mit Abzügen von ungefähr 10-30 % des Bruttolohnes gerechnet werden muss. Dem Gehalt wird als Bemessungsgrundlage für den Steuerabzug eine Pauschale für Sachbezüge (Unterkunft und Verpflegung) zugerechnet, so dass ein Nettogehalt von ca. 2.500 NOK übrig bleibt. Da Norwegen ein sehr teures Land ist, sollten Sie möglichst noch eigene finanzielle Mittel zur Verfügung haben.

Die Gastfamilien zahlen ihrem Au-pair üblicherweise eine Monatskarte für den öffentlichen Nahverkehr und kommen für die Kosten des Sprachkurses auf.

**Urlaub**

Der Urlaub für Au-pairs in Norwegen unterliegt der gesetzlichen Urlaubsregelung. Danach haben Sie Anspruch auf 25 Urlaubstage pro Jahr. Allerdings bekommen Sie nicht den vollen Lohn, sondern lediglich einen Teil des Gehaltes ausbezahlt.

Manche Au-pair-Agenturen haben mit den Gastfamilien die Regelung vereinbart, dass nach sechs Monaten Aufenthalt eine Woche Urlaub bei Fortzahlung des Taschengeldes und der Fahrkarte gewährt wird.

## Versicherungen

Au-pairs haben in Norwegen den Status von Arbeitnehmern. Damit sind sie Mitglied der gesetzlichen Sozialversicherung. Die Gastfamilie stellt den Antrag auf Mitgliedschaft im staatlichen norwegischen Gesundheitsdienst. Kosten für Zahnbehandlungen werden allerdings nicht übernommen. Eine gründliche Zahnsanierung vor Einreise ist deshalb empfehlenswert. Auch Kosten für die Behandlung chronischer Erkrankungen, die bereits vor Aufnahme in die norwegische Versicherung bestanden, werden nicht übernommen.

## Sprachkurse

In vielen norwegischen Gemeinden werden kostenlose Sprachkurse angeboten, bei denen auch über die Geschichte und Kultur Norwegens informiert wird. Eventuell ist es auch möglich, sich an einer der insgesamt 80 Volkshochschulen einzuschreiben, die ein großes Spektrum an allgemein bildenden Kursen im Programm haben. Diese Lehrstätten sind eine Art Internatsschulen für die Bürger Norwegens und bieten Unterricht in allen Fachbereichen. Fast jede Volkshochschule nimmt auch Ausländer auf, so dass im Einzelfall die Eignung der angebotenen Kurse geprüft werden muss. Die Kurse beginnen in der Regel Ende August und laufen über 33 Wochen. Formelle akademische Abschlüsse können in diesen Schulen nicht erworben werden. Informationen über die Volkshochschulen in Norwegen finden Sie hier: www.folkehogskole.no. Private Sprachinstitute, die Norwegisch als Fremdsprache anbieten, sind in Norwegen nicht sehr verbreitet. Im September 2007 wurde vom Einwanderungsministerium neu festgelegt, dass die Gastfamilien die Kosten für einen angemessenen Sprachkurs übernehmen.

# Landeskunde

**Währung**

Die Währungseinheit in Norwegen ist die Norwegische Krone, die je nach Kurs in etwa 0,12597 € entspricht. Ein Euro entspricht ca. 7,94 Norwegischen Kronen (NOK).

**Zeit**

In Norwegen gilt die Mitteleuropäische Zeit mit der Sommerzeitregelung.

**Feiertage und Ferien**

Die gesetzlichen Feiertage in Norwegen sind fast genauso wie in Deutschland:

- *1. Januar: Neujahrstag*
- *Gründonnerstag, Karfreitag, Ostermontag*
- *1. Mai: Tag der Arbeit*
- *17. Mai: Nationalfeiertag*
- *Christi Himmelfahrt*
- *Pfingstmontag*
- *23. Juni: Jonsok (Johanniswache)*
- *25. Dezember: Weihnachten*
- *26. Dezember: Stephanstag*
- *31. Dezember: Silvester*

Die Sommerferien in Norwegen beginnen meistens um den 20. Juni und dauern etwa acht Wochen. Neben den Weihnachtsferien gibt es im Februar immer eine Woche Winterferien und im April ist nochmals eine Woche frei.

## Telefon

Die Vorwahlnummer nach Norwegen lautet 0047. Die meisten Telefonzellen sind mit Münzen, Telefonkarten oder auch Kreditkarten zu benutzen. Auslandsgespräche können in Norwegen von den meisten öffentlichen Telefonzellen und Telegrafenämtern geführt werden.

Nach Deutschland wählt man die Länderkennzahl 0049, nach Österreich 0043 und in die Schweiz 0041. Die Ortsnetzkennzahl wird ohne die erste Null und dann die Teilnehmernummer gewählt. In Norwegen gelten folgende einheitliche Notrufnummern: Feuerwehr 110, Polizei 112 und Krankenwagen 113.

## Religion

In Norwegen gibt es die evangelisch-lutherische Staatskirche, deren Oberhaupt der König ist. Ca. 90 % der norwegischen Bevölkerung ist protestantisch.

## Bildungswesen

Das norwegische Bildungssystem wurde vom Parlament und der Regierung festgelegt und im Jahre 1994 grundlegend reformiert. Die zehnjährige Schulpflicht gliedert sich in drei Stufen: die Primarstufe vom ersten bis vierten Schuljahr, die Mittelstufe vom fünften bis siebten Schuljahr und die Sekundarstufe I vom achten bis zehnten Schuljahr. Die Sekundarstufe II ermöglicht allen Jugendlichen im Alter von 16 bis 19 Jahren eine weiterführende dreijährige Schulbildung, die mit einer Berufsqualifikation, einer Teilqualifikation oder der Berechtigung zum Besuch einer Hochschule oder Universität abschließt.

## Mahlzeiten

Das reichhaltige Frühstück (*frokost*) besteht in der Regel aus verschiedenen Brotsorten, Käse und Konfitüre. Die Mittagsmahlzeit (*lunsj*) wird meist zwischen 13.00 und 14.00 Uhr in Form eines Buffets, bestehend aus Fisch, Fleisch, Käse und Pudding, eingenommen. Wenn das Mittagessen nicht zu üppig war, wird das Abendessen (*middag*) schon gegen 17.00 Uhr eingenommen, dafür gibt es dann oft am späteren Abend noch eine Mahlzeit (*aftensmat*), die durchaus aus Kuchen oder auch Butterbroten (*smörrebröd*) bestehen kann.

# Hilfe, Infos und Kontakte

Alle Telefon- und Faxnummern sind ohne Ländervorwahl angegeben.

| | |
|---|---|
| **Informationen über Norwegen:** | Norwegisches Fremdenverkehrsamt<br>Postfach 11 33 17<br>20433 Hamburg<br>Tel.: 0180 500 15 48<br>Fax: 040 22 71 08 15<br>Website: www.norwegeninfo.com oder www.visitnorway.com |
| **Diplomatische Vertretungen:** | Botschaft der Bundesrepublik Deutschland<br>Oscarsgate 45<br>N-0244 Oslo<br>Tel.: 023 27 54 00<br>Fax: 022 44 76 72 |
| | Botschaft der Republik Österreich<br>Thomas Heftyesgate 19-21<br>N-0244 Oslo<br>Tel.: 022 55 23 48/49<br>Fax: 022 55 43 61 |
| | Botschaft der Schweiz<br>Bygdøy Allé 78<br>N-0244 Oslo<br>Tel.: 022 54 23 90<br>Fax: 022 44 63 50 |
| | Königlich Norwegische Botschaft<br>Rauchstr. 1<br>10787 Berlin<br>Tel.: 030 50 50 50<br>Fax: 030 50 50 55<br>Website: www.norwegen.org<br>E-Mail: emb.berlin@mfa.no<br>Öffnungszeiten: Montag bis Freitag 9.00 bis 12.00 Uhr |

**Eine Broschüre mit einem Verzeichnis aller Volkshochschulen und des Kursangebotes bekommen Sie hier:**

Informasjonskontor for kristen folkehøgeskole
Grensen 9a
N-0159 Oslo
Tel.: 022 39 64 50
Fax: 022 39 64 51
E-Mail: ikf@ikf.no

Informajonskontoret for folkehøgeskolen
Karl Johans gate 12
N-0154 Oslo
Tel.: 023 35 53 70
Fax: 023 35 53 80
Website: www.folkehogskkole.no
E-Mail: if@folkehogskole.no

# Schweden

Da das Kinderbetreuungsangebot in Schweden sehr gut ist, gibt es nur wenige Au-pair-Stellen. In den vergangenen Jahren ist die Nachfrage nach einem Au-pair-Aufenthalt in Schweden immer größer geworden. Für viele Bewerberinnen und Bewerber konnte keine Au-pair-Stelle gefunden werden. Dies führte dazu, dass manche Au-pair-Agenturen Schweden aus ihrem Vermittlungsprogramm genommen haben. Dennoch gibt es einige schwedische Familien, die ein Au-pair aus dem Ausland aufnehmen möchten, weil sie an dem internationalen Kulturaustausch interessiert sind und die Kinderbetreuung mit einem weiteren Familienmitglied organisieren möchten. Wenn Sie sich für einen Au-pair-Aufenthalt in Schweden interessieren, bewerben Sie sich frühzeitig etwa ein halbes Jahr vor Ihrem geplanten Start!

Schweden ist das größte der skandinavischen Länder und das flächenmäßig viertgrößte Land Europas. Die etwa neun Millionen Einwohner leben zum größten Teil in Süd- und Mittelschweden. In der nördlichen Hälfte des Landes leben nur etwas über eine Million Menschen.

Seit 1995 gehört Schweden der Europäischen Union an. An der Währungs- und Wirtschaftsunion ist Schweden allerdings nicht beteiligt.

In Schweden herrschen, mit regionalen Unterschieden, die vier Jahreszeiten mit sehr ausgeprägtem Charakter. Der Winter ist schneereich mit kurzen Tagen. Der Sommer ist geprägt von lang anhaltenden Wärmeperioden mit Temperaturen um 25 °C sowie langen Tagen und kurzen Nächten. In den Monaten Juni und Juli wird es nie richtig dunkel.

## Aufenthalts- und Einreisebestimmungen

Zur Einreise benötigen EU- und EWR-Angehörige lediglich den gültigen Reispass oder Personalausweis. Wenn Sie mehr als drei Monate in Schweden bleiben wollen, müssen Sie eine Aufenthaltsgenehmigung beantragen. Der Antrag kann entweder nach der Einreise bei einer der Geschäftsstellen des schwedischen Migrationsamtes gestellt werden oder bereits vor der Einreise bei der schwedischen Botschaft beziehungsweise dem Generalkonsulat. Eine vor der Einreise erteilte Genehmigung hat den Vorteil, dass man direkt in das Verzeichnis über registrierte Einwohner aufgenommen wird, wenn die Aufenthaltsgenehmigung für mindestens ein Jahr gültig ist. Auch wenn die Aufenthaltsgenehmigung vor Einreise noch nicht erteilt wurde, sind Staatsbürger eines EU-Mitgliedsstaates berechtigt, die Au-pair-Tätigkeit schon aufzunehmen. Die Mitteilung über die Aufenthaltserlaubnis wird an die Wohnanschrift in Schweden geschickt und gilt normalerweise bis zu fünf Jahren. Den Antrag für eine Aufenthaltserlaubnis können Sie auch unmittelbar nach Ihrer Einreise bei der zuständigen Dienststelle des staatlichen Einwandereramtes (*Statens invandrarverk*) stellen.

Für die Antragstellung brauchen Sie folgende Unterlagen:

- *Personalausweis bzw. Reisepass mit einer Gültigkeit, die drei Monate über Ihren Aufenthalt hinausgeht*
- *aktuelles ärztliches Attest*
- *Kopie des letzten Schul- oder Ausbildungszeugnisses*
- *Au-pair-Vertrag*
- *das ausgefüllte Antragsformular*
- *Bescheinigung über die Anmeldung an einer Sprachenschule*
- *internationale Geburtsurkunde*
- *Passfotos*

## Au-pair-Bedingungen

### Voraussetzungen

Bewerberinnen und Bewerber für eine Au-pair-Stelle in Schweden müssen zwischen 18 und 27 Jahre alt, ledig und kinderlos sein. Kenntnisse der schwedischen Sprache sind von Vorteil, aber nicht Bedingung. Sie sollten aber ausreichende Englischkenntnisse haben, denn die englische Sprache ist in Schweden sehr verbreitet. Ein Nachweis über Erfahrungen in der Kinderbetreuung ist Voraussetzung für eine Bewerbung.

**Dauer**

Die Aufenthaltsdauer für Au-pairs in Schweden beträgt sechs bis zwölf Monate. Die meisten Familien bevorzugen Bewerberinnen und Bewerber, die bereit sind, ein Jahr mit ihnen zu verbringen.

**Arbeitszeit**

Au-pairs in Schweden arbeiten je nach Vereinbarung zwischen 25 und 30 Stunden pro Woche. Mindestens ein Tag in der Woche muss komplett frei sein.

**Taschengeld**

Die Höhe des Taschengeldes für Au-pair-Beschäftigte in Schweden liegt zur Zeit bei etwa 3.500 Schwedischen Kronen (SEK) im Monat. Das entspricht ungefähr 374 €. Allerdings müssen davon noch Steuern abgeführt werden.

**Urlaub**

Bei einem 10-12 Monate dauernden Aufenthalt bekommen Sie 14 Tage bezahlten Urlaub. Einen Rechtsanspruch darauf haben Sie nicht.

# Versicherungen

In Schweden gibt es kein Anrecht auf die Leistungen des nationalen Gesundheitsdienstes, solange man sich weniger als 12 Monate im Land aufhält. Wenn Sie in Deutschland gesetzlich versichert sind, können Sie sich mit der Europäischen Versicherungskarte EHIC an ein Gesundheitszentrum oder einen von der schwedischen Krankenversicherung (*Försakringskassen*) zugelassenen Arzt wenden, müssen aber mit einer Eigenbeteiligung rechnen. Eine Unfall- und Haftpflichtversicherung sollten Sie schon in der Heimat abschließen. Wenn Sie Ihre Aufenthaltserlaubnis beantragen, müssen Sie einen Krankenversicherungsschutz nachweisen.

# Sprachkurse

Es gibt in Schweden ein breitgefächertes Angebot an Bildungsmöglichkeiten für Erwachsene. An den Volkshochschulen (*Folkuniversitetet*), die fast überall in Schweden vertreten sind, werden auch Sprachkurse für Ausländer angeboten. Die Kosten dafür sind relativ gering, so dass es sich auch Au-pairs durchaus leisten können, die Kurse zu besuchen.

# Landeskunde

**Währung**

Die Schwedische Krone (SEK) entspricht derzeit 0,1069 €. Ein Euro entspricht in etwa 9,3554 SEK. Schweden ist an der europäischen Währungs- und Wirtschaftsunion nicht beteiligt.

**Zeit**

In Schweden gilt die Mitteleuropäische Zeit mit der Sommerzeitregelung.

**Feiertage und Ferien**

Die gesetzlichen Feiertage in Schweden sind:

- *1. Januar: Neujahrstag*
- *Karfreitag und Ostermontag*
- *30. April: Geburtstag des Königs Carl Gustav (nicht arbeitsfrei)*
- *1. Mai: Tag der Arbeit*
- *Pfingstmontag*
- *6. Juni: Nationalfeiertag; die Schweden feiern das Ende der dänischen Herrschaft und den Beginn der Wasa-Dynastie (nicht arbeitsfrei)*
- *23. Juni: Mittsommernacht*
- *14. Dezember: Santa Lucia*
- *25. Dezember: Weihnachten*
- *26. Dezember: Stephanstag*
- *31. Dezember: Silvester*

Die Sommerferien beginnen in Schweden immer Anfang Juni und enden Mitte August. Ende Oktober/Anfang November haben die Schüler eine Woche Herbstferien, die Weihnachtsferien in Schweden dauern drei Wochen und beginnen bereits einige Tage vor Weihnachten.

**Telefon**

Die Vorwahl für Schweden vom Ausland aus ist 0046, danach wird die Ortsvorwahl ohne 0 und dann die Teilnehmernummer gewählt. Um von Schweden aus in Deutschland anzurufen, wählt man 0049, dann die Ortsvorwahl ohne 0 und schließlich die Nummer des Teilnehmers. Die Schweiz hat die Vorwahl 0041, Österreich die 0043.

Telefonkarten können in Schweden in Kiosken, Hotels, Geschäften oder bei der schwedischen Telefongesellschaft gekauft werden. In Schweden ist die Mobilkommunikation weit verbreitet. In Südschweden ist die Deckung so gut wie hundertprozentig. In Nordschweden hat man Deckung entlang der großen Straßen und an der Küste, jedoch nicht immer in unbewohnten Gegenden.

Fernsprecheinrichtungen befinden sich in den *Telebutiken*. Man kann mit Telefonkarten oder 1-Krone-Münzen telefonieren.

Die landesweite Notrufnummer für Polizei, Notarzt und Feuerwehr lautet 9 00 00.

**Religion**

Von den über 90 % Christen, die in Schweden leben, sind ungefähr 80 % Lutheraner und nur 12 % Katholiken.

**Bildungswesen**

Das schwedische Schulsystem ist in vier Stufen gegliedert: die Vorschule (*förskolan*), die Pflichtschule (*grundskolan*), die weiterführende Schule (*gymnasieskolan*) und die Hochschulen (*högskolan*). Die Pflichtschule umfasst neun Schuljahre, die in drei Stufen zu jeweils drei Jahren unterteilt sind. Die Kinder beginnen die Schule normalerweise im Alter von sieben Jahren. Das Schuljahr dauert von August bis Anfang Juni. Die Schüler können in der Schule kostenlos ihre Mittagsmahlzeit einnehmen.

**Mahlzeiten**
Die Hauptmahlzeit für die Schweden ist das Abendessen, das meist schon gegen 17.00 Uhr eingenommen wird. Auf dem Speiseplan stehen häufig Fisch oder auch Milchprodukte, besonders Sauermilcherzeugnisse.

# Hilfe, Infos, Kontakte

Alle Telefon- und Faxnummern sind ohne Ländervorwahl angegeben.

| | |
|---|---|
| **Hier finden Sie wichtige Adressen zum Thema Schweden:** | Touristeninformation Schweden<br>Michaelisstraße 22<br>20459 Hamburg<br>Tel.: 040 32 55 13 55<br>Fax: 040 32 55 13 33<br>Website: www.visitsweden.com<br>E-Mail: germany@visitsweden.com |
| **Touristeninformation der VisitSweden GmbH:** | VisitSweden<br>Stortorget 3<br>SE-831 30 Östersund<br>Schweden<br>Fax: 063 128 137 |
| aus Deutschland:<br>Tel.: 069-2222 3496 (normaler Tarif)<br>E-Mail: germany@visitsweden.com | aus Österreich:<br>Tel.: 0192 86702 (normaler Tarif)<br>E-Mail: austria@visitsweden.com |
| aus der Schweiz:<br>Tel.: 044 580 6294 (normaler Tarif)<br>E-Mail: switzerland@visitsweden.com | |
| **Diplomatische Vertretungen:** | Deutsche Botschaft<br>Artillerigatan 64<br>S-114 45 Stockholm<br>Tel.: 08 670 15 00<br>Fax: 08 670 15 72<br>Website: www.stockholm.diplo.de |

| | |
|---|---|
| Österreichische Botschaft<br>Kommendörsgatan 35/V<br>S-11458 Stockholm<br>Tel.: 08 665 17 70<br>Fax: 08 662 692<br>Website:<br>www.aussenministerium.at/stockholm | Botschaft der Schweiz<br>Valhallavägen 64<br>S-10041 Stockholm<br>Tel.: 08 676 79 00<br>Fax: 08 21 15 04<br>Website: www.eda.admin.ch/stockholm<br>E-Mail: sto.vertretung@edu.admin.ch |
| Schwedische Botschaft<br>Rauchstr. 1<br>10787 Berlin<br>Tel.: 030 50 50 60<br>Fax: 030 50 50 67 89<br>Website: www.swedenabroad.com<br>E-Mail: ambassaden.berlin@<br>foreign.ministry.de<br>Öffnungszeiten:<br>Montag bis Freitag 9.00 bis 12.00 Uhr | |
| **Europäisches Berufsberatungszentrum für Schweden:** | Arbeitsamt Kiel<br>Adolf-Westphal-Str. 2<br>24143 Kiel<br>Tel.: 0431 709 12 11<br>Fax: 0431 709 12 91<br>E-Mail: Kiel.Europaservice@<br>Arbeitsamt.de |
| **Ein PC-Sprachkurs für Schwedisch ist erhältlich bei:** | Dietmar Gerster CALL-Systeme<br>Im Bleidenberg 7<br>56077 Koblenz<br>Tel.: 0261 667 99 82<br>Fax: 01803 5518 66799<br>Website: www.gerster.de<br>E-Mail: info@gerster.de |
| Hauke Fehr Software<br>Johannesstr. 55b<br>70176 Stuttgart<br>Tel.: 0711 62 03 597<br>Fax: 0711 62 03 598<br>www.fehrware.de<br>E-Mail: service@fehr-media.de | |

# Andere europäische Länder

Außer in den bisher beschriebenen Ländern gibt es auch die Möglichkeit eines Au-pair-Aufenthaltes in folgenden Staaten: Dänemark, Finnland, Niederlande, Belgien, Luxemburg, Portugal, Island und Griechenland. Laut Aussage mehrerer Vermittlungsagenturen und nach Prüfung der Statistiken ist die Nachfrage nach diesen Ländern allerdings so gering, dass nur ganz vereinzelt Vermittlungen zu Stande kommen. Die Au-pair-Bedingungen in diesen Ländern lehnen sich an das Europäische Au-pair-Abkommen an. Mit Ausnahme von Portugal und Island haben alle diese Länder das Abkommen unterzeichnet, Dänemark und Luxemburg haben es sogar ratifiziert.
In den osteuropäischen Staaten sind Au-pair-Aufenthalte völlig unüblich. Sprachen wie Tschechisch, Polnisch, Ungarisch oder Bulgarisch werden hierzulande fast nicht gelernt, daher ist die Nachfrage nach diesen Ländern gleich Null und auch ein Angebot an Au-pair-Stellen gibt es praktisch nicht.

# Die USA

Das „Land der unbegrenzten Möglichkeiten“ ist immer noch das beliebteste Gastland für Au-pair-Aufenthalte. Seit 1986 existiert in den USA das offizielle „Au Pair in America Program“ (*Exchange Visitor Program*). Die Rahmenbedingungen eines Au-pair-Aufenthaltes in den USA (*US Department of State Au Pair Program Regulations*) sind detailliert von der US-Regierung vorgegeben und gelten für alle amerikanischen Au-pair-Vermittlungsorganisationen gleichermaßen.

Auf dem nordamerikanischen Kontinent leben zurzeit über 300 Millionen Einwohner auf einer Fläche von mehr als neun Millionen Quadratkilometern. Der US-Kontinent erstreckt sich insgesamt über vier verschiedene Zeitzonen. Alaska und Hawaii sind dabei nicht berücksichtigt.

Amerika hat viel zu bieten an außergewöhnlichen Landschaften mit den traumhaften Nationalparks und Naturwundern, vielseitigen Großstädten, gigantischen Vergnügungsparks und etlichem mehr.

Wer vorhat, eine längere Zeit in den USA mit einer amerikanischen Familie zu verbringen, sollte sich vor seiner Reise mit den Gepflogenheiten und dem Lebensstil der Amerikaner etwas vertraut machen. Nehmen Sie beispielsweise Kontakt zu ehemaligen Au-pairs auf oder sprechen Sie mit jemandem, der längere Zeit in den USA gelebt hat. Erfahrungsgemäß stellt man sich sehr schnell auf den „American Way of Life“ um.

## Aufenthalts- und Einreisebestimmungen

Für die Einreise in die USA wird ein Visum benötigt. Bei einem Aufenthalt unter drei Monaten zu touristischen Zwecken genügt ein Besuchervisum, das nicht vorher beantragt werden muss. Ein entsprechendes Formular, das man ausfüllen und bei Einreise abgeben muss, erhält man während des Fluges. Anders als in Europa gilt in den Vereinigten Staaten die Tätigkeit eines Au-pairs als Arbeit und ist nicht mit einem Besuchervisum möglich. Au-pairs

können nur mit einem Austauschbesuchervisum einreisen. Da das Au-pair-Programm ein sprachliches Fortbildungs- und Kulturaustauschprogramm ist, beantragt man ein so genanntes „J-1-Studentenvisum“. Die erforderlichen Unterlagen erhält man von seiner Vermittlungsagentur. Teilnehmer an einem „J“-Programm müssen das Formblatt DS-2019 vorlegen, das durch eine anerkannte Austauschorganisation ausgestellt wird. Das Visum für die USA bekommt man also nur, wenn die Au-pair-Stelle durch eine Au-pair-Agentur vermittelt wurde, die mit einer der anerkannten, lizenzierten US-Organisationen zusammenarbeitet.
Das Antragsverfahren des Visums für eine Au-pair-Beschäftigung in USA vollzieht sich folgendermaßen:

Wenn man durch die Vermittlung einer Au-pair-Agentur mit einer Gastfamilie ein Au-pair-Verhältnis vereinbart hat, beantragt die US-Partnerorganisation das Formblatt DS 2019 beim US-Department und bezahlt gleichzeitig die Sicherheitsgebühr (SEVIS, derzeit 35 US$ für Au-pairs). Diese Dokumente werden über den deutschen Partner an das Au-pair im Original übermittelt. Sie müssen dann bei der Amerikanischen Botschaft in Deutschland einen Termin zur persönlichen Antragsstellung vereinbaren. Dazu gibt es zwei Möglichkeiten: Sie können die Terminvereinbarung telefonisch über eine kostenpflichtige Servicenummer oder online über die Website der US-Botschaft (www.usembassy.de) abwickeln. Für die Antragstellung stehen die Konsulate in Frankfurt und München mit ihren Visa-Abteilungen sowie die Amerikanische Botschaft in Berlin zur Verfügung.

Folgende Unterlagen werden zur Beantragung des Visums benötigt:

- *der Reisepass, der mindestens für die Dauer des Aufenthaltes gültig sein muss*
- *das Formblatt DS 2019*
- *der Einzahlungsbeleg über die SEVIS-Gebühr*
- *das elektronische Formular DS-156 (Visa-Antragsformular). Es muss auf der Website http://evisaforms.state.gov online ausfüllt werden.*
- *die Formulare DS-157 (zusätzliches Antragsformular nur für männliche Antragsteller) und DS-158 (Formular zu Informationen über Kontaktpersonen und den beruflichen Hintergrund) können Sie von der Website der US-Botschaft herunterladen und dann ausfüllen*

- *ein neues Passbild (Informationen über die Anforderungen finden Sie auch auf der Website)*
- *der Überweisungsbeleg über die Visa-Bearbeitungsgebühr. Die Gebühr ist online über ein spezielles System zu entrichten. Informationen dazu finden Sie wieder auf der Website der US-Botschaft.*
- *ein Nachweis Ihrer Absicht, die USA nach Ihrem Au-pair-Aufenthalt wieder zu verlassen.*

Nehmen Sie alle aufgezählten Unterlagen zu Ihrem „Interview" bei der Visumsstelle mit. Die Agenturen bereiten ihre Teilnehmer in der Regel ausführlich auf die Visumsantragstellung vor. Wenn der Antrag gestellt wurde, dauert es etwa fünf bis sieben Tage, bis man das Visum per Post zugestellt bekommt.

# Au-pair-Bedingungen

Da die Bedingungen für einen Au-pair-Aufenthalt in den USA gesetzlich in allen Einzelheiten geregelt sind, findet man bei allen Vermittlungsorganisationen die gleichen Rahmenbedingungen vor.

**Voraussetzungen**

Au-pairs müssen zwischen 18 und 26 Jahre alt, ledig und kinderlos sein. Das bedeutet, am Tag der Einreise darf das 27. Lebensjahr noch nicht vollendet sein. Durch ein ärztliches Gutachten muss eine allgemein gute körperliche Verfassung ohne chronische oder infektiöse Erkrankungen nachgewiesen werden. Solide Englischkenntnisse müssen vorhanden sein. Mindestens fünf Jahre Schulenglisch sind dafür Voraussetzung.

Erfahrungen in der Kinder- und Kleinstkinderbetreuung sind Grundvoraussetzung für eine Bewerbung, Nachweise über gelegentliches Babysitten reichen nicht aus: Die Referenzen sollten eine regelmäßige, alleinverantwortliche Betreuung von Kindern bestätigen. Wer nachweisen kann, dass er Kinder im Alter von bis zu zwei Jahren im Umfang von mindestens 200 Stunden betreut hat, zeichnet sich besonders aus und kann mit einer schnellen Vermittlung rechnen. Eine weitere Voraussetzung für die Bewerbung ist

eine abgeschlossene Schulbildung. Anerkannt werden die mittlere Reife und das Abitur. Wenige Agenturen akzeptieren auch den Hauptschulabschluss in Verbindung mit einer abgeschlossenen Berufsausbildung. Auf dem Führerschein besteht fast jede Organisation, denn in Amerika sind die Wege weit und für fast alle Au-pairs zählt das Transportieren der Kinder mit dem Auto zu den täglichen Aufgaben. Raucher haben nahezu keine Chance auf eine Vermittlung.
Ein einwandfreies polizeiliches Führungszeugnis ist Bestandteil der Bewerbung für eine Au-pair-Position in den USA.

Männliche Bewerber wurden in den letzten Jahren immer häufiger akzeptiert, sind aber immer noch die Ausnahme. Wenn Sie flexibel in Bezug auf die Anzahl und das Alter der Kinder sind und viel Erfahrung mit Kindern nachweisen können, haben Sie gute Chancen.

**Dauer**

Der Au-pair-Aufenthalt in den USA erstreckt sich über zwölf Monate. Ein weiterer Monat steht am Ende des Au-pair-Aufenthaltes für selbst geplante Reisen zur Verfügung. Das Visum ist also dreizehn Monate gültig.

Im Jahr 2005 wurde das Sommer-Au-Pair-Programm eingeführt. Der Aufenthalt ist für den Zeitraum von Mitte Mai bis Mitte September vorgesehen. Leider bekamen mangels Angebot bei weitem nicht alle Bewerberinnen und Bewerber eine Au-pair-Stelle für das Sommer-Programm.

Relativ neu ist auch die Möglichkeit, den einjährigen Aufenthalt zu verlängern. Die Verlängerung ist für einen Zeitraum von sechs, neun oder zwölf Monaten möglich. Man kann bei derselben Familie bleiben oder auch zu einer anderen Gastfamilie wechseln. Wichtig dabei ist, dass man sich bei seiner US-Organisation rechtzeitig um die Verlängerung bewirbt. Das Visum muss dann beim „U.S. Department of State“ verlängert werden. Dazu müssen wieder Formulare eingereicht und eine Gebühr entrichtet werden. Alles soll mindestens 30 Tage vor Ablauf der regulären Au-pair-Zeit abgewickelt sein.

**Arbeitszeit**

Das Au-pair arbeitet 45 Stunden pro Woche. Dabei dürfen zehn Stunden pro Tag nicht überschritten werden und eineinhalb Tage in der Woche müssen frei sein. Mindestens einmal im Monat muss es sich dabei um ein zusammenhängendes Wochenende handeln. Auf Wunsch der Gasteltern kann an zwei bis drei Abenden Babysitting anfallen, jedoch unter Berücksichtigung der maximalen Stundenzahl pro Woche.

Eine Variante ist das so genannte „EduCare-Program". Inhalt dieses Konzeptes ist eine geringere Arbeitszeit von 30 Stunden pro Woche bei reduzierter Bezahlung. Manchmal kann dies für Familien mit Schulkindern interessant sein. Allerdings ist das Angebot dieser EcuCare-Stellen sehr begrenzt.

**Taschengeld**

Nachdem die Höhe des Taschengeldes für Au-pairs in den USA über 18 Jahre schon lange auf dem gleichen Stand, nämlich bei knapp 140 US$ pro Woche lag, hat im Mai 2007 der amerikanische Präsident ein Abkommen unterzeichnet, in dem neue Vereinbarungen für die Höhe des Taschengeldes festgelegt sind. Damit gelten folgende Tarife:

*Phase 1 (ab 24. Juli 2007):*
- *157,95 US$ pro Woche (Standard Au-pair)*
- *118,46 US$ pro Woche (EduCare)*

*Phase 2 (ab 24. Juli 2008):*
- *176,85 US$ pro Woche (Standard Au-pair)*
- *132,64 US$ pro Woche (EduCare)*

*Phase 3 (ab 24. Juli 2009):*
- *195,75 US$ pro Woche (Standard Au-pair)*
- *146,81 US$ pro Woche (EduCare)*

**Urlaub**
Au-pairs in den USA haben Anspruch auf zwei Wochen bezahlten Urlaub. Der 13. Monat steht als Reisemonat zur Verfügung und kann an den Au-pair-Aufenthalt angeschlossen werden, ist aber unbezahlt.

# Versicherungen

Eine vorübergehende Teilnahme am amerikanischen Gesundheitssystem ist nicht möglich.

Bei den meisten Vermittlungsagenturen ist die Krankenversicherung im Programm inbegriffen, so dass man eine Basisversorgung hat. Achten Sie jedoch darauf, welche Leistungen in der Versicherung enthalten sind. Üblich bei den amerikanischen Versicherern sind Selbstbehalte für Arztbesuche. Das bedeutet, dass man pro Arztbesuch einen Anteil selbst tragen muss (etwa 30 bis 100 US$). Wer die Notaufnahme eines Krankenhauses in Anspruch nehmen muss, hat mit einer Selbstbeteiligung an den Kosten zu rechnen. Nicht unfallbedingte Augen- und Zahnbehandlung ist in der Krankenversicherung meistens nicht enthalten. Fast alle Agenturen bieten freiwillige Zusatzversicherungen an, die auch Haftpflichtschäden abdecken. Mit Abschluss einer solchen Zusatzversicherung, deren Beitrag je nach Anbieter zwischen 250 und 500 US$ liegt, erhöht sich die Deckungssumme deutlich und die Versicherungsdauer ist oft auf den 13. Monat (Reisemonat) ausgeweitet. Damit fällt dann oft auch der Selbstbehalt (*Deduction*) weg. Eine Reisegepäckversicherung ist darin ebenfalls enthalten.

Man kann auch erwägen, eine Au-pair-Versicherung hier in der Heimat abzuschließen. Dabei gibt es bei fast allen Anbietern weder Selbstbehalte noch Summenbegrenzung.

# Sprachkurse

Das Au-pair-Programm in den USA ist ein Kulturaustausch- und sprachliches Fortbildungsprogramm. Die Teilnahme setzt den regelmäßigen Besuch einer eingetragenen Bildungseinrichtung voraus. Allen Au-pairs in den USA steht ein Betrag von 500 US$ für Cultural Studies zur Verfügung. Sie können Kurse an allgemeinen Einrichtungen der Erwachsenenbildung (*Community College*) in der Art der deutschen Volkshochschulen oder an *Colleges* beziehungsweise Universitäten belegen. Die Kurse beginnen in der Regel Anfang September, Mitte Januar und im Juni eines jeden Jahres.

Über die örtlichen Gegebenheiten informiert der Betreuer der Vermittlungsorganisation, zu dessen Aufgaben es gehört, bei der Auswahl geeigneter Fortbildungsmaßnahmen behilflich zu sein.

# Landeskunde

**Währung**

Die US-amerikanische Währung ist der US-Dollar. Ein US-Dollar entspricht etwa 0,73 €; ein Euro entspricht 1,36 US$ (Stand September 2007). Da der US-Dollar bekanntlich einigen Schwankungen unterworfen ist, lässt sich ein Umrechnungswert nur ungefähr benennen.

**Zeit**

Auf dem US-Kontinent gibt es vier Zeitzonen. Im Osten gilt die *Eastern Time* von der Küste Richtung Binnenland bis zu den „Great Lakes“ und den „Appalachian Mountains“ und liegt sechs Stunden hinter der mitteleuropäischen Zeit (MEZ). Die *Central Time Zone* beginnt in der Höhe von Chicago und zieht sich nach Westen bis Texas und den „Great Plains“; der Unterschied zur MEZ beträgt minus sieben Stunden. Die *Mountain Zone* umfasst die Rocky Mountains und die südwestlichen Bundesstaaten und liegt acht Stunden hinter der MEZ. An der Westküste gilt die *Pacific Standard Time (PST)*, neun Stunden hinter der MEZ. Teile von Ost-Oregon, Utah und Arizona haben *Mountain Standard Time*, die eine Stunde vor der PST-Zeitzone liegt. Auch in den USA gibt es die Sommerzeit. Die Uhren werden zwischen dem letzten

Sonntag im April und dem letzten Sonntag im Oktober um eine Stunde zurückgestellt.

### Feiertage und Ferien

Die offiziellen „Holidays“ in den USA sind:

- *1. Januar: New Year's Day*
- *Dritter Montag im Januar: Martin Luther King Day*
- *Dritter Montag im Februar: President's Day (Präsidententag)*
- *Letzter Montag im Mai: Memorial Day*
- *4. Juli: Independence Day (Unabhängigkeitstag)*
- *Erster Montag im September: Labour Day (Tag der Arbeit)*
- *Zweiter Montag im Oktober: Columbus Day*
- *11. November: Veterans Day (Veteranentag)*
- *Vierter Donnerstag im November: Thanksgiving Day (Erntedankfest)*
- *25. Dezember: Christmas Day (Weihnachten)*

An den US-Feiertagen haben Banken, die Post und sämtliche Behörden geschlossen. Jedoch ist jeder Feiertag ein Shoppingday mit Ausverkaufsstimmung. Die Kaufhäuser locken mit Verkaufsaktionen (*Sales*) und die Supermärkte haben geöffnet. Fällt ein Feiertag auf einen Sonntag, wird er am folgenden Montag nachgeholt, denn die Amerikaner, die nur wenige Urlaubstage im Jahr bekommen, nutzen die verlängerten Wochenenden gerne für Kurztrips.

Amerikanische Schüler haben lange Sommerferien. Sie beginnen, je nach Schule, zwischen Ende Mai und Mitte Juni. Der Unterricht beginnt wieder zwischen Mitte August und Anfang September. Die Weihnachtsferien dauern zwei Wochen und über Ostern haben die Schüler eine Woche frei.

### Telefon

Von Europa aus zum nordamerikanischen Kontinent wählt man die Länderkennzahl 001, dann die Ortsnetzkennzahl (zum Beispiel 305 für Miami oder 212 für New York) und weiter die Teilnehmerrufnummer. Von Amerika nach Deutschland wählt man die Länderkennzahl 01149, nach Österreich 01143 und in die Schweiz 01141. Die Null der folgenden Ortsnetzkennzahl lässt man weg und wählt weiter die Teilnehmerrufnummer.

Innerhalb der Vereinigten Staaten muss man für Ferngespräche eine 1 und die dreistellige Vorwahlnummer (*area code*) wählen. Anschließend folgt dann die siebenstellige Teilnehmerrufnummer. Die Telefonauskunft erreicht man kostenfrei unter der Nummer 411. Ebenso gebührenfrei sind alle 1-800-Nummern, die von vielen Firmen angeboten werden. Wer ein R-Gespräch anmelden will, verlangt beim Operator ein *collect call*.

*Für Europäer ist Telefonieren in den USA oft ein Abenteuer. Nimmt man den Hörer in die Hand, hat man gleich einen Operator in der Leitung. Nun wird man aufgefordert, die gewünschte Teilnehmernummer anzugeben. In der Praxis funktioniert das für Fremde oft nicht und man kommt nicht zu seinem Ziel.*

Eine gute Empfehlung ist die Nutzung einer *Calling Card* (zum Beispiel Call-Company), die man sich schon in der Heimat zulegen kann. Hier wählt man sich einfach in das System der Anbieterfirma und gibt dann seine persönliche Pinnummer ein. Nach dem folgenden Freizeichen kann man problemlos die gewünschte Teilnehmernummer in den USA oder im Ausland anwählen. Die Kosten sind sogar relativ günstig.

Inzwischen gibt es auch Anbieter, die für europäische Triband-Handys Simkarten mit einer US-Telefonnummer anbieten. So kann man sein Handy mit der Simkarte versehen und in den USA zu günstigen Konditionen telefonieren.

In den Vereinigten Staaten gilt die landesweit einheitliche Notrufnummer 911 für Polizei, Feuerwehr und Rettungsdienst.

**Religion**

85 Prozent der US-amerikanischen Bevölkerung gehören dem christlichen Glauben an. Davon sind der überwiegende Teil der Christen Protestanten und ca. 24 Prozent Katholiken. Ungefähr sechs Millionen Juden und etwa vier Millionen Angehörige der Ostkirchen leben in den USA. Der regelmäßige Besuch des Gottesdienstes ist in den USA üblich und wird als Familienveranstaltung betrachtet. Besonders in ländlichen Gegenden ist die Kirche oft ein Treffpunkt für Jugendgruppen und ein Ort für Familienfeste.

**Bildungswesen**
Bevor die amerikanischen Kinder im Alter von sechs Jahren eingeschult werden, haben sie üblicherweise schon eine Kindergartenlaufbahn hinter sich. Zwei- bis fünfjährige Kinder besuchen in der Regel die *Nursery School* und wechseln dann in den *kindergarden*. Der Besuch einer einjährigen Vorschule (*pre-school*) ist freiwillig, wird jedoch von den meisten amerikanischen Kindern genutzt.

Im Alter von sechs bis elf Jahren wird die *Primary School* oder *Elementary School* (*1st - 6th grade*) absolviert. Der Schultag dauert von 8.30 Uhr bis etwa 14.30 Uhr. Im Alter von 12 Jahren wechseln die Schüler auf die *Junior High School* (*7th - 9th grade*) und im Alter von 15 Jahren auf die *Senior High School* (*10th - 12th grade*). Der Unterricht findet bis etwa 16.00 Uhr statt und beinhaltet zu etwa 50 bis 75 % akademische Kurse. Die 12. Klasse schließt mit der *Graduation*, dem High School-Diplom ab. Dabei handelt es sich nicht um eine Abschlussprüfung wie das deutsche Abitur und es ist auch nicht gleichwertig anerkannt. Die amerikanische High School stellt für die Schüler auch ein gesellschaftliches und kulturelles Zentrum dar, das die Eltern wesentlich mehr einbezieht, als das beispielsweise im deutschen Schulsystem der Fall ist.

**Mahlzeiten**
Das amerikanische Frühstück besteht meist aus *Cereals*. Darunter versteht man alles, was in Milch getränkt und mit einem Löffel gegessen wird. Die Auswahl an Cornflakes, Müsli und Marshmellows ist enorm und bietet Abwechslung. Der *Lunch* besteht meistens lediglich aus einem Sandwich, Hamburger oder Hotdog, manchmal auch aus Früchten und wird oft nur im Vorübergehen eingenommen. Die Hauptmahlzeit der Amerikaner ist das *Dinner*, eine umfangreiche warme Mahlzeit, die abends eingenommen wird. Es ist nicht immer selbstverständlich, dass im Hause einer amerikanischen Familie regelmäßig gekocht wird. Viele Mahlzeiten nehmen die Amerikaner in den Fast Food-Restaurants zu sich.

Die Auswahl an Lebensmitteln in den Supermärkten ist gigantisch. Man bekommt wirklich alles an frischem Obst, Gemüse, Salaten, Backwaren und Milchprodukten. Auf eines muss man allerdings verzichten: Dunkles, kräftiges, bissfestes Brot gehört nicht auf den Speiseplan der Amerikaner und ist fast nirgends zu bekommen. Die Getränke bestehen fast nur aus Softdrinks, wie zum Beispiel Coca-Cola, Seven-Up, Rootbeer oder auch Eistee. Mineralwasser wird meist ohne Kohlensäure angeboten, es sei denn, man verlangt ausdrücklich *sparkling water.* Alkohol darf von Jugendlichen erst ab 21 Jahren käuflich erworben und nicht in der Öffentlichkeit konsumiert werden.

# Hilfe, Infos, Kontakte

Alle Telefon- und Faxnummern sind ohne Ländervorwahl angegeben.

| | |
|---|---|
| **Broschüren und sonstiges Informationsmaterial über die USA:** | Fremdenverkehrsamt der USA (United States Travel and Tourism Administration)<br>Bethmannstr. 56<br>60311 Frankfurt/M.<br>Tel.: 069 92 00 36 0<br>Fax: 069 29 52 11<br><br>Dieses Fremdenverkehrsamt ist auch zuständig für Österreich und die Schweiz. |
| **Diplomatische Vertretungen:** | Botschaft der Bundesrepublik Deutschland<br>4645 Reservoir Road, N.W.<br>Washington D.C. 20007-1998<br>Tel.: 1202 298 81 41<br>Fax: 1202 298 42 49<br>Website: www.washington.diplo.de<br>E-Mail: info@washington.diplo.de |
| Deutsches Generalkonsulat Atlanta<br>Marquis Two Tower, Suite 901<br>285 Peachtree Center Avenue, N.E.<br>Atlanta, Georgia<br>Tel.: 1404 659 47 60<br>Fax: 1404 659 12 80<br>Website: www.atlanta.diplo.de<br>E-Mail: atlanta@germany-info.org | Deutsches Generalkonsulat Boston<br>Three Copley Place, Suite 500<br>Boston, Mass. 02116<br>Tel.: 1617 536 44 14<br>Fax: 1617 536 85 73<br>Website: www.boston.diplo.de<br>E-Mail: info@bost.diplo.de |

| | |
|---|---|
| Deutsches Generalkonsulat Chicago<br>676 North Michigan Avenue, Suite 3200<br>Chicago, Illinios 60611<br>Tel.: 1312 580 11 99<br>Fax: 1312 202 04 66<br>Website: www.chicago.diplo.de<br>E-Mail: Chicago@german-info.org | Deutsches Generalkonsulat Houston<br>1330 Post Oak Blvd., Suite 1850<br>Houston, Texas 77056-3018<br>Tel.: 1713 627 77 70<br>Fax: 1713 627 05 06<br>Website: www.houston.diplo.de<br>E-Mail: info@germanconsulatehouston.org |
| Deutsches Generalkonsulat Los Angeles<br>6222 Wilshire Boulevard, Suite 500<br>Los Angeles, California 90048<br>Tel.: 1323 930 2703<br>Fax: 1323 930 28 05<br>Website: www.los-angeles.diplo.de<br>E-Mail: losangeles@germany-info.org | Deutsches Generalkonsulat Miami<br>100 N. Biscayne Blvd.<br>Miami, Florida, 33132<br>Tel.: 1305 358 02 90<br>Fax: 1305 358 03 07<br>Website: www.miami.diplo.de<br>E-Mail: miami@germany.info |
| Deutsches Generalkonsulat New York<br>871 United Nations Plaza<br>New York, N.Y. 10017<br>Tel.: 1212 610 97 00<br>Fax: 1212 610 97 02<br>Website: www.new-york.diplo.de<br>E-Mail: german-mission-consulate-gic-1@nyct.net | Deutsches Generalkonsulat San Francisco<br>1960 Jackson Street<br>San Francisco, CA 94109<br>Tel.: 1415 775 1061<br>Fax: 1415 775 01 87<br>Website: www.san-francisco.diplo.de<br>E-Mail: sanfrancisco@germanconsulate.org |
| Botschaft der Vereinigten Staaten von Amerika<br>Konsularbteilung<br>Clayallee 170<br>14195 Berlin<br>Tel.: 030 832 92 33;<br>Visumsangelegenheiten: 0900 1 85 00 55<br>(1,86 Euro pro Minute)<br>Fax: 030 831 49 26<br>Website: www.usembassy.de | |
| **Informationsveranstaltungen, Fachvorträge und Unterhaltungsprogramme bezüglich Amerika:** | Amerika-Haus Leipzig<br>Wilhelm-Seyfferth-Str. 4<br>04107 Leipzig<br>Tel.: 0341 213 84 25<br>Fax: 0341 213 84 32 |

Amerikazentrum Hamburg e. V.
Am Sandtorkai 5
20457 Hamburg
Tel.: 040 70 38 36 88
Fax: 040 43 21 87 80
Website: www.amerikazentrum.de

Bayerisch-Amerikanisches Zentrum
im Amerika Haus München e. V.
Karolinenplatz 3
80333 München
Tel.: 089 55 25 370
Fax: 089 55 25 37 37
Website: www.amerikahaus.de

Kennedy Informationszentrum
Ohlshausenstr. 10
24118 Kiel
Tel.: 0431 586 99 93
Fax: 0431 586 99 95
Website: www.amerika-gesellschaft.de
E-Mail: info@amerika-gesellschaft.de

Deutsch-Amerikanisches Institut
Sophienstr. 12
69115 Heidelberg
Tel.: 06221 607 30
Website: www.dai-heidelberg.de
E-Mail: naficy@dai-heidelberg.de

Deutsch-Amerikanisches Institut
Gleißbühlstr. 9
90402 Nürnberg
Tel.: 0911 23 069 0
Fax: 0911 23 069 23
Website: www.dai-nuernberg.de
E-Mail: mail@dai-nuernberg.de

Deutsch-Amerikanisches Zentrum
James-F.-Byrnes-Institut e. V.
Charlottenplatz 17
70173 Stuttgart
Tel.: 0711 228 18 0
Fax: 0711 228 18 40
Website: www.daz.org
E-Mail: infor@daz.org

Deutsch-Amerikanisches Institut e. V.
Stengelstr. 1
66117 Saarbrücken
Tel.: 0681 33160
Fax: 0681 372624
Website: dai-sb.de
E-Mail: info@dai-sb.de

Deutsch Amerikanisches Institut Tübingen
Karlstr. 3
72072 Tübingen
Tel.: 07071 79526 0
Fax: 07071 79526 26
Website: www.dai-tuebingen.de
E-Mail: mail@dai-tuebingen.de

# Kanada

Ein offizielles Au-pair-Programm gibt es in Kanada nicht. Bis Anfang der Neunziger Jahre war es möglich, mit dem Status einer Familienhelferin, „Mother's help“ oder umgangssprachlich auch „Nanny“, eine Aufenthalts- und Arbeitserlaubnis zu erhalten und damit eine au-pair-ähnliche Position in Kanada einzunehmen. „Nannies“ kamen damals aus vielen asiatischen und europäischen Ländern nach Kanada und es entwickelte sich ein großer Stellenmarkt. Im Jahre 1992 schuf die kanadische Regierung das „Live-in Caregiver Program“ und grenzte damit Schulabgänger, Studenten und junge Leute ohne Vorbildung aus. Caregiver sind Personen, die in pädagogischen oder pflegerischen Berufen ausgebildet sind oder alternativ über langfristige Erfahrungen in diesen Bereichen verfügen, also professionelle Erzieherinnen, Altenpflegerinnen oder Krankenschwestern beziehungsweise -pfleger. Ein Caregiver ist ein Hausangestellter mit geregelter Arbeitszeit und tariflicher Bezahlung samt aller Sozialabgaben. Das Programm ist nicht auf Kinderbetreuung beschränkt. Auch die Pflege alter oder behinderter Menschen kann bei entsprechender Ausbildung mit dem Caregiver-Visum ausgeübt werden.

Gastfamilien, die einen Caregiver aus dem Ausland beschäftigen möchten, müssen beim kanadischen Arbeitsamt (*Canada Employment Center*) den Nachweis erbringen, dass sie für diese Position keine geeignete Kandidatin finden konnten, die sich bereits mit einer gültigen Arbeitserlaubnis im Lande aufhält beziehungsweise die kanadische Staatsbürgerschaft besitzt. Familien, die ein deutschsprachiges Kindermädchen suchen, haben dafür meist ganz bestimmte Gründe. So kommt es vor, dass ein Elternteil deutschstämmig ist und die Eltern eine zweisprachige Erziehung der Kinder wünschen. Insgesamt gibt es aber nur ganz wenige Familien in Kanada, die bereit sind, den komplizierten Weg der Antragsstellung für Aufenthalts- und Arbeitserlaubnis zu gehen und monatlich ein volles Gehalt zu zahlen, um ein Kindermädchen aus dem Ausland beschäftigen zu können.

Die Vermittlungschancen in Kanada sind daher relativ gering, auch wenn die erforderliche Qualifikation erfüllt wird. Die regionalen Vermittlungsschwerpunkte sind die Großstädte Toronto (Provinz Ontario), Edmonton und Calgary (Provinz Alberta) sowie Vancouver (Provinz British Columbia). Auch in Regionen, die hauptsächlich von mitteleuropäischen Einwanderern besiedelt sind (zum Beispiel das Okanagan Tal in British Columbia), ist eine gewisse Nachfrage nach Caregivern aus dem deutschsprachigen Ausland vorhanden.

Kanada ist flächenmäßig das größte Land der Erde. Auf fast zehn Millionen Quadratkilometern leben etwa 30 Millionen Einwohner. Als eines der klassischen Einwandererländer ist Kanadas Bevölkerung sehr multikulturell. Man spricht zwei offizielle Sprachen. Knapp 60 Prozent aller Kanadier sprechen Englisch und ungefähr 28 Prozent Französisch. Die frankophonen Kanadier leben zu 85 Prozent in der Provinz Quebec. In New Brunswick sind beide Sprachen gleichsam vertreten. Die restlichen 15 Prozent der Kanadier sind in erster Linie deutscher, italienischer, skandinavischer oder asiatischer Abstammung. Historisch gesehen ist die Einwanderung ein Schlüsselfaktor für die Bevölkerungsentwicklung in diesem Land.

Kanada ist unterteilt in insgesamt zehn Provinzen und drei Territorien. Die Amtssprache in der Provinz Quebec ist Französisch, in allen anderen Provinzen wird hauptsächlich englisch gesprochen.

Wegen der enormen Größe des Landes findet man in Kanada sehr unterschiedliche klimatische Verhältnisse. Die Sommer sind fast überall kurz und heiß, nur an der Pazifikküste ist es das ganze Jahr über regnerisch und mild. Im Norden des Landes ist es überraschenderweise in den Sommermonaten recht warm, nur nachts kühlt es erheblich ab. Mit dem berühmten „Indian Summer“ ist die ungewöhnlich warme Zeit im Herbst gemeint, in der bunt gefärbtes Laub das Land in eindrucksvolle Farben taucht.

Auch heute noch ist Kanada ein Traum für viele auswanderungswillige junge Leute. Das Land bietet viel Platz und für ausgebildete Fachkräfte zahlreiche Möglichkeiten. Die Bestimmungen für eine Einwanderung sind mittlerweile jedoch sehr streng, so dass nur bestimmte Berufsgruppen oder Personen, die bereit sind in Kanada zu investieren, eine Chance haben, die begehrte Aufenthalts- und Arbeitserlaubnis zu erhalten.

# Aufenthalts- und Einreisebestimmungen

Wenn seitens der ausländischen Bewerberin / des ausländischen Bewerbers und der kanadischen Gastfamilie alle behördlich vorgeschriebenen Voraussetzungen erfüllt sind und eine Vermittlung zu Stande gekommen ist, muss zunächst ein Arbeitsvertrag geschlossen und von beiden Seiten unterschrieben werden. Zuvor muss Ihr potentieller Arbeitgeber vom kanadischen Arbeitsamt (*Human Resources and Social Development Canada, HRSDC*) ein Arbeitsmarktgutachten (*labour market opinion*) einholen.

Mit dem Vertrag, einem vorgeschriebenen Vordruck, beantragt die Gastfamilie die Arbeitserlaubnis für die ausländische Bewerberin bzw. den Bewerber bei ihrem zuständigen Arbeitsamt. Die Behörde prüft dabei unter anderem die Qualifikation der Bewerberin/des Bewerbers. Dazu muss die Gastfamilie die kompletten Bewerbungsunterlagen ihres künftigen Caregivers vorlegen. Die Zustimmung dieser Behörde (*Confirmation of Offer of Employment*) wird dann an die Einwanderungsabteilung (*Immigration Section*) der Kanadischen Botschaft im Heimatland des Bewerbers geleitet. Um die Eignung des Kandidaten für diese Position zu prüfen, verlangt die Botschaft eine Reihe von Auskünften, die anhand eines Fragebogens und in Form eines persönlichen „Interviews" mit einem Mitarbeiter der Konsularabteilung beantwortet werden müssen. Außerdem benennt die Botschaft einen Vertrauensarzt, der eine ärztliche Untersuchung vornimmt, um den einwandfreien Gesundheitszustand der Antragstellerin / des Antragstellers zu bestätigen. Die Kosten für die Bearbeitung und die ärztliche Untersuchung liegen insgesamt bei ungefähr 130 €.

Nachdem die Einwanderungsabteilung der Kanadischen Botschaft den Antrag positiv entschieden hat, erhalten Sie die Erlaubnis, die Tätigkeit als Live-in Caregiver aufzunehmen (*Authorization of Employment*). Die Arbeitserlaubnis hat zunächst eine Gültigkeitsdauer von zwölf Monaten, kann jedoch nach Ablauf dieser Frist um ein weiteres Jahr verlängert werden. Sollten Sie irgendwann den Wunsch haben, die Gastfamilie zu wechseln, müssen Sie beim *Canada Immigration Center* einen neuen Antrag auf Arbeitserlaubnis stellen. Nach einer zweijährigen Beschäftigungsdauer in Kanada haben Sie sogar die Möglichkeit, eine dauerhafte Aufenthaltserlaubnis (*permanent residence*) für Kanada zu beantragen.

Für die Provinz Quebec gelten etwas abweichende Bestimmungen. Dort sind zum Beispiel die Anforderungen in Bezug auf die französischen Sprachkenntnisse sehr hoch.

# Bedingungen

**Voraussetzungen**
Die kanadischen Behörden haben für die Aufnahme einer Tätigkeit als Live-in Caregiver folgende grundsätzliche Voraussetzungen festgelegt:

1. Sie brauchen einen erfolgreichen Schulabschluss, vergleichbar dem kanadischen *Grade twelve*. Das bedeutet, dass mindestens zwölf Schuljahre nachgewiesen werden müssen.

2. Sie müssen nachweisen, dass Sie entweder mindestens sechs Monate durchgehend eine schulische Ausbildung im Bereich Kinderbetreuung absolviert oder alternativ mindestens 12 Monate in Vollzeitbeschäftigung bei einem Arbeitgeber Kinder versorgt haben. Das kann zum Beispiel als Kindermädchen, Erzieherin oder Kinderpflegerin erfolgt sein. Möglich wäre es auch, wenn Sie schon als Au-pair ein Jahr lang in einem anderen Land gearbeitet haben. Sollte bei der kanadischen Gastfamilie zum Beispiel eine behinderte Person betreut werden, so muss eine Vollzeitbeschäftigung im Bereich der Behindertenhilfe nachgewiesen werden. Diese Tätigkeiten könnten auch im Rahmen der Berufsausbildung, etwa als Praktikum, ausgeübt worden sein.

Folgende Berufsgruppen entsprechen den Anforderungen der Kanadischen Behörden:

- *Erzieher/in, Kindergärtner/in*
- *Kinderpfleger/in*
- *Heilerzieher/in*
- *(Kinder-) Krankenschwester bzw. -pfleger*
- *Heilpädagoge/in*
- *Altenpfleger/in*

3. Ihre Kenntnisse der englischen beziehungsweise französischen (Quebec) Sprache müssen für eine gute Kommunikation ausreichen.

Eine Altersbegrenzung gibt es offiziell nicht, die erforderliche Vorbildung schließt jedoch Personen unter 19 Jahren aus. Auch Verheiratete sind offiziell zugelassen, aber praktisch nicht zu vermitteln.

**Dauer**

Der Arbeitsvertrag für eine Beschäftigung als Caregiver läuft zunächst für ein Jahr. Vor Ablauf dieses Jahres kann man eine Verlängerung auf zwei Jahre beantragen.

**Arbeitszeit**

Die tariflichen Bestimmungen für *Caregiver* variieren je nach Provinz etwas. So ist die wöchentliche Arbeitszeit beispielsweise in der Provinz British Columbia auf 40 Stunden festgesetzt, während in der Provinz Ontario 45 Stunden pro Woche vorgeschrieben sind. Gearbeitet wird ausschließlich an Werktagen. Das Wochenende ist frei.

**Gehalt**

Auch die Höhe des Gehaltes ist tariflich geregelt und in den verschiedenen Provinzen unterschiedlich. In manchen Provinzen ist sie abhängig von den zum Haushalt gehörenden Personen, andere Provinzen schreiben einen festen Mindestlohn vor. Da hierbei so große Unterschiede bestehen, kann nur ein Bespiel als Anhaltspunkt genannt werden: In British Columbia beträgt das monatliche Bruttogehalt derzeit 1.408 Can$ (Stand September 2007). Nach allen Abzügen bleibt ein Nettogehalt von ungefähr 920 Can$; das entspricht etwa 609 €.

**Urlaub**

Am Ende des Vertragsjahres steht dem Caregiver ein bezahlter Urlaub von zwei Wochen zu. Kann der Urlaub nicht genommen werden, ist ein finanzieller Ausgleich in Höhe von 4 % des Jahresgehaltes zu zahlen.

# Versicherungen

Als Caregiver in Kanada entrichten Sie und Ihr Arbeitgeber Beiträge in die Renten- und Arbeitslosenversicherung (*Employment Insurance* und *Canada Pension Plan*).

Zwischen der Bundesrepublik Deutschland (wie auch Österreich und der Schweiz) und Kanada besteht kein Sozialversicherungsabkommen. Das bedeutet, dass in Kanada einbezahlte Sozialversicherungsbeiträge, die vom Gehalt einbehalten werden, im Heimatland nicht auf die Rentenansprüche angerechnet werden. Deshalb sollten Sie die Rückzahlung der Sozialversicherungsbeiträge beantragen, bevor Sie das Land verlassen.

Jede kanadische Provinz besitzt ein eigenes staatliches Krankenversicherungssystem mit unterschiedlichen Regelungen. In manchen Provinzen ist die ambulante und stationäre ärztliche Behandlung kostenlos, in anderen sind die Krankenversicherungsbeiträge ziemlich hoch. Am besten klären Sie schon vor der Anreise die Versicherungssituation und entscheiden dann, ob der Abschluss einer Privatversicherung im Heimatland sinnvoll ist oder eher eine kanadische Versicherung abgeschlossen werden soll. Wenn Sie eine Versicherung zu Hause abschließen wollen, bedenken Sie, dass die Kosten vor allem für eine stationäre Behandlung in Kanada sehr hoch sind und eine Vorfinanzierung schwierig sein kann. Achten Sie deshalb darauf, eine Versicherung zu wählen, bei der Sie nicht in Vorleistung treten müssen. Kanadische Versicherungen beinhalten andererseits keine Leistungen für Zahnbehandlung und Arzneimittel.

# Sprachkurse

Das Live-in-Caregiver-Programm ist kein Austausch- oder Fortbildungsprogramm. Deshalb ist der Besuch von Sprachkursen nicht automatisch vorgesehen und geregelt. Zwar gibt es in größeren Städten zahlreiche Möglichkeiten, Englischkurse für Ausländer zu besuchen, die Organisation und die Kosten dafür muss jedoch der Caregiver selbst übernehmen. Sollten Sie einen Intensivsprachkurs an einem College oder Sprachinstitut besuchen, sind Sie verpflichtet, dafür eine Studienerlaubnis zu beantragen. Dabei müssen Sie glaubhaft machen, dass der Hauptzweck Ihres Aufenthaltes die Beschäftigung als Caregiver ist. Für Abendkurse brauchen Sie keine Studienerlaubnis.

# Landeskunde

**Währung**

Der Wert eines kanadischen Dollars liegt etwas unter dem des US-Dollars. Ein Kanadischer Dollar entspricht derzeit 0,66 € (Stand September 2007). Ein Euro entspricht 1,43237 Can$.

**Zeit**

Von Ost nach West gelten folgende Zeitzonen: Die *Atlantic Time (AT)* liegt fünf Stunden hinter der mitteleuropäischen Zeit (MEZ) und gilt in den Provinzen New Brunswick, Nova Scotia und Prince Edward Island. Die *Eastern Time (ET)* in Ontario und Quebec liegt sechs Stunden hinter der MEZ und die *Central Time (CT)*, die von Manitoba bis zum östlichen Teil Sasketchewans und der Northwest Territories gilt, sieben Stunden. Die MEZ ist der *Mountain Time* im westlichen Sasketchewan, der Provinz Alberta, dem nordöstlichen Teil von British Columbia und dem westlichen Teil der Northwest Territories um acht Stunden voraus. Die *Pacific Time (PT)* in British Columbia und Yukon befindet sich neun Stunden hinter der MEZ. Bei einer Fahrt von Ost nach West müsste man also bei Überschreitung einer Zeitzonengrenze, die übrigens häufig nicht mit einer Provinzgrenze zusammenfällt, die Uhr um jeweils eine Stunde zurückstellen.

Jedes Jahr am letzten Sonntag im April werden in Kanada die Uhren auf Sommerzeit gestellt und am letzten Samstag im Oktober auf Winterzeit. Eine Ausnahme bildet die Provinz Sasketchewan und einige Städte.

**Feiertage und Ferien**

Landesweite Feiertage in Kanada sind:

- *1. Januar: New Year's Day*
- *Good Friday (Karfreitag) und Easter Monday (Ostermontag)*
- *Montag vor dem 25. Mai: Victoria Day*
- *1. Juli: Canada Day (Nationalfeiertag)*
- *Erster Montag im September: Labour Day (Tag der Arbeit)*
- *Zweiter Montag im Oktober: Thanksgiving (Erntedankfest)*
- *11. November: Remembrance Day (Waffenstillstandstag)*
- *25. Dezember: Christmas Day (Weihnachten)*
- *26. Dezember: Boxing Day (2. Weihnachtsfeiertag)*

In einigen Provinzen werden zusätzliche Feiertage begangen, wie zum Beispiel der *St. Patrick's Day, St. George's Day, Discovery Day, Memorial Day* oder *Heritage Day.*

Die Schulferien in Kanada sind ähnlich wie in den USA geregelt. Jeder *School District* legt für seine Schulen die Ferienzeiten fest. In der Regel dauern die Sommerferien von Ende Mai/Anfang Juni bis Mitte August/Anfang September. Ansonsten gibt es noch die zweiwöchigen Weihnachtsferien und eine Woche vor oder nach Ostern.

**Telefon**

Von der Bundesrepublik Deutschland, Österreich oder der Schweiz telefoniert man nach Kanada, indem man zunächst die Kennzahl 001 für den amerikanischen Kontinent wählt. Dann folgt die dreistellige Ortsnetzkennzahl, der *area code* (zum Beispiel 416 für Toronto), danach die siebenstellige Teilnehmerrufnummer. Im selben Vorwahlgebiet kann auf den *area code* verzichtet werden, außerhalb muss man allerdings häufig noch eine 1 vorwählen, also 1 416 234 1767. Im Zweifel warten Sie diesbezüglich am besten die automatische Ansage ab.

Von Kanada aus nach Deutschland muss die Länderkennzahl 01149, nach Österreich 01143 und die Schweiz 01141 gewählt werden, bevor die Ortsnetzkennzahl ohne die erste Null und weiter die Teilnehmerrufnummer folgt. In Kanada gibt es ausschließlich private Telefongesellschaften. Die größte ist „Bell Canada“. Wenn man 0 wählt, hat man einen Operator in der Leitung und kann ein R-Gespräch anmelden (der Angerufene bezahlt die Gebühr) oder sich ein Ferngespräch vermitteln lassen. Auch im Notfall ist über die

„0“ eine Verbindung zur Polizei, Feuerwehr oder dem ärztlichen Notfalldienst möglich. In Großstädten erreicht man auch über den Notruf 911 die Polizei, Feuerwehr und Ambulanz.

Um günstig nach Deutschland zu telefonieren, besorgt man sich am besten eine Telefonkarte (*prepaid phone card* oder *calling card*, zum Beispiel Call-Company). Diese kann man vom öffentlichen Telefon wie auch von zu Hause aus benutzen. Viele Haushalte haben einen Telefonanschluss, von dem aus keine internationalen Gespräche möglich sind. Mit einer *international calling card* ist dies dann aber von jedem Apparat möglich.

Deutsche Mobiltelefone funktionieren in Kanada nur, wenn sie mit Mehrband-Technologie (Triband) ausgerüstet sind. Die Gesprächsgebühren sind allerdings oft sehr viel höher als in Deutschland. Erkundigen Sie sich bei Ihrem Anbieter nach den Kosten für die Benutzung in Kanada. Um diese Kosten zu umgehen, können Sie sich in Kanada ein Prepaid-Mobiltelefon zulegen. In Deutschland gibt es Telefonfirmen, die eine Simcard für Kanada anbieten, bei der man eine kanadische Telefonnummer bekommt.

**Religion**

Von den ca. 73 % Christen, die in Kanada leben, sind etwa 44 % Katholiken und 29 % Protestanten oder Anglikaner. Außerdem leben Orthodoxe, Juden, Muslime und andere Religionsgemeinschaften in Kanada.

**Bildungswesen**

Die Verwaltung des Schulsystems wird von den Provinzen geregelt; dadurch sind unterschiedliche Systeme entstanden. In den meisten Provinzen dauert die Schulzeit bis zum Abschluss der High School zwölf Jahre. Hierbei bilden die Provinzen Ontario und Quebec eine Ausnahme: In Ontario dauert die High School 13 Jahre, wobei das letzte Schuljahr schon intensiv auf das College vorbereitet. In der Provinz Quebec endet die *Secondary School* mit der elften Klasse und es gibt noch eine zweijährige zwischengeschaltete Stufe vor der Universität.
Der Schulunterricht findet von Montag bis Freitag statt und beginnt normalerweise um 8.30 Uhr und endet zwischen 15.00 und 15.30 Uhr mit einer Mittagspause.

Die meisten kanadischen Kinder im Alter von vier bis sechs Jahren besuchen einen Kindergarten (*play school* oder *kindergarden*).

**Mahlzeiten**

Die kanadische Küche ist von der ethnischen Vielfalt des Landes geprägt. So gibt es auch kein Nationalgericht, jedoch einige typische Gerichte, wie Steaks, Hummer und Lachs.

Ähnlich wie bei den US-Amerikanern besteht das Frühstück in der Regel aus Cornflakes oder süßem Müsli mit Milch. Zum *Lunch* verzehrt man meistens Sandwich, Hamburger und Salat. Zum *Dinner* gibt es dann eine warme Mahlzeit mit Fleisch, Gemüse und Kartoffeln oder Pasta. Zwischendurch werden jede Menge Chips und Süßigkeiten gegessen. In den letzten Jahren ist das Gesundheitsbewusstsein der Kanadier sehr angestiegen, was sich erkennbar auf die Ernährungsgewohnheiten auswirkt. Das Lebensmittelangebot entspricht im Wesentlichen den mitteleuropäischen Bedürfnissen.

# Hilfe, Infos, Kontakte

Alle Telefon- und Faxnummern sind ohne Ländervorwahl angegeben.

| | |
|---|---|
| **Informationsmaterial über Kanada und seine Regionen erhält man kostenlos vom Kanadischen Fremdenverkehrsamt:** | Canadian Tourism Commission<br>c/o Lange Touristik-Dienst<br>Eichenheege 1-5<br>63477 Maintal 1<br>Tel.: 01805 526232<br>Website : www.canada.travel.de |
| **Diplomatische Vertretungen:** | Deutsche Botschaft<br>1, Waverley Street<br>Ottawa, Ontario K2P 0T8<br>Tel.: 613 232-1101<br>Fax: 613 594 93 30<br>Website: www.ottawa.diplo.de<br>E-Mail: germanembassyottawa@on.aibn.com |

| | |
|---|---|
| Deutsches Generalkonsulat<br>1250, Boulevard René-Lévesque Ouest<br>Suite 4315<br>Montreal, Quebec H3B 4W8<br>Tel.: 514 931 22 77<br>Fax: 514 931 72 39<br>Website: www.montreal.diplo.de<br>E-Mail: mail@mont.diplo.de | Deutsches Generalkonsulat<br>77 Bloor Street West, Suite 1703<br>Toronto, Ontario M5S 1M2<br>Tel.: 416 925 28 13<br>Fax: 416 925 28 18<br>Website: www.toronto.diplo.de<br>E-Mail: mail@germanconsulatetoronto.ca |
| Deutsches Generalkonsulat<br>Suite 704 – World Trade Centre<br>999 Canada Place<br>Vancouver, BC V6C 3E1<br>Tel.: 604 684 83 77<br>Fax: 604 684 8334<br>Website: www.vancouver.diplo.de<br>E-Mail: GKVanc@telus.net | Botschaft von Österreich<br>445 Wilbroad Street<br>Ottawa, Ontario<br>K1N 6M7<br>Tel.: 613 563 14 44<br>Fax: 613 789 34 31<br>Website: www.aussenministterium.at/<br>ottawa<br>E-Mail: Ottawa-ob@bmeia.gv.at |
| Botschaft der Schweiz<br>5 Marlborough Avenue<br>Ottawa, Ontario<br>K1N 8E6<br>Tel.: 613 235 18 37<br>Fax: 613 563 13 94<br>Website: www.eda.admin.ch<br>E-Mail: ott.vertretung@eda.admin.ch | Kanadische Botschaft<br>Leipziger Platz 17<br>10117 Berlin<br>Tel.: 030 20 31 20<br>Fax: 030-20 31 25 90<br>Website: www.kanada-info.de<br>E-Mail: mailto:brlin@international.gc.ca<br>Öffnungszeiten Montag bis Freitag<br>8.30 bis 12.30 Uhr und 13.30 - 17.00 Uhr |
| **Informationen über die Deutsch-Kanadischen Beziehungen sowie Veranstaltungshinweise:** | Deutsch-Kanadische Gesellschaft<br>c/o Kölner Bank von 1867 EG<br>Innere Kanalstr. 15<br>50823 Köln<br>Tel.: 0221 257 6781<br>Fax: 0221 25 77 23 6<br>Website: www.dkg-online.de<br>E-Mail: info@dkg-online.de |

# Australien

Die Visumsbestimmungen von Australien (und auch Neuseeland) sehen keine ausdrücklichen Au-pair-Programme vor. Die Einwanderungsbehörden geben Angehörigen bestimmter Staaten, darunter auch Deutschen, die Möglichkeit, mit einem Working Holiday-Visum eine Au-pair-Tätigkeit auszuüben. Diese Möglichkeit wird inzwischen von vielen jungen Leuten zwischen 18 und 30 Jahren genutzt. Schweizer und Österreicher gehören nicht zu den Ländern, die mit einem Working Holiday-Visum in Australien arbeiten können. Sie können aber ein Studentenvisum beantragen und neben dem Studium eingeschränkt arbeiten. Informationen dazu findet man auf der Website der Australischen Botschaft, www.immi.gov.au/students.

Australien gilt neben den nordamerikanischen Staaten und Neuseeland immer noch als eines der beliebtesten Einwanderungsländer. Doch die Regierung in Canberra hat in den vergangenen Jahren die Einwanderungsrichtlinien eingeschränkt, so dass, von zeitlich befristeten Aufenthalten abgesehen, nur einwandern kann, wer entweder Geld mitbringt und damit neue Arbeitsplätze schafft, oder einen Beruf erlernt hat, der in Australien gefragt ist. Darüber führen die Einwanderungsabteilungen der australischen Konsulate und Botschaft eine ständig aktualisierte Liste.

Australien ist der kleinste Kontinent der Erde mit einer unglaublichen Vielfalt an Landschaft, Kultur und modernen Metropolen. Über 85 Prozent der rund 20 Millionen Australier leben in den Großstädten Sydney, Melbourne, Adelaide, Brisbane und Perth. Kaum ein australischer Städter ist jemals in das rote, heiße Landesinnere, das *Outback*, ihres Kontinentes eingedrungen. Der trockenste Kontinent der Erde hat lediglich 7,74 Millionen Quadratkilometer. Da er jedoch von nur einer Nation bewohnt wird, ist Australien eines der größten Länder der Welt. „Down Under" wird von keiner internationalen Grenze berührt. Der Inselkontinent ist aufgeteilt in sechs Staaten und das Nordterritorium, das nahezu die gleichen Rechte hat wie die Staaten. Durch die jahrmillionenlange Isolation des Kontinents hat sich eine Vielfalt an Tieren und Pflanzen entwickelt, wie sie kaum anderswo auf der Welt zu finden ist. Da auf der südlichen Erdhalbkugel die Jahreszeiten umgekehrt zu denen der nördlichen Hemisphäre liegen, feiern die Australier Weihnachten im Hochsommer. Der Süden Australiens kann im Winter, im Juli/August, nasskalt und ungemütlich werden, aber selten frostig. Kaum eine Rolle spielen die Jahreszeiten im tropischen Norden und den subtropischen Zonen. Aufgrund des Ozonlochs und der generell starken Sonneneinstrahlung sollte man in Australien immer Sonnenschutzmittel mit hohem Lichtschutzfaktor benutzen und ausgiebige Sonnenbäder meiden.

## Aufenthalts- und Einreisebestimmungen

In Australien gibt es keine offiziellen Au-pair-Programme. Man kann jedoch mit einem „Working Holiday-Visum“ (Visumart 417) ganz legal eine Au-pair- oder auch andere Tätigkeit bis zu einer Dauer von 12 Monaten ausüben. Dabei muss nach sechs Monaten der Arbeitgeber gewechselt werden. Das Visum muss online bei der Australischen Botschaft (www.immi.gov.au/visitors/working-holiday/417/index.htm) beantragt werden. Eine persönliche Antragstellung ist nicht möglich. Schriftliche Anträge werden zwar bearbeitet, dauern aber wesentlich länger als die Online-Variante.

Für die Antragstellung brauchen Sie Ihren gültigen Reisepass. Er muss noch mindestens sechs Monate nach der Ausreise aus Australien gültig sein. Außerdem müssen Sie für die Bezahlung der Bearbeitungsgebühr (derzeit 125 €) eine Kreditkarte angeben; es muss nicht Ihre eigene sein.

Wer mit einem „Working Holiday-Visum“ in Australien einreist, muss den Nachweis erbringen, dass genügend Reisebudget (5.000 AU$ = ca. 3.500 €) für den Aufenthalt zur Verfügung stehen. Der Nachweis kann anhand eines Kontoauszuges, einer Kreditkarte oder einer Bürgschaft erfolgen. Da Sie als Au-pair in einer Gastfamilie leben, werden Sie das Reisebudget wahrscheinlich nicht in diesem Umfang verbrauchen. Das Budget wird jedoch bei Einreise verlangt, damit man sicherstellen kann, dass Reisende während des Aufenthaltes nicht auf Kosten des australischen Staates leben. Nach der Ankunft in Australien suchen Sie ein Büro der Einwanderungsbehörde (*DIAC*) auf und bekommen dort das Visum in den Reisepass eingeklebt. Ausnahme: Am internationalen Flughafen in Sydney bekommt man sein Visum bereits dort am *Visa Desk*.

# Bedingungen

**Voraussetzungen**

Au-pairs in Australien müssen zwischen 18 und 30 Jahre alt sein, über gute Englischkenntnisse verfügen und einen Führerschein besitzen. Fahrpraxis wird erwartet, da in Australien fast alle Wege mit dem Auto zurückgelegt werden und zu den Aufgaben der Au-pairs meist auch der Transport der Kinder zur Schule oder zum Kindergarten gehören.
Sie müssen nachweisen, dass Sie bereits Kinder als Babysitter oder Praktikant im Kindergarten oder als Helfer in Ferienlagern betreut haben.

Ein mittlerer oder höherer Schulabschluss gehört zu den Grundvoraussetzungen.

**Dauer**

Das erforderliche Working Holiday-Visum gilt für bis zu 12 Monate. Nach spätestens sechs Monaten müssen Sie Ihre Gastfamilie wechseln. Sie könnten natürlich dann auch in einem anderen Bereich arbeiten.

**Arbeitszeit**

Die wöchentliche Arbeitszeit liegt bei 15 bis 30 Stunden, kann aber in Absprache mit der Gastfamilie auch variieren. Viele Au-pair-Agenturen bieten so genannte DemiPair-Programme in Australien an. Dabei ist der Au-pair-Aufenthalt bei einer Gastfamilie mit einem Sprachkurs kombiniert. Die Arbeitszeit fällt dann bei weniger Taschengeld geringer aus.

**Taschengeld**

Es gibt keine einheitliche Regelung für die Höhe des Taschengeldes. Je nach Arbeitszeit und Gegend werden zwischen 100 und 245 AU$ pro Woche gezahlt. Als Richtwert kann man von 7 AU$ pro Stunde ausgehen.

**Urlaub**

Auch die Freizeit und der Urlaub sind nicht grundsätzlich geregelt. Üblicherweise hat man mindestens einen ganzen Tag pro Woche frei und bekommt eine Woche bezahlten Urlaub bei einem Aufenthalt von sechs Monaten.

# Versicherungen

Als Ausländer mit einem Working Holiday-Visum werden Sie nicht ins australische Gesundheitssystem aufgenommen. Sie müssen eine geeignete Versicherung bereits in Ihrer Heimat abschließen.

# Sprachkurse

Es gibt in Australien, natürlich besonders in den Städten, viele Sprachinstitute mit hohen Qualitätsstandards. Wenn Sie über eine Agentur Ihren Australienaufenthalt organisieren lassen, sind Sprachkurse in der Regel schon Bestandteil des Programms. Wenn Sie auf eigene Faust Ihre Au-pair-Reise planen, müssen Sie vor Ort prüfen, welche Sprachenschule geeignet für Sie ist. Die Kosten für den Sprachkurs tragen Sie selbst.

# Landeskunde

**Währung**
Ein Australischer Dollar entspricht derzeit einem Wert von 0,60 € und ein Euro entspricht 1,66 AU$ (Stand September 2007).

**Zeit**
Der australische Kontinent ist in drei Zeitzonen aufgeteilt: Die *Eastern Standard Time (EST)* an der Ostküste in den Bundesstaaten Queensland, New South Wales, Victoria und Tasmanien. Die *Central Standard Time (CST)* liegt 30 Minuten hinter der *EST* zurück. Sie gilt in South Australia und dem Northern Territory. Die *Western Standard Time (WST)* ist gegenüber der *EST* um zwei Stunden zurück und gilt in Western Australia. Im australischen Sommer stellen fast alle Staaten die Uhr um eine Stunde vor. Außerhalb der Sommerzeit ist der Osten Australiens der Mitteleuropäischen Zeit (MEZ) neun Stunden voraus.

**Feiertage und Ferien**

Die offiziellen Feiertage in Australien sind:

- *1. Januar: New Year's Day*
- *26. Januar: Australia Day (Nationalfeiertag)*
- *Karfreitag und Ostermontag: Good Friday und Easter Monday*
- *25. April: Anzac Day (erinnert an die verlustreichen Kämpfe im Ersten Weltkrieg)*
- *25. und 26. Dezember: Christmas (Weihnachten)*

Fallen einige dieser Feiertage auf ein Wochenende, so werden sie auf den vorangegangenen Freitag oder den nachfolgenden Montag verlegt. Zusätzlich wird in den einzelnen Bundesstaaten der Tag der Arbeit (*Labour Day*) an unterschiedlichen Tagen gefeiert.

Die Hauptferienzeiten dauern von Mitte Dezember bis Januar, außerdem die Woche vor und nach Ostern, die ersten beiden Juliwochen sowie die ersten beiden Oktoberwochen.

**Telefon**

Die größte australische Telefongesellschaft ist „Telstra". In vielen öffentlichen Gebäuden, an Tankstellen, in Kaufhäusern und an Straßenecken gibt es öffentliche Telefonzellen, die für Münzen und Telefonkarten eingerichtet sind. Telefonkarten sind sehr hilfreich und können in Drogerien oder in *Newsagencies* erworben werden. Noch einfacher ist es, sich gleich von zu Hause eine Telefonkarte für Australien mit zu nehmen (z. B. CallCompany).
Von Deutschland, Österreich oder der Schweiz aus wählt man die Länderkennzahl 0061, um nach Australien zu telefonieren. Die Ortskennzahl wird dann ohne die erste Null und anschließend die Rufnummer gewählt.

Die Vorwahlnummern von Australien nach Deutschland sind 001149, nach Österreich 001143 und die Schweiz 001141. Sobald man die Überseenummer gewählt hat, hört man nach 15 Sekunden ein melodisches Geräusch, das bedeutet, dass der Anruf unterwegs ist. Nach weiteren 15 Sekunden ertönt dann das Rufzeichen des Teilnehmers.

Australien hat ein landesweites Notrufnetz, das von jedem Telefon unter der Nummer 000 kostenlos zu erreichen ist. Dort meldet sich eine Vermittlungsstelle, die zur Polizei, Feuerwehr oder dem Rettungsdienst verbindet.

**Religion**

Drei Viertel der australischen Bevölkerung gehören dem christlichen Glauben an (Katholiken, Anglikaner, Lutheraner, Baptisten und Orthodoxe). Fast 13 Prozent der Bevölkerung sind ohne Bekenntnis.

**Bildungswesen**

Die Zuständigkeit für das Schul- und Ausbildungswesen liegt in Australien bei den einzelnen Bundesstaaten. Die australische Bundesregierung ist bestrebt, eine bundesweite Vereinheitlichung der Schulstrukturen herbeizuführen. Alle öffentlichen und privaten Schulen müssen den behördlich festgelegten Kriterien entsprechen.

Australische Kinder werden im Alter von fünf Jahren eingeschult. Die Grundschule wird von der ersten bis zur sechsten Klasse und die Sekundarschule von der siebten bis zur zwölften Klasse besucht. Die Schüler belegen neben Pflichtfächern ihre Wahlfächer je nach Ausbildungsziel. Die Schulpflicht besteht bis zum 16. Lebensjahr oder bis zur vollendeten zehnten Klasse. Nach einer erfolgreich abgeschlossenen zehnjährigen Schulausbildung besteht die Möglichkeit, eine Berufsausbildung an einer *Technical and Further Education-Einrichtung (TAFE)* aufzunehmen. Die Ausbildung setzt sich aus einer praktischen und einer schulischen Komponente zusammen. Die Berechtigung zum Studium ist mit einer erfolgreich abgelegten *tertiary ranking examination* verbunden. Voraussetzungen für diese Prüfung ist der erfolgreiche Abschluss der zwölften Klasse der Sekundarschule (*Senior School Leaving Certificate*) oder ein vergleichbarer Schulabschluss.

**Mahlzeiten**

Die britische Tradition hat über lange Zeiträume die australische Küche geprägt. *Meat Pie*, *Roasted Lamb*, *Fish and Chips* oder *Steak'n'Egg* gehören zu den beliebtesten australischen Speisen. In den letzten zwei bis drei Jahrzehnten hat sich durch die Einwanderer Südeuropas Australiens Küche etwas gewandelt und man findet immer mehr Gerichte aus dem Mittelmeerraum auf den Speiseplänen. Nahezu alle Australier haben eine besondere

Vorliebe für Barbecues. Fleisch, Würstchen oder Meerestiere werden in allen Variationen gegrillt und mit *Tomatosauce* (ähnlich wie Ketchup) gereicht.

Die Australier nehmen in der Regel ein schnelles Frühstück, meist mit Cornflakes oder Toast sowie Kaffee oder Tee, ein. Als Brotaufstrich dient oft Vegemite, eine braune Creme aus Pflanzenextrakten, die für Europäer eher gewöhnungsbedürftig ist. Das Mittagessen besteht aus einem Imbiss in Form von Sandwich, Salat oder Chips. Zum Dinner werden häufig Fleisch- oder Fischgerichte eingenommen. Als weltweit größter Exporteur für Lamm- und Rindfleisch sind diese Fleischsorten natürlich auch im Lande sehr beliebt. Besonders das fettarme Kängurufleisch wird in Australien immer populärer. Fisch, Hummer, Langusten, Muscheln und Austern sind auf dem fünften Kontinent meist relativ preiswert zu haben und deshalb oft auf dem Speiseplan zu finden.

**Straßenverkehr**
Wie in Großbritannien wird auch in Australien links gefahren und rechts überholt.

# Hilfe, Infos, Kontakte

Alle Telefon- und Faxnummern sind ohne Ländervorwahl angegeben.

| | |
|---|---|
| **Informationen über Australien erhält man vom Fremdenverkehrsamt:** | Australien Tourist Commission<br>Neue Mainzer Str. 22<br>60311 Frankfurt<br>Tel.: 069 95 09 61 73<br>Fax: 069 27 40 06 40<br>Website: www.australia.com |
| **Diplomatische Vertretungen:** | Deutsche Botschaft<br>119 Empire Circuit<br>Yarralumla, Canberra<br>A.C.T. 2600<br>Tel.: 02 62 70 19 11<br>Fax: 02 62 70 19 51<br>Website: www.germanembassy.org.au<br>E-Mail: info1@germanembassy.org.au |

| | |
|---|---|
| Deutsches Generalkonsulat<br>480 Punt Road<br>South Yarra, Melbourne<br>Vic. 3141<br>Tel.: 03 98 64 68 88<br>Fax: 03 98 20 24 14<br>Website: www.melbourne.diplo.de<br>E-Mail: mel.diplo@bigbond.com | Deutsches Generalkonsulat<br>13 Trelawney Street<br>Woollahra, Sydney<br>N.S.W. 2025<br>Tel.: 02 93 28 77 33<br>Fax: 02 93 27 96 49<br>Website: www.sydney.diplo.de |
| Österreichische Botschaft<br>12 Talbot Street<br>Forrest, Canberra<br>ACT 2603<br>Tel.: 02 62 95 15 33<br>Fax: 02 62 39 67 51<br>Website: www.aussenministerium.at/<br>canberra | Österreichisches Generalkonsulat<br>93 Nicholson Street<br>Carlton, Melbourne<br>Vic 3065<br>Tel.: 03 93 49 59 99<br>Fax: 03 93 49 51 00 |
| Schweizer Botschaft<br>7 Melbourne Avenue<br>Forrest, Canberra<br>ACT 2603<br>Tel.: 02 61 62 84 00<br>Fax: 02 62 73 34 28<br>Website: www.eda.admin.ch<br>E-Mail: can.vertretung@eda.admin.ch | Schweizer Generalkonsulat<br>697 Toorak Road<br>Kooyong Victoria, Melbourne<br>Vic 3144<br>Tel.: 03 98 24 75 27 |
| Australische Botschaft<br>Wallstr. 76-79<br>10179 Berlin<br>Tel.: 030 88 00 88 0;<br>Visainformationsdienst: 030 700 129 129<br>Fax: 030 88 00 88 210<br>Website: www.germany.embassy.gov.au<br>Öffnungszeiten: Montag bis Donnerstag<br>8.30 bis 13.00 Uhr und 14.00 bis 17.00 Uhr;<br>Freitag 8.30 bis 13.00 Uhr und<br>14.00 bis 16.15 Uhr | |
| **Australisches Studienzentrum:** | Australienzentrum/Australia Centre<br>Am Bassin 4<br>14467 Potsdam<br>Tel.: 0331 29 16 09<br>Fax: 0331 27 08 904 |

# Neuseeland

Wie in Australien gibt es auch in Neuseeland kein offizielles Au-pair-Programm. Es ist jedoch völlig legal, mit einem „Working Holiday Scheme-Visum" (WHS) eine Au-pair-Tätigkeit für bis zu 12 Monate in Neuseeland auszuüben.

Neuseeland besteht aus zwei großen Inseln, der Nord- und der Südinsel, die sich über eine Länge von 1.600 Kilometern erstrecken. Insgesamt 4,1 Millionen Menschen leben in Neuseeland, fast die Hälfte davon in den vier großen Städten Christchurch, Wellington, Auckland und Dunedin. Drei Viertel der Gesamtbevölkerung leben auf der Nordinsel. 80 Prozent der Bevölkerung sind britischer Abstammung. Die rund 350.000 Maori, die Ureinwohner Neuseelands, sind überwiegend auf der Nordhalbinsel heimisch, genauso wie die etwa 150.000 Einwanderer von verschiedenen Südseeinseln. Der relativ geringe Bevölkerungszuwachs ist auf eine zurückhaltende Einwanderungspolitik zurückzuführen.

Obwohl „das Land der langen weißen Wolke" sogar etwas kleiner als Deutschland ist, hat es eine unglaubliche landschaftliche Vielfalt zu bieten. Dichte Regenwälder, malerische Fjorde, kristallklare Seen, feinsandige Strände, schneebedeckte Berggipfel sowie Geysire und Vulkane machen die Doppelinsel zu einem Traumziel für Naturliebhaber. Die Großstädte sind moderne Metropolen mit vielen Sehenswürdigkeiten und kulturellen Einrichtungen, mit gepflegtem Stadtbild und internationalem Flair.

Die Jahreszeiten der Südhalbkugel sind denen der Nordhalbkugel genau entgegengesetzt: Winter ist in Neuseeland von Juni bis August, Sommer von November bis März. Das Klima des Landes ist maritim geprägt und daher meist mild. Im Sommer ist es nicht zu heiß und im Winter nicht extrem kalt. Die durchschnittlichen Tagestemperaturen liegen im Sommer und Winter selten mehr als zehn Grad Celsius auseinander.

# Aufenthalts- und Einreisebestimmungen

Mitglieder bestimmter Staaten, dazu gehören auch Deutsche, nicht jedoch Schweizer und Österreicher, beantragen bei der Einwanderungsbehörde Neuseelands online das „Working Holiday Scheme-Visum“ (WHS). Voraussetzung dafür ist, dass man einen Reisepass hat, der noch drei Monate nach Ausreise aus Neuseeland gültig ist. Man muss zwischen 18 und 30 Jahre alt und kinderlos sein sowie frei von infektiösen und chronischen Erkrankungen. Die Einwanderungsbehörde verlangt den Nachweis von eigenen finanziellen Mitteln in Höhe von 4.200 NZ$, die sicherstellen sollen, dass man für seinen Lebensunterhalt in Neuseeland selbst aufkommen kann. Der Nachweis kann in Form von Bankauszügen, einer Kreditkarte oder Bankbürgschaft erbracht werden. Außerdem muss man ein Rückflugticket vorweisen oder glaubhaft machen, dass der Rückflug gebucht wurde.

Genaue Informationen finden Sie hier:

*www.immigration.govt.nz oder www.nzembassy.com.germany*

# Bedingungen

**Voraussetzungen**
Die Bewerber für diese Programme müssen zwischen 18 und 30 Jahre alt, ledig und kinderlos sein. Gute Englischkenntnisse und der Besitz eines internationalen Führerscheines werden erwartet. Sie müssen sicher im Umgang mit Kindern sein und entsprechende Erfahrungen durch regelmäßiges Babysitten, Praktika im Kindergarten oder als Ferienlagerbetreuer nachweisen.

**Dauer**
Die Aufenthaltsdauer liegt bei sechs bis zwölf Monaten. Das Working Holiday-Visum kann nur einmal im Leben beantragt werden. Viele Au-pairs entscheiden sich für einen sechs oder neun Monate dauernden Aufenthalt bei der Gastfamilie und nutzen die restliche Zeit für Reisen.

**Taschengeld**
Es gibt keine tariflich geregelte Höhe des Taschengeldes. Abhängig von der geleisteten Arbeitszeit ist ein wöchentliches Taschengeld in Höhe von 100 bis 200 NZ$ üblich. Bei einer Wochenarbeitszeit von 25 Stunden werden meist 100 NZ$ und bei 40 Stunden 200 NZ$ von der Gastfamilie gezahlt. Ein Neuseeländischer Dollar entspricht in etwa 0,53 €.

## Versicherungen

Ausländer, sofern sie nicht britische oder australische Staatsangehörige sind, haben in Neuseeland keinen Anspruch auf die Aufnahme in das staatliche Gesundheitssystem. Kostenlose medizinische Behandlung wird nur im Falle eines Unfalls durch die *New Zealand Accident Compensation* übernommen. Eine umfassende private Kranken-, Haftpflicht- und Unfallversicherung, die im Notfall auch für den Rücktransport aufkommt, muss im Heimatland abgeschlossen werden.

## Sprachkurse

In den großen Städten Neuseelands wie zum Beispiel Auckland, Wellington, Christchurch und Queenstown gibt es ein gutes Angebot an Sprachenschulen. Wenn Sie Ihre Au-pair-Stelle über die Vermittlung einer Agentur bekommen, können Sie sicher sein, dass Sie ausreichend Informationen über Sprachkurse erhalten. Manche Agenturen bieten auch kombinierte Aufenthalte an, die sich aus der Au-pair-Beschäftigung mit Unterbringung bei einer Gastfamilie und dem regelmäßigen Besuch eines Sprachinstituts zusammensetzen.

# Landeskunde

**Währung**
Ein neuseeländischer Dollar entspricht einem Wert von derzeit 0,50 € (Stand September 2007). Ein Euro entspricht 1,98 NZ $.

**Zeit**
Die neuseeländische Zeit ist der europäischen um zehn bis zwölf Stunden voraus. Dies ist abhängig von den jeweiligen Umstellungen auf Sommer- und Winterzeit. In Neuseeland wird Mitte März auf Winterzeit und Anfang Oktober auf Sommerzeit umgestellt.

**Feiertage und Ferien**

- *1. Januar und der darauf folgende Werktag: New Year's Day + Day after New Year's Day*
- *6. Februar: Waitangi Day (Nationalfeiertag)*
- *Karfreitag und Ostermontag: Good Friday + Easter Monday*
- *25. April: Anzac Day (Heldengedenktag)*
- *Erster Montag im Juni: Geburtstag der Queen*
- *Letzter Montag im Oktober: Labour Day (Tag der Arbeit)*
- *25. Dezember: Christmas (Weihnachten)*
- *26. Dezember: Boxing Day (2. Weihnachtsfeiertag)*

Darüber hinaus hat jede Region einen eigenen gesetzlichen Feiertag:

- *Wellington: 22. Januar*
- *Northland/Auckland: 29. Januar*
- *Nelson: 1. Februar*
- *Otago/Southland: 23. März*
- *Taranaki: 31. März*
- *Hawke Bay und Marlborough: 1. November*
- *Westland: 1. Dezember*
- *Canterbury: 16. Dezember*

Wenn ein Feiertag auf einen Sonntag fällt, wird der Tag stattdessen am folgenden Montag begangen.

Die Hauptferienzeit geht von Mitte Dezember bis Anfang Februar. Im April haben die Schüler zwei Wochen frei, Anfang Juli und Anfang Oktober jeweils bis zu zwei weitere Wochen.

### Telefon

Von der Bundesrepublik Deutschland, Österreich und der Schweiz aus wählt man die Landesvorwahl 0064, wenn man ein Telefonat nach Neuseeland führen will. Anschließend ist die Ortsnetzkennzahl ohne die erste Null (zum Beispiel 7 für Auckland oder 4 für Wellington) und dann die siebenstellige Teilnehmernummer zu wählen. Von Neuseeland nach Deutschland wählt man 0049, nach Österreich 0043 und in die Schweiz 0041, weiter die Ortsnetzkennzahl ohne die erste Null und dann die Teilnehmerrufnummer. Landesweit gilt die Nummer 111 als kostenlose Notrufnummer für Polizei, Feuerwehr und Krankenwagen.

Öffentliche Telefonzellen gibt es in Postämtern, Hotels und manchen Geschäften. Allerdings muss man sie fast immer mit einer Telefon- oder Kreditkarte benutzen. Eine nationale Telefonkarte oder auch eine aus der Heimat mitgebrachte erleichtert das Telefonieren vor Ort und ermöglicht günstige Tarife.

### Religion

In Neuseeland leben über 21 Prozent Anglikaner, fast 15 Prozent Katholiken sowie Presbyterianer, Unitarier, Orthodoxe, Lutheraner und Baptisten. Etwa die Hälfte der Bevölkerung ist konfessionslos oder gehört sonstigen Religionsgemeinschaften an.

### Bildungswesen

Das neuseeländische Schulsystem orientiert sich im Wesentlichen an dem britischen Bildungskonzept. Vom fünften bis zum elften Lebensjahr besuchen die Kinder die *Primary School* und wechseln dann auf die *Secondary School*, die sie entweder im Alter von etwa 15 Jahren verlassen, um eine praktische Berufsausbildung zu beginnen oder um weitere zwei Jahre fortsetzen und ein Studium anschließen.

Von den Neuseeländern wird häufig bemängelt, dass Fremdsprachen nicht zu den Pflichtfächern gehören. Die Sprache der neuseeländischen Ureinwohner, Maori, wird jedoch an allen Schulen gelehrt, denn sie ist die zweite offizielle Landessprache.

**Mahlzeiten**

Die Essgewohnheiten der Neuseeländer erinnern deutlich an das englische Vorbild: Morgens gibt es das typische *English Breakfast* mit Eiern und Schinken oder Würstchen, *hash browns* und oft sogar Bratkartoffeln. Um die Mittagszeit, *lunch time*, werden meist kleine Häppchen wie *sandwiches*, *rolls*, *pies* oder auch *chicken* mit Salat eingenommen. Wird man in Neuseeland zum *Tea* eingeladen, der am Spätnachmittag getrunken wird, kann man durchaus mit einem warmen Abendessen rechnen. Ist hingegen von *a cuppa* die Rede, gibt es nur eine Tasse Tee oder Kaffee. Wenn Sie von einem Mitglied eines Maori-Clans die Einladung zu einem *hangi* erhalten, sollten Sie sich auf eine längere Mahlzeit mit entsprechender Zeremonie einstellen. Die traditionelle Zubereitungsart wird von Neuseelands Ureinwohnern nur noch zu bestimmten Anlässen angewandt: Fleisch, Gemüse und Kartoffeln werden in Blätter eingewickelt und im irdenen Ofen unter einer Erdschicht im Dampf angefeuchteter Säcke gegart, die zuvor auf heiße Steine gelegt wurden.

**Straßenverkehr**

In ganz Neuseeland herrscht Linksverkehr wie in Großbritannien und Australien.

# Hilfe, Infos, Kontakte

Alle Telefon- und Faxnummern sind ohne Ländervorwahl angegeben.

| | |
|---|---|
| **Informationen über Neuseeland erhält man vom Neuseeländischen Fremdenverkehrsamt:** | Tourism New Zealand<br>P.O. Box 95, Level 16, 80 The Terrace<br>Wellington<br>Tel.: 04 9175400<br>Fax: 04 9153817 |
| **Diplomatische Vertretungen:** | Embassy of the Federal Republic of Germany<br>90-92 Hobson Street<br>Wellington<br>Tel.: 04 473 60 63<br>Fax: 04 473 60 69<br>Website: www.wellington.diplo.de<br>E-Mail: German.Embassy@iconz.co.nz |
| Consulate-General of Austria<br>Willbank Court, Level 2<br>57 Willis Street<br>Wellington<br>Tel.: 04 499 6393<br>Fax: 04 499 6392<br>E-Mail: Austria@ihug.co.nz | Embassy of Switzerland<br>22 Panama Street<br>Wellington<br>Tel.: 04 472 15 93<br>Fax: 04 499 63 02<br>Website: www.eda.admin.ch/wellington<br>E-Mail: vertretung@wel.rep.admin.ch |
| Neuseeländische Botschaft<br>Friedrichstr. 60<br>10117 Berlin<br>Tel.: 030 20 62 10;<br>Visumabteilung: 030 20 65 39 00<br>Fax: 030-20 62 11 14<br>Website: www.nzembassy.com/germany<br>E-Mail: nzembassy.berlin@t-online.de<br>Öffnungszeiten: Montag bis Freitag<br>9.00 bis 12.00 Uhr | |

# Teil 3 - Erlebnisbericht

# Ein Jahr als Au-pair in den USA

## Erlebnisbericht von Katharina

Katharina Orthofer war 21 Jahre alt und hatte gerade ihre Berufsausbildung abgeschlossen, als sie sich entschied, ein Jahr als Au-pair-Mädchen in den USA zu verbringen. Anfang März startete sie zunächst nach New York City, wo das dreitägige Einführungsseminar der amerikanischen Au-pair-Organisation für alle Au-pairs stattfand und reiste anschließend weiter zu ihrer Gastfamilie in den Bundesstaat New Jersey.

Über ihre Erlebnisse berichtete sie ihrer Familie und ihren Freunden regelmäßig per E-Mail aus den USA. Ihre offenen und spontanen Ausführungen geben einen realistischen und lebensnahen Einblick in das wirkliche Au-pair-Leben.

## 9. März

*Hallo meine Lieben daheim!*

*Ich bin gut in New York angekommen. Bin zwar etwas müde, aber sehr glücklich. Allerdings verstehe ich bis jetzt nur die Hälfte von dem, was hier beim Vorbereitungsseminar erzählt wird.*
*Ich kann jetzt leider wenig schreiben, da wir nur einen kurzen Aufenthalt hier im Internetcafé haben. Soviel für heute: Unser Hotel, in dem wir untergebracht sind und in dem gleichzeitig das Seminar stattfindet, liegt mitten in Manhattan. Hier ist es laut und man hat wirklich das Gefühl, die Stadt schläft nie.*
*Ich melde mich wieder, wenn ich mehr Zeit habe.*

*Dickes Bussi Kathi (I am so happy)*

# 26. März

*Hallo meine Lieben in der Heimat!*

*Sorry, dass ich erst jetzt wieder schreibe und dass es wieder eine Sammel-E-Mail an alle daheim ist. Die letzten Tage waren etwas stressig, aber auch superspannend.*
*Wie geht es Euch denn so? Mir geht es sehr gut, aber das ist ja kein Wunder bei der tollen Gastfamilie. Ich bin wirklich glücklich.*

*Jetzt bin ich also bei meiner Gastfamilie in Eastport.*
*Letzte Woche war ich schonmal mit dem Fahrrad unterwegs und habe eine kleine Fahrt zum nächsten Supermarkt unternommen. Geschenke für Ostern besorgt. Am Abend haben wir dann Schokoladenfiguren gemacht: lecker!!! Am nächsten Tag habe ich frische Blumen, Luftballons und Dekoration für Kellys (meine Gastmutter) Geburtstag besorgt. Jon (mein Gastvater) und ich haben am Abend den Geburtstagstisch und die Küche dekoriert. Kelly feierte am 24. März ihren 34. Geburtstag. Sie hat sich rührend über unsere Überraschung gefreut. Am Abend ihres Geburtstages sind wir dann etwas „vornehmer" essen gegangen und danach gab es zuhause ICE CREAM CAKE, ein Geburtstagslied und natürlich Geschenke. Jon und ich waren am Samstag zuvor gemeinsam einkaufen. Da Kelly und ich fast die gleiche Größe haben, hab' ich die Sachen probiert und gehofft, dass sie ihr passen. Von mir hat sie eine neue Hose für den Sommer und ein Shirt bekommen. Tatsächlich hat alles super gepasst. Juhu!!!*

# 11. April

*Liebe Freunde und Familie zu Hause!*

*Freitags war Eierfärben und Einkaufen für Ostern angesagt. Am Samstag war ich am Vormittag alleine im Haus, da Kelly, Jon, Jake und Lauren zur Beerdigung von Kellys Oma gegangen sind.*
*Ich habe aufgeräumt, gesaugt und meine Wäsche gewaschen. Danach habe ich einen Ausflug ins Shoppingcenter unternommen. Ich habe nämlich zu*

*meinem Geburtstag von Jon und Kelly einen Gutschein mit 150 $ für ein riesiges Einkaufszentrum bekommen. Also habe ich ihn eingelöst und mir neue Schuhe (Nike) und einen Pulli mit Polohemd geleistet. Es gibt so coole Sachen hier (Schwesterherz, das Einkaufszentrum wäre für Dich das reinste Paradies). Am Nachmittag haben Kelly und Jon mich zum Au-pair-Meeting gebracht. Normalerweise sind wir 13 Mädels, aber weil Osterferien sind, waren wir nur zu dritt. Jolene (unsere Betreuerin der Organisation) hatte ihre Familie dabei und so waren wir dann insgesamt zwölf. Wir waren gemeinsam beim Bowling. War ganz nett. Ich hatte drei strikes und belegte den zweiten Platz von sechs. Bei dem Meeting habe ich unter anderen auch Marina aus Deutschland getroffen. Sie hat gleich zu mir gesagt, dass es den anderen gegenüber unfair sei, wenn wir miteinander deutsch sprächen, weil wir sie dann ausschließen würden. Wir haben dann wirklich höchstens fünf Sätze in Deutsch gesprochen. Ich hätte allerdings noch ein paar wichtige Fragen an sie gehabt, weil sie ja schon länger hier ist und sich besser auskennt, aber in Englisch fiel mir das noch nicht so leicht. Ich denke, das wird bei dem nächsten Treffen (in einem Monat) schon ein bisschen besser gehen.*

*Am Ostersonntag bin ich schon um 6.30 Uhr aufgestanden, damit wir rechtzeitig mit den Vorbereitungen fertig wurden. Die Kids hatten ihr Osterkörbchen schon bekommen, als ich um 7 Uhr zum Frühstück kam. Kelly hat mir dann gleich einen Zettel in die Hand gedrückt. Auf dem stand ein Hinweis, wo ich MEINEN Osterkorb vielleicht finde. Ich fand allerdings erstmal noch einen weiteren Zettel mit einem Hinweis. Insgesamt waren es dann fünf Stück, bis ich am Ziel war.*
*In meinem Korb waren: ein Poster und zwei Lesezeichen mit einem goldigen Eisbären als Motiv, zwei Telefonkarten mit jeweils 10 $ Guthaben, zwei Kuscheltiere (Eisbär und Hase) und natürlich Schokolade ... Pünktlich um 9.15 Uhr begann der Gottesdienst (die Kirche war mehr als voll). Danach haben wir gemeinsam das Essen vorbereitet und aufgeräumt. Um halb zwei ist Onkel Matt mit Oma und Opa gekommen. Um 3.00 Uhr gab es Mittagessen (voll lecker). Danach schauten wir Fotos von früher an, als Oma, Opa, Kelly, Jon und Onkel Matt noch jung waren. Onkel Matt hatte die Bilder auf CD gebrannt, so dass wir das Vergnügen im Fernsehen betrachten konnten. Dann kam die Überraschung: Das Easterbunny kam persönlich! Wirklich ein cooles Kostüm! Wir hatten echt viel Spaß.*

*Ich habe übrigens einen Surf-Lehrer. Onkel Matt will mir im Sommer das Surfen beibringen und vielleicht gehen wir auch Fallschirmspringen.*

## 22. April

*Hello aus USA!*

*Gestern hat es den ganzen Tag ohne Unterbrechung geregnet. Am Nachmittag waren wir im Aquarium. Das ist in Riverhead, nicht weit weg von hier. Da gibt es große Haie, kleine Nemos, Doris-Quallen und Seelöwen. Kelly und Jon haben eine Jahreskarte für das Aquarium und mir haben sie gestern auch eine geschenkt.*

*Heute ist das Wetter schon ein bisschen besser. Hier ist es jetzt 17.30 Uhr und Ihr schlaft schon tief und fest... Ich wünsche Euch einen schönen Tag; Ihr werdet die E-Mail ja erst lesen, wenn Ihr aufgestanden seid.*

## 2. Mai

*Hallo Ihr alle daheim, ich bin's mal wieder aus Amerika.*

*Erstmal möchte ich mich bedanken, dass mir immer so viele von Euch zurück schreiben. Ich freue mich jedes Mal sehr, wenn ich Nachrichten von zu Hause bekomme. Allerdings tut es mir auch leid, dass ich nicht jedem immer individuell antworten kann. Ich habe einfach nicht so viel Zeit.*

*Was es Neues gibt?*

*Am vergangenen Sonntag bin ich zum ersten Mal mit dem coolen weißen Auto (Foto) am Strand entlang gefahren. Jon hat mir gezeigt, wie es funktioniert und dann ging die wilde Fahrt los. Das war ganz cool und wenn ich mag, kann ich das jeden Tag machen.*

*Mittlerweile habe ich auch meine Poster mit den Delphinen und meinen Badezimmerschrank bekommen. Seit gestern hängt alles an seinem Platz. Es ist superschön geworden und ich fühle mich richtig wohl in meinem neuen Zimmer und Bad.*

*Stellt Euch vor, ich habe angefangen zu joggen und war bis jetzt fast jeden Tag auf meinem Rundkurs. Das Essen hier ist einfach zu gut, da braucht man etwas Bewegung. Außerdem habe ich mich zum Volleyball angemeldet und war schon zweimal im Training. Es macht wirklich Spaß. Meistens spielen wir mit vier bis sechs Spielern in einer Mannschaft. Nächsten Dienstag fällt es allerdings aus, aber das passt ganz gut, denn dann werde ich mir mal den Englischkurs anschauen. Er ist kostenlos und man kann selbst bestimmen, wann und wie oft man teilnehmen möchte. Das probiere ich mal aus. Den richtigen Collegekurs kann ich allerdings erst im September starten, da die Kurse (ESL – English as a Second Language) immer von Januar bis April und dann erst wieder von September bis Januar stattfinden. Während des Sommers gibt es keinen entsprechenden Kurs.*

*Gestern fand das zweite Au-pair-Meeting statt. Es war ganz lustig und bei mir geht es jetzt schon immer ein bisschen besser mit dem Sprechen. Insgesamt waren wir 15 Mädels aus ganz unterschiedlichen Nationen.*

*Einige von Euch haben gefragt, wie ich am besten telefonisch erreichbar bin. Am besten könnt Ihr mich am Vormittag oder am Mittag erreichen. Momentan gehe ich allerdings noch nicht ans Telefon, weil ich mit der Sprache noch etwas unsicher bin. Wenn Kelly oder Jon abnehmen, fragt einfach nach mir.*

*Ich hoffe, Euch haben die Bilder gefallen und Ihr seid jetzt auch davon überzeugt, dass es mir hier einfach gar nicht schlecht gehen kann.*

*So, ich werde jetzt noch ein bisschen mit Jake und Lauren spielen und in einer halben Stunde gibt es „Dinner".*

*Bis bald.*
*Viele liebe Grüße und ein dickes Bussi, Kathi*

# 10. Mai

*Hallo meine Lieben in Deutschland!*

*Na, wie geht's Euch allen so?*
*Wie Ihr Euch schon denken könnt, geht es mir immer noch phantastisch.*

*Hier ist es inzwischen sommerlich warm und ich hoffe, dass es die nächsten Tage auch so bleibt.*
*Mal überlegen, was ich seit meinem letzten Bericht so alles erlebt habe:*
*Am vergangenen Sonntag war ich zum Kindergeburtstag von Melanie (Jake und Laurens Cousine) mit eingeladen. Es war wirklich ein lustiges Fest mit ungefähr zehn Kindern im Alter von 0-15 Jahren. Dazu kamen die Verwandten, Großeltern, Onkel und Tanten. Ein turbulentes Spektakel. Unglaublich, was die Amerikaner sich für ein Kindergeburtstagsfest so alles einfallen lassen!*

*Am Dienstag besuchte ich dann zum ersten Mal meinen Englischkurs, musste aber sehr schnell feststellen, dass dieser Kurs für mich nicht geeignet ist. Die Teilnehmer waren aus ganz verschiedenen Ländern wie Südamerika, Griechenland und der Türkei und hatten gerade mal Grundkenntnisse. Ich warte wohl doch besser, bis im September der passende Collegekurs startet. Bis dahin werde ich noch ein bis zwei Sport-Sommerkurse belegen. Ich habe mich für Volleyball und Tennis entschieden.*

*Letztes Wochenende war ich mit Carola, einem Au-pair aus Österreich, in einem Club mit dem Namen „ICE". Wir mussten 10 US$ Eintritt zahlen (und das ist noch billig, normalerweise kostet der Eintritt zwischen 20 und 30 US$). Es gibt einen „Dress code", man darf also nicht in Jeans und Turnschuhen erscheinen (es sei denn, man kennt den Türsteher besser ...). Die Musik im Club war nicht mein Geschmack: Techno und das andere Bum bum bum ... Einen kleinen alkoholischen Drink bekommt man ab 8 US$. Wir sind bis drei Uhr morgens in dem Club geblieben. Danach sind Carola und ich dann noch zum Strand gefahren und haben ein Sandwich gegessen und die Ruhe genossen.*

*Am Sonntag sind wir beide nach New York City gefahren. Die Stadt ist und bleibt einfach gigantisch. Wir waren im Central Park, auf dem Empire State Building, am Time Square, in der Wall Street und in Chinatown. So viele verschiedene Nationen am gleichen Platz und die vielen Autos ... Ich hoffe, wir haben nächsten Samstag auch schönes Wetter, denn dann werden wir auf jeden Fall wieder nach NYC fahren. Mit dem Zug braucht man eine gute Stunde und zahlt 19 US$ hin und zurück.*

*Inzwischen hat mein Badezimmer eine neue Farbe bekommen: natürlich blau, meine Lieblingsfarbe. Es sieht richtig gut aus. Bei Gelegenheit werde ich wieder Bilder schicken.*

*Am Samstag war ich mit Magda, einem Au-pair aus Polen, in einer Bar. Es war einfach super. Weil wir vor 22 Uhr dort waren, war der Eintritt für uns noch frei. Die Musik traf diesmal genau meinen Geschmack. Partymusik! Ab Mitternacht wurde die Tanzfläche geöffnet. Es gab keine Kleidervorschrift und die Getränke waren gut und preiswert. Magda und ich hatten viel Spaß und sind erst um halb vier Uhr zu Magdas Gastfamilie nach Hause gefahren. Ich fand den Abend richtig klasse.*

*Gestern vormittag haben mich dann Kelly und Jon von Magda abgeholt. Sie haben mich gleich nach Hause gebracht und sind weiter zum Einkaufen gefahren. In Amerika kann man praktisch immer einkaufen. Die Supermärkte haben rund um die Uhr geöffnet. Ich habe mich dann nochmal ins Bett verkrochen und etwas Schlaf nachgeholt. Danach habe ich mein Zimmer und Badezimmer geputzt und aufgeräumt, da am späten Nachmittag Jons Eltern und Onkel Matt zu Besuch kamen, um gemeinsam noch Grandmas Geburtstag nachzufeiern. Es gibt immer was zu feiern.*

*Also dann bis bald.*

*Take care!*

*Bussi Kathi*

# 17. Mai

*Hallo, wie geht's Euch allen?*

*Hier ist inzwischen Sommer geworden.*
*Stellt Euch vor, wir bekommen in vier Wochen einen Pool! In sechs Wochen kann ich dann schon drin plantschen, ich bin begeistert.*

*Meine neuesten Erlebnisse?*
*Letzten Freitag vor Muttertag habe ich eine total liebe Karte von Kelly bekommen. Darauf steht, dass sie so froh ist, mich zu haben und dass sie sehr zufrieden mit mir sind und und und ... ich musste gleich weinen, weil die Karte so lieb geschrieben war.*
*Am Sonntag war dann also Muttertag. Ich hatte mir extra meinen Wecker auf vier Uhr früh gestellt, damit ich meiner Mama alles Liebe am Frühstückstisch wünschen kann. Sie war ganz überrascht, als sie um diese Zeit einen Anruf aus Amerika bekam.*
*Am Montag hab ich dann mal kurz eine Reise zu den „Niagara Falls" gebucht. Ja, Ihr habt richtig gelesen, im Juni fahre ich dahin. Carola, Ihr erinnert Euch, das Au-pair aus Österreich, fährt mit mir. Das wird bestimmt eine grandiose Reise. Nach meiner Rückkehr werde ich Euch selbstverständlich berichten, was wir erlebt haben.*

*Am Mittwoch war ich das erste Mal beim Tanken. Ich sag nur: „Oh mein Gott". Das ist nicht dasselbe wie in Deutschland. Ich habe 17 Minuten gebraucht, bis ich wieder startklar war. Zunächst hat die Kreditkarte nicht funktioniert, dann hatte die Frau in der Tankstelle auch noch einen Sprachfehler, so dass es noch viel schwieriger war, sie zu verstehen, als es für mich ohnehin schon ist. Mit der Zapfsäule kam ich gar nicht klar. Ich dachte, sie sei defekt, aber später fand ich raus, dass man den Zapfhahn ins Auto stecken, dann den Hebel drücken und das Teil, auf dem der Zapfhahn vorher auflag, anheben muss, sonst läuft nix ins Auto. Irgendwann habe ich das dann begriffen. Das passiert mir auf jeden Fall nicht mehr.*

*Am Abend war ich dann noch mit Carola in dem Horrorfilm „House of Wax". Normalerweise sehe ich mir diese Art von Filmen nicht an, aber Carola wollte ihn unbedingt sehen. Ich kam erstmal eine halbe Stunde zu spät, weil ich das Kino nicht gleich gefunden hatte und dann war ich zum ersten Mal froh, dass ich nicht so gut in Englisch bin. Ich habe nämlich von dem Film nicht so viel verstanden und das, was ich verstanden habe, hat vollkommen ausgereicht.*

*Am Freitag war ich wieder mit Carola verabredet. Ich habe sie im Haus ihrer Gastfamilie abgeholt und wir sind zusammen in eine Bar in der Nähe gelaufen. Wir waren wieder bis vier Uhr morgens unterwegs und um halb sieben hat der Wecker geklingelt. Das war richtig hart, aber wir wollten ja unbedingt die Bustour durch NYC machen. Also aufstehen, anziehen und los zum Zug. Nach knapp eineinhalb Stunden waren wir in New York und begannen die Citytour. Zuerst kamen wir zu dem Theater, in dem seit sieben Jahren jeden Abend „Lion King" aufgeführt wird. Das Theater fasst 18.000 Personen. Danach gab es Lunch im „Planet Hollywood" (das liegt im Herzen vom Time Square) und dann ging es weiter zur Radio City Music Hall. Das ist die gigantisch große Halle, in der z. B. die MTV Music Awards verliehen werden. Die Halle ist unvorstellbar riesig. Anschließend ging es wieder in den Bus und zurück zum Ausgangspunkt. Dort durften wir einen Broadway-Sänger treffen, der bei dem Musical „Mamma Mia" Darsteller und Sänger ist. Er hat zwei Songs für uns gesungen und unsere Fragen beantwortet. Er hatte eine beeindruckende Stimme!*
*Obwohl Carola und ich supermüde waren, sind wir noch ein bisschen durch die Stadt gelaufen und haben uns umgesehen. Das Wetter war so schön und diese ganze Atmosphäre hat uns fasziniert.*
*Als ich später am Abend wieder zu Hause bei meiner Gastfamilie war, bin ich völlig erschöpft, aber glücklich in mein Bett gefallen.*

*Das war's erstmal wieder. In ein paar Wochen melde ich mich wieder mit den aktuellen Neuigkeiten aus USA!*

*Bis dann, Kathi*

# 30. Mai

*Hallo meine Lieben daheim,
ich hoffe, Euch geht es allen gut!*

*Mir geht es jetzt wieder besser, ich war die letzten drei Tage krank. Ich hatte eine starke Erkältung. Heute ist es wesentlich besser. Ich habe mich am vergangenen Wochenende auch sehr geschont.
Am Freitag bin ich früh ins Bett gegangen und am Samstagabend habe ich mir mit Carola eine DVD angesehen. Anschließend sind wir dann gleich ins Bett gegangen. Also ein richtiges Schonprogramm.*

*Den Sonntag haben wir am Strand verbracht. Dort wurde eine Airshow veranstaltet. Mit Flugzeugen und Drachenfliegern, eben alles, was so fliegt. Es war richtig klasse!!! Dazu war es so sonnig, dass ich am Abend sogar einen leichten Sonnenbrand im Gesicht hatte. Juhu, der Sommer kommt!*

*Vorletztes Wochenende zählt zu den aufregendsten Wochenenden meines bisherigen Lebens. Carola und ich hatten vereinbart, dass wir uns am Freitagabend um 21.00 Uhr am Bahnhof treffen und dann in die City von New York fahren würden, um richtig auszugehen. Angefangen hat es dann aber damit, dass ich im Stau stecken geblieben bin und schließlich vor lauter Nervosität wegen der Verspätung den Bahnhof nicht gefunden habe. Also kam ich erst um 21.08 Uhr am Bahnhof an und die Abfahrtszeit für unseren Zug war 21.10 Uhr. Glücklicherweise haben wir den Zug noch erreicht und als wir dann um kurz vor elf endlich vor dem Club standen, mussten wir noch eine Stunde auf ein Au-pair aus Brasilien warten (an diesem Abend war es knackig kalt in NYC). Die hatte uns nämlich kostenlose Eintrittskarten besorgt (30 $ gespart). Um 3.45 Uhr sind wir dann wieder mit der Bahn heimgefahren. Als wir aus dem Zug ausgestiegen waren, fiel uns auf, dass wir eine Handtasche zu wenig hatten. Also sind wir gleich noch mal zurück in den Zug gerannt und haben den ganzen Wagen durchsucht, die Handtasche aber nicht gefunden. Oh nein! Schließlich gaben wir auf und stiegen ins Auto, um zu starten. Der Motor sprang nicht an. Ich hatte vor lauter Hektik, weil ich ja so spät zum Bahnhof gekommen war, total vergessen, das Licht auszuschalten. Folglich war die Batterie leer. Carola hat dann vorgeschlagen, dass ich beim Auto bleibe und, falls irgendjemand vorbeikommt - es war*

*fünf Uhr morgens –, um Hilfe bei der Überbrückung der Autobatterie bitte. Carola hat sich auf den Weg zurück zum Bahnhof gemacht um jemanden zu finden, der uns helfen kann. Sie kam tatsächlich nach einer halben Stunde mit unserem „Retter“ zurück. Ihr werdet nicht glauben, was sie noch mitgebracht hat: die vermisste Handtasche! Jemand hatte sie in einem Café in der Nähe des Bahnhofs abgegeben. Genau dort fand Carola auch den netten jungen Mann, der unser Auto schließlich zum Starten brachte.*
*Ich kam erst um 6.00 Uhr nach Hause und um 7.00 Uhr klingelte bereits wieder mein Wecker, da an diesem Tag das Au-pair-Meeting war. Also habe ich mich wieder angezogen und bin zum Bahnhof gefahren. An dem Tag besichtigten wir mit der Gruppe die Freiheitsstatue. Man fährt mit einer Fähre nach Liberty Island und sieht schon vom Schiff aus auf die „Lady Liberty“. Es war sooooo toll. Einfach gigantisch! Dazu hatten wir traumhaftes Wetter. Wir waren sogar in der Statue. Im Sockel der Freiheitsstatue gibt es das „Statue of Liberty Museum“. Danach haben wir das Museum Ellis Island besucht. Anschließend war ich mit zwei Au-pairs aus Polen in NYC ein bisschen shoppen und kam erst am Abend wieder nach Hause. Am nächsten Tag (Sonntag) war ich dann zum Dinner bei Carola eingeladen, weil ihre Eltern aus Österreich zu Besuch gekommen sind. Schon wieder essen! Ich liebe diese amerikanischen Dinners.*

*Sonst war diese Woche nix mehr los.*

*Also dann bis bald,*

*ganz liebe Grüße Kathi*

## 21. Juni

*Hallo alle zusammen!*

*Seit meiner letzten E-Mail ist schon fast ein Monat vergangen. Entschuldigt bitte, dass ich mich nicht öfter melde, aber ich bin wirklich sehr beschäftigt mit meinen Au-pair-Pflichten und sämtlichen Freizeitaktivitäten.*

*Inzwischen war ich mal wieder in New York City, volles Programm. Stellt Euch vor, Kelly und Jon haben mir und Carola eine Übernachtung in einem Hotel in Manhattan bezahlt. So hatten wir das komplette Wochenende Zeit, auf Erkundungstour zu gehen. Es hat so viel Spaß gemacht und wir haben eine Menge gesehen:*

- *das Empire State Building*
- *die Statue of Liberty (noch einmal, weil's so schön war)*
- *Ellis Island (dasselbe)*
- *die Wall Street mit all den Banken und Geschäftshäusern*
- *natürlich auch Ground Zero (Ihr wisst schon: 11. September 2001)*
- *den Pier 17 (von da fahren die Fähren auf die Inseln)*
- *Brooklyn Bridge*
- *Chinatown (super zum Einkaufen)*
- *das Rockefeller Center*
- *die St. Patrick's Cathedral*
- *und immer wieder den Time Square (ich glaube, das ist der belebteste Platz der Welt.)*

*Da Carola leider Ende des Monats ihr Au-pair-Programm beendet, war das für sie die letzte Chance, alles noch mal auf sich wirken zu lassen. Glücklicherweise bleibt mir ja noch Zeit für weitere Citytouren.*

*Das darauf folgende Wochenende verbrachte ich mit Carola in Kanada. Wir waren tatsächlich bei den Niagara-Fällen. Es war einfach super!*
*Am Freitag sind wir um kurz vor 8.00 Uhr in NYC mit dem Bus gestartet und waren dann so ungefähr um 18.00 Uhr in unserem Hotel in dem entzückenden Ort „Niagara Falls". Carola und ich haben noch ein entspannendes Bad im Pool genommen. Nach zehn Stunden Busfahrt ist das eine willkommene Erholung. Normalerweise dauert die Fahrt von NYC nach Niagara Falls etwa acht Stunden, aber wir mussten zwischendurch mal eben den Bus wechseln, weil die Scheibenwischer versagt haben.*
*Um 21.00 Uhr wurden die Wasserfälle dann beleuchtet und eine Stunde später gab es ein riesiges Feuerwerk. Es hat uns so fasziniert. Die Farben und diese ganze Atmosphäre. Anschließend sind wir natürlich noch auf die Piste gegangen und gegen vier Uhr am Morgen war dann dieser erlebnisreiche*

*Tag zu Ende. Vier Stunden später haben wir uns zum Frühstück versammelt, um danach gleich die Tour zu starten.*
*Zuerst ging es auf's Boot, um die Fälle ganz aus der Nähe zu sehen. Obwohl wir mit Regencapes ausgestattet waren, blieb nichts an uns trocken. Aber es war supercool. Wir wurden dann zu den verschiedenen Wasserfällen mit Namen wie Maid of the Mist, Journey behind the Falls, White Water Walk und zu guter Letzt Butterfly Conservatory Caroal gefahren. Nach dieser Bootstour habe ich mich mit Carola auf eine Wiese gesetzt um alles noch mal auf uns wirken zu lassen. Ins Bett kamen wir wieder erst um fünf Uhr morgens. Aber man ist ja schließlich nur einmal in Kanada, da muss man jede Minute auskosten. Nach drei Stunden Schlaf ging's wieder in den Bus. Wieder lief die Busfahrt nicht ohne Zwischenfall ab. (Wir hatten mit der Company „Luck" (Glück) gebucht.) Es gab also auf der Rückfahrt nochmals eine Buswechsel-Aktion. Diesmal warteten wir zwei Stunden auf den anderen Bus; das Lenkrad war kaputt. Wir kamen dann gegen Mitternacht endlich ins Bett, um am nächsten Tag wieder um sieben aufzustehen. Aber es war wirklich klasse, einfach unvergesslich.*

*Dieses Wochenende stand ganz im Zeichen von Laurens Geburtstag. Sie wurde ein Jahr alt und das musste natürlich mit einer großen Party gefeiert werden. Gäste waren die Großeltern und sämtliche Verwandte, aber auch Nachbarn und ein paar Freunde mit süßen Kids.*

*Mir ging es dabei allerdings nicht so gut, denn für Carola hieß es nun endgültig Abschied nehmen, und das musste noch mal richtig gefeiert werden. Die Nachwehen habe ich das ganze Wochenende gespürt.*

*Übrigens gibt es noch etwas zu berichten und darüber bin ich wahnsinnig happy: Meine Mama kommt am Mittwoch zu Besuch und bleibt 12 Tage hier. Juhu, ich freue mich so!*

*So, dann wünsche ich Euch allen zusammen eine angenehme Woche.*

*Bis zum nächsten „Report".*

*PS: Ach, und noch etwas: Wenn ich in nächster Zeit nicht bei Euch anrufe, macht Euch keine Sorgen, es geht mir trotzdem gut. Ich habe leider mein Limit mehr als überschritten und muss mich erstmal von der Telefonrechnung erholen. Wenn Ihr aber Sehnsucht nach meiner Stimme habt, wählt einfach eine der zahlreichen Billigvorwahlnummern und ruft mich an.*

## 16. Juli

*Hallo meine Lieben daheim!*

*Na, wie geht es Euch allen?*
*Ich hoffe natürlich gut – so wie mir.*

*Seit meiner letzten E-Mail hat sich nicht so viel geändert.*
*Meine Mama kam am 22. Juni abends um 21.00 Uhr hier an. Den ganzen Tag bin ich natürlich wie ferngesteuert durch's Haus gelaufen, habe mein Zimmer und mein Bad geputzt und aufgeräumt, damit alles perfekt ist, wenn sie kommt. Es war so schön, sie hier zu haben. Leider vergingen die 12 Tage wie im Flug. Wir haben zusammen mit meiner Gastfamilie im Garten gegrillt und gespielt und bei den Poolarbeiten geholfen. Am Samstag waren wir noch bei Nachbarn zum Essen eingeladen und sind anschließend zum Sonnen an den Strand gefahren.*
*Am Sonntag waren wir von morgens um neun Uhr bis abends um halb acht am Meer. Es war traumhaft schön. Montag sind wir gleich ganz früh nach NYC gefahren. Mama war ganz begeistert von der Stadt. Am Abend haben wir das Wachsfigurenkabinett von Madame Tussaud besucht (gibt's nicht nur in London). Danach hatten wir ein typisch amerikanisches Dinner im „Fridays" und sind noch ein bisschen über den Time Square bei Nacht gebummelt. Nach einer Übernachtung in Manhattan sind wir am Dienstag früh gleichzeitig gestartet, um das ganze Programm zu absolvieren. Ich wollte meiner Mama alles zeigen, was mich so begeistert hat. Also auf zur Freiheitsstatue auf Ellis Island (schon wieder), nach Soho, Chinatown und so weiter...*

*Um 19.00 Uhr waren wir dann wieder zuhause und konnten uns in unserem eigenen Pool so richtig entspannen. (Der wurde nämlich am Dienstag nachmittag fertig.)*
*Mittwoch und Donnerstag waren wir beim Shoppen (muss ja auch mal sein).*
*Am Freitag und Samstag war wieder Strandtag bei herrlichem Wetter.*
*Am Sonntag kam dann das Beste: Jetski fahren! Ich sag Euch, das ist so cool und macht superviel Spaß (wenn ich zuhause bin, kaufe ich mir auch so ein Gefährt). Montag hatten wir noch einmal Glück mit dem Wetter und konnten wieder an den Strand bis zum Spätnachmittag. Danach musste meine Mama leider packen und um halb acht saßen wir im Auto zum Flughafen.*
*Es waren 12 wunderschöne Tage und ich hab' mich sehr gefreut, dass sie mich besucht hat. Am Dienstag ging dann wieder mein Alltag los. Mit den Kindern komme ich immer noch super zurecht. Wir sind ein richtiges Team geworden. Alles hat sich so eingespielt, dass ich mir gar nicht vorstellen kann, die Kinder irgendwann nicht mehr jeden Tag um mich zu haben. Aber diese Gedanken muss ich mir jetzt noch nicht machen.*
*Für meinen Englischkurs musste ich ja noch diesen Aufsatz schreiben. Ich habe es dann ganz gut hingekriegt. Das Wochenende war ich diesmal so richtig faul und habe einfach NICHTS gemacht, nur ausgeschlafen, im Pool geschwommen, gesonnt und sonst gar nichts.*
*Das tat mal richtig gut.*

*Seit einigen Tagen sind „meine" Kinder krank. Das ist richtig schlimm, wenn man sieht, wie sie sich mit Halsschmerzen, Ohrenweh und Schnupfen plagen und man kann nicht viel helfen. Ich hoffe, dass meine zwei Süßen bald wieder einigermaßen fit sind.*

*Jetzt wünsche ich Euch allen noch ein schönes Wochenende und bis bald,*

*Eure Kathi*

# 5. August

*Hallo, hier bin ich mal wieder mit meinen „News“ aus Amerika!*

*Mir geht es ganz gut. Ich bin mittlerweile schon ganz braun und genieße den Strand in vollen Zügen ... Ach, Amerika ist schon schön!*

*Ich habe Euch ja erzählt, dass wir beim letzten Au-pair-Meeting das Musical „Grease“ anschauen sollten. Das war sehr enttäuschend! Ich dachte nämlich – wie die anderen Au-pairs auch –, dass wir das Musical live sähen, aber Pustekuchen! Es war nur der Film. Den kannte ich ja schon. Im Oktober ist aber ein Besuch des (Live) Musicals „Lion King“ geplant. Dazu fahren wir gemeinsam im Bus nach NYC in ein Theater am Broadway.*

*Am vorletzten Freitag war ich mit Magda in einer Bar zum Tanzen. Wir haben uns gut amüsiert. Am nächsten Tag hatten unsere Nachbarn eine Party (Essen, Trinken, Volleyball usw.). Auf der Party bin ich bis 21.00 Uhr geblieben, denn um 22.00 Uhr wollten mich eigentlich zwei Au-pairs aus Polen abholen, damit wir gemeinsam zur Beachbar fahren. Leider wurde daraus nichts, weil die beiden mein Haus nicht gefunden haben und kein Handy dabei hatten. Ich saß auf den Stufen vor unserer Haustür und wartete. Ich wusste ja nicht, dass sie mich nicht finden. Gegen 21.45 Uhr kam Jeremy (unser Nachbar von nebenan) und setzte sich zu mir auf die Treppen. Er fragte, auf wen ich denn wartete. Nachdem um 22.30 Uhr immer noch keine Mädels da waren, meinte Jeremy, ich solle doch noch mal mit auf die Party kommen. Ich habe kurz überlegt und bin dann mit ihm zur Party gegangen. Das wurde noch ein richtig lustiger Abend. Um zwei Uhr morgens gab es Frühstück und um drei Uhr war ich in meinem Bett. Am nächsten Tag ging es wieder mal zum Strand, das ist einfach herrlich! Übrigens, Jeremy ist echt ein netter Typ. Wir haben uns prima verstanden. Kann sein, dass wir uns jetzt öfter sehen.*

*Letztes Wochenende haben die beiden Au-pairs aus Polen dann noch einmal versucht, mein Haus zu finden und es ist ihnen tatsächlich gelungen. Die Beachbar war spitze! Wir hatten so viel Spaß. Am Sonntag habe ich noch ein paar Stunden am Strand verbracht. Da wird es mir einfach nicht langweilig.*

*Montag war Fototermin für Lauren, Jake, Kelly und mich. Die Fotos wurden von einem richtigen Profifotografen aufgenommen. Ich bin gespannt auf das Ergebnis. Sonst war es eine ganz normale Arbeitswoche. Da ja heute Freitag ist, werde ich wahrscheinlich noch ein bisschen tanzen gehen und morgen zum Strand fahren (wohin sonst?). Für Samstagabend haben Magda und ich eine Einladung auf eine Poolparty bekommen. Ich denke, wir werden die Einladung annehmen.*

*Ach ja, und im September geht es für ein Wochenende nach Boston und ein weiteres nach Washington DC. Das wird bestimmt gut.*
*Das Beste zum Schluss: Ich habe nächste Woche von Montag bis Freitag frei. Meine Gastfamilie fährt für fünf Tage in Urlaub.*
*Ruft mich ruhig an; ich habe Zeit zum Telefonieren, aber bitte erst ab 16.00 Uhr (deutscher Zeit), denn dann ist es hier 10.00 Uhr und ich bin ausgeschlafen. Danke!*

*Bis zum nächsten Mal,*

*bye Kathi*

## 25. September

*Ein herzliches Hallo an alle!*

*Endlich wieder ein neuer Bericht von mir. Danke für Eure Geduld. Jetzt habe ich ja meine kleinen Ausflüge hinter mir und endlich ein bisschen Zeit zum Schreiben.*

*Mittlerweile bin ich jeden Tag mit den Kids allein von 7.45 bis 16.30 Uhr und es läuft gut. Ich habe alles im Griff und Lauren (mittlerweile 14 Monate alt) gab mir einen neuen Namen: Nini (Kathrin war ihr zu schwer).*

*Seit 6. September drücke ich jeden Dienstag- und Donnerstagabend die Schulbank. Das College ist ja ganz toll, aber es ist halt doch Schule mit Hausaufgaben und kleinen Tests alle zwei Wochen. Ein großer Test nach der*

*Hälfte (also im Oktober) und ein weiterer am Ende des Kurses. Ich bin ja mal gespannt auf meine Ergebnisse.*

*Stellt Euch vor, ich darf mich auf meine nächsten Besucher aus der Heimat freuen. Meine Schwester und Robert kommen Anfang Oktober und mein Onkel Fred eine Woche später. Ich freue mich schon sehr.*

*Die letzten beiden Wochenenden war ich ja unterwegs auf Sightseeing-Tour in Boston und Washington. In Boston konnte ich die Harvard University, das Prudential Center, die Library, und Einiges mehr besichtigen. In Washington sah ich natürlich das Weiße Haus, das Jefferson Memorial, das Monument, das FBI Building, die John F. Kennedy Gravesite, das Air and Space Museum und das American Indian Museum. Es war echt super!!! Wenn ich wieder zu Hause bin, zeige ich Euch alle Fotos.*

*Ich bin nun schon fast sieben Monate hier und fühl' mich immer noch sehr wohl bei meiner Gastfamilie. Allerdings habe ich noch keine Entscheidung getroffen, ob ich verlängere oder nicht. Doch soviel ist sicher: Ich werde auf jeden Fall wieder nach Deutschland kommen und nicht in Amerika bleiben.*

*Mein Wochenende hat vor zwei Stunden angefangen und ich kann Euch gar nicht sagen, wie sehr ich mich auf die nächsten zwei Tage freue. Ausschlafen, nichts tun, nur faul sein. Vielleicht ein bisschen telefonieren, aber das war es dann auch schon an Aktivität.*

*Ich wünsche Euch allen ein wunderschönes Wochenende.*

*Ganz liebe Grüße und ein dickes Bussi*

*Kathi*

# 30. Oktober

*Hallo meine Lieben zu Hause!*

*Endlich nehme ich mir mal wieder Zeit zum Schreiben. Zeit hatte ich in den letzten paar Wochen wenig. Das lag daran, dass ich lieben Besuch von meiner Familie aus der Heimat hatte und für meine Zwischenprüfung lernen musste. Dazwischen hat mich auch noch ein grippaler Infekt erwischt.*

*In den letzten Wochen hat sich Einiges getan.*

*Meine Entscheidung ist am 21. Oktober gefallen:*
*Ich werde nicht verlängern! Ja, Ihr habt richtig gelesen, ich komme heim, wie geplant am Ende meines Au-pair-Jahres im März.*
*Freut Ihr Euch? Ich hoffe es, denn ich freue mich schon sehr auf ein Wiedersehen mit Euch allen.*
*Der genaue Termin steht noch nicht fest, aber es wird in den ersten beiden Märzwochen soweit sein.*

*Die andere Neuigkeit ist: Ich werde aber nicht lange in Oberkinshofen bleiben. Ich bleibe nur für einige Wochen, um meine Dokumente zu holen und alle Formalitäten zu erledigen für meine Hochzeit! Ich habe mich schwer verliebt und der einzige Weg für eine gemeinsame Zukunft ist meine Rückkehr nach Amerika. Ja, ich werde auswandern und mein Leben mit Jeremy in USA beginnen. Wo die Liebe hinfällt …*

*Jetzt seid Ihr sicher überrascht, stimmt's? Alles hat sich in den letzten zwei Monaten so entwickelt. Jeremy und ich haben viel gemeinsam unternommen. Am Anfang war es nur Freundschaft, aber dann wurde eben mehr daraus und jetzt können wir uns nicht mehr vorstellen, für längere Zeit getrennt zu sein. Ich habe hier inzwischen so viele Freunde, dass ich mich fast wie zu Hause fühle. Es wird auch sicher kein Problem sein, einen guten Job zu finden. Meine Heimat und Euch alle werde ich nie vergessen. Ich hoffe, dass ich immer ganz viel Besuch aus Deutschland bekomme. Und zur Hochzeit seid Ihr natürlich alle eingeladen. Allerdings wissen wir noch nicht, wann es soweit sein wird.*

*Jetzt möchte ich aber noch ein bisschen erzählen, was außer dieser weit reichenden Entscheidung hier so alles passiert ist.*

*Daniela (meine Schwester) und Robert (ihr Freund) haben mich vor drei Wochen besucht. Wir hatten eine schöne Zeit. Es hat zwar etwas zu oft geregnet, aber es war trotzdem recht lustig. Ein Wochenende später hat mich dann Dirk-Jan (mein Onkel) für drei Tage besucht. Da war das Wetter schon viel angenehmer und wir hatten viel Spaß. Es ist einfach wunderbar, wenn man Besuch von der Familie bekommt. Nochmals danke an Euch drei für die tolle Zeit.*

*Das Ergebnis meiner Zwischenprüfung am College steht mittlerweile fest. Jetzt haltet Euch mal fest: Den ersten Test habe ich mit 82 Punkten von 100 und den zweiten mit 86 Punkten von 100 bestanden. Ich habe mich riesig gefreut. Das ist ein großer Erfolg für mich, denn in der Schule hatte ich meistens nur Fünfer in Englisch und gehörte somit zu den schwächeren Schülern, gell Manuela? Du saßt doch neben mir und kannst das bestätigen.*

*Gestern war ich mit Samy, die ich vor einer Woche im Zug kennen gelernt habe, in einem Geisterhaus. Das ist ein MUSS in Amerika am Halloween-Weekend. Es war ganz lustig. Ihr kennt mich ja, ich bin doch so schreckhaft. Danach habe ich Samy ins Kino begleitet. Sie wollte unbedingt den Film „Saw II" sehen. Diejenigen, die „Saw I" gesehen haben, wissen, wovon ich rede, und für die anderen: Es ist ein „nicht ganz blutfreier Film". Diesmal war ich wieder froh, dass ich nicht alles „genau" verstanden habe. Samy hat gemeint: „You have to see a scary movie on Halloween!"*

*Natürlich gab es im Haus meiner Gastfamilie auch eine kleine Halloweenparty. Immer wieder kamen Kinder in lustigen Kostümen an die Tür und riefen „Trick or Treat". Alle hatten riesige Tüten dabei, in die man dann Süßigkeiten werfen sollte.*

*So meine Lieben, das war's erst mal wieder.*
*Eure Kathi*

# 1. Dezember

*Ich bin's mal wieder, die Kathi aus Amerika!*

*Kaum ist „Thanksgiving" vorbei, wird es hier richtig weihnachtlich.*

*Thanksgiving ist hier ein Familienfest. Grandpa und Grandma kamen mit Onkel Matt und es gab traditionell „Turkey". War richtig gemütlich. Ich fühle mich in meiner Gastfamilie, als würde ich dazugehören. Das heißt aber auch, dass ich bei so einer Veranstaltung kein Gast bin, sondern kräftig mit anpacke, damit es für alle ein schönes Fest wird und Kelly nicht die ganze Arbeit alleine bewältigen muss.*

*Am Donnerstag vor Thanksgiving sind Jeremy und ich nach NYC gefahren, um die große Parade zu sehen. Das war ein Riesenspektakel mit viel Musik und tollen Kostümen. Ich war ganz überwältigt und habe viele Fotos geschossen, die ich Euch natürlich alle zeige, wenn ich zu Hause bin. Leider war es knackig kalt an diesem Tag in New York und ich habe ständig gefroren.*

*Jetzt geht's auch schon los mit den Weihnachtsvorbereitungen. Alle Häuser und Straßen sind beleuchtet. Noch viel mehr als bei uns in Deutschland. Es blinkt und leuchtet in allen Farben, und die meisten haben noch irgendwelche leuchtenden Figuren in ihren Gärten.*

*Ich habe den Kindern versprochen, dass ich mit ihnen deutsche Weihnachtsplätzchen backe. Lauren ist natürlich noch viel zu klein dafür. Aber ein bisschen mit dem Teig rumkneten macht ihr sicher viel Spaß.*

*Ich melde mich bald wieder bei Euch.*<br>
*Bis dahin macht's gut,*<br>
*Eure Kathi*

# 4. Januar

*Euch allen ein gutes neues Jahr!*

*Weihnachten hier war traumhaft. Sogar die Kulisse hat gestimmt, denn wir hatten etwas Schnee. Die Amerikaner feiern Weihnachten als ganz großes Fest. Jedenfalls war es in meiner Gastfamilie so. Am 25. Dezember werden morgens die Geschenke ausgepackt. Es gab unendlich viele Geschenke. Vor allem für die Kinder, aber auch für mich war Einiges dabei. Von Kelly und Jon habe ich einen Gutschein für „Victoria's Secrets" bekommen. Das ist eine Ladenkette hier in USA. In den Geschäften bekommt man zauberhafte Wäsche und so was. Ich freue mich schon auf meine nächste Einkaufstour in New York City.*

*Ihr solltet New York mal vor Weihnachten sehen. Es ist ein einziges Lichtermeer in allen Farben. Viel prachtvoller als bei uns in Deutschland. Santa Claus ist in fast allen Geschäften und man kommt so richtig in Weihnachtsstimmung. Allerdings ist das natürlich auch der Konsum pur. Na ja, wie bei uns eben, nur noch etwas aufwändiger.*

*Ach ja, der Weihnachtstag. Es wird im großen Kreis gefeiert. Nicht nur die Verwandten kamen alle zum Essen. Später fanden sich auch noch Freunde und Nachbarn ein. Ich glaube, wir waren insgesamt 20 Personen. Da gab es auch Einiges zu tun, aber es hat Spaß gemacht. Außerdem war ich von meinem Heimweh abgelenkt. Ehrlich gesagt, vor allem in den Tagen vor Weihnachten, musste ich sehr oft an zu Hause denken und daran, was Ihr jetzt wohl alle so macht und wie es bei uns daheim immer so an Weihnachten ist. Inzwischen zähle ich schon ein bisschen die Wochen, bis ich Euch alle wiedersehe (es sind nur noch neun).*

*Bis bald!*
*Eure Kathi*

## 22. Februar

*Liebe Familie und Freunde daheim!*

*Entschuldigt, dass ich so lange nicht geschrieben habe. Die letzten Wochen waren etwas stressig. Kelly musste für zehn Tage ins Krankenhaus. Natürlich war ich da mit den Kindern und im Haushalt etwas mehr gefordert. Jon musste weiter zur Arbeit, aber die Großeltern kamen öfter zur Unterstützung. Wir haben das ganz gut hingekriegt, aber meine geregelte Arbeitszeit von 40 Stunden pro Woche konnte natürlich nicht eingehalten werden. Das war für mich kein Problem, denn erstens gehöre ich ja quasi zur Familie und es ist selbstverständlich, dass ich helfe, wenn es notwendig ist, und zweitens bekomme ich Ende des Monats ein paar Tage frei. Dann gehe ich auf Abschiedstour, denn am 12. März reise ich zurück in die Heimat. Ich werde dann auf jeden Fall mindestens bis Sommer bleiben, bevor ich wieder zurück nach Eastport gehe, um zu heiraten.*

*Die anderen Au-pairs, mit denen ich so viel erlebt habe, werde ich nicht mehr sehen, denn sie sind bis dahin auch wieder in ihrer Heimat. Wir haben schon eine „Farewell Party“ geplant.*

*Wenn ich auf das Jahr zurückblicke, kann ich sagen, dass es ein rundum phantastisches Jahr war, in dem ich viel gesehen und gelernt habe. Bestimmt habe ich mich auch verändert, denn über manche Dinge denkt man plötzlich anders, wenn man sie aus einem neuen Blickwinkel sieht.*

*Meine Vermittlungsorganisation in Deutschland, GoAmerica e. V., hat mich von Anfang an gut vorbereitet und unterstützt und auch hier in USA war Jolene, meine Betreuerin, immer für mich da. Natürlich hatte ich auch echt Glück mit meiner Gastfamilie.*

*Au-pair war für mich die bis dahin beste Entscheidung meines Lebens.*

*Ich freue mich wahnsinnig auf Euch und kann es kaum erwarten, die meisten von Euch gleich am Flughafen zu umarmen.*

*Bis dann, bye*
*Eure Kathi*

# Teil 4 - Au-pair-Agenturen

# Au-pair-Agenturen

Im Internet gibt es eine Reihe von Au-pair-Foren (zum Beispiel GreatAupair und AupairWorld), über die man den direkten Kontakt zu Gastfamilien im Ausland herstellen kann. Wie schon erwähnt, ist dies mit hohen Risiken verbunden. Deshalb sollten Sie sich bei einer gut eingeführten Au-pair-Agentur bewerben und die Abwicklung Ihrer Vermittlung sowie Ihre Betreuung vor und während des Au-pair-Aufenthaltes vertrauensvoll in die Hände der erfahrenen Agenturmitarbeiter legen.

Eine Auswahl zuverlässiger Au-pair-Agenturen in Deutschland finden Sie auf den folgenden Seiten.

# AbroadConnection Susanne Caudera-Preil

| | |
|---|---|
| **Geschäftsführung/ Vereinsvorstand** | Susanne Caudera-Preil |
| **Anschrift** | Staufenstr. 17<br>86899 Landsberg am Lech |
| **Gründungsjahr** | 1996 |
| **Geschäftsstellen** | Landsberg am Lech |
| **Telefon**<br>**Fax**<br>**E-Mail** | 08191 9413 - 78<br>08191 9413 - 79<br>susanne@caudera.de |
| **Website** | www.abroadconnection.de |
| **Kontaktperson** | Susanne Caudera-Preil |
| **Bürozeiten** | Montag bis Freitag von 9.00 bis 13.00 Uhr |
| **Selbstdarstellung** | AbroadConnection arbeitet nach hohen Qualitätsstandards der nationalen und internationalen Verbände, befolgt die Inhalte des Europäischen Au-pair-Abkommens und richtet sich nach den Richtlinien der Bundesagentur für Arbeit. Zusätzlich ist eine individuelle und persönliche Betreuung aufgrund der übersichtlichen Vermittlungszahlen gewährleistet.<br>AbroadConnection kooperiert mit zahlreichen professionellen, lizenzierten Partneragenturen in insgesamt zwölf Ländern der Welt. Dies sichert eine sorgfältige Information, Auswahl, Vorbereitung und Betreuung der Gastfamilien und Au-pairs durch geschulte, erfahrene Mitarbeiter. |
| **Angebotene Zielländer** | Großbritannien, Irland, Frankreich, Spanien, Italien, Schweiz, Norwegen, Schweden, Australien, Neuseeland, Kanada (USA mit GoAmerica e. V.) |
| **Bewerbungsverlauf** | Nach ausführlicher Information und Vorbereitung werden die Bewerbungsunterlagen den Partnerorganisationen im gewünschten Gastland übermittelt. Nach eingehender Prüfung werden geeignete Gastfamilien und Au-pairs miteinander in Kontakt gebracht. Während der gesamten Vermittlungsphase bis zur Abreise steht die Agentur als Ansprechpartner zur Verfügung. Im Gastland übernehmen die Partneragenturen die Betreuung vor Ort. |
| **Kosten** | Vermittlungs- und Servicegebühr je nach Gastland zwischen 150 und 275 €<br>Reisekosten, ggf. Sprachkurse + Versicherung |
| **Mitgliedschaft in Verbänden** | Au-pair Society e. V.<br>Gütegemeinschaft Au-pair e. V. |
| **Weitere angebotene Programme** | siehe GoAmerica e. V. |

# ACTIVE ABROAD

| | | |
|---|---|---|
| **Geschäftsführung/ Vereinsvorstand** | Maria Riedmaier | |
| **Anschrift** | Abt-Danner-Str. 12<br>85406 Zolling/München | Lehrter Str. 46/II<br>10557 Berlin |
| **Gründungsjahr** | 1998 | |
| **Geschäftsstellen** | München/Zolling | Zweigstelle Berlin |
| **Telefon**<br>**Fax**<br>**E-Mail** | 08168 96 31 - 44<br>08168 96 31 - 45<br>kontakt@activeabroad.info | 030 398 396 - 69<br>030 398 396 - 68 |
| **Website** | www.activeabroad.de | |
| **Kontaktperson** | Maria Riedmaier | |
| **Bürozeiten** | Mo-Fr 9.00-18.00 Uhr | Mo-Fr 14.00-18.00 Uhr |
| **Selbstdarstellung** | ACTIVE ABROAD ist eine Abteilung der Au-pair-Agentur Maria-Theresia und vermittelt deutschsprachige Au-pairs weltweit. Wir vermitteln ausschließlich über IAPA-Mitglieds-Agenturen bzw. über Agenturen, die nach dem IAPA-Standard (International Au-Pair Association) arbeiten, damit unseren Bewerbern eine Betreuung und Unterstützung im Gastland garantiert ist. In Kanada bieten wir die Möglichkeit eines Aufenthaltes als Live-In Caregiver, einem professionellen Kinderbetreuungsprogramm, an.<br>Ein Auslandsaufenthalt birgt nicht nur die offensichtlichen Vorteile wie Verbesserung der Sprachkenntnisse oder neue kulturelle Erlebnisse in sich, sondern erweitert auch den persönlichen Horizont, formt den Charakter und ist eine einmalige Gelegenheit, eigenständiger zu werden. Diese Faktoren stellen nicht nur einen persönlichen Gewinn dar, sondern verbessern eventuell auch die Chancen beim Jobeinstieg. | |
| **Angebotene Zielländer** | USA, Australien, Neuseeland, Südafrika, Kanada, Europa | |
| **Bewerbungs-verlauf** | programmabhängig | |
| **Kosten** | programmabhängig | |
| **Mitgliedschaft in Verbänden** | Au-pair Society e. V.<br>IAPA, RAL-zertifiziert | |
| **Weitere angebotene Programme** | Work & Study, Work & Travel, Camp Councelling, Sprachaufenthalte im Ausland, Volunteer-Jobs | |

# American Institute For Foreign Study (AIFS Deutschland)

| | |
|---|---|
| **Geschäftsführung/ Vereinsvorstand** | Thomas Kiechle |
| **Anschrift** | Baunscheidtstr. 11<br>53113 Bonn |
| **Gründungsjahr** | 1983 |
| **Geschäftsstellen** | Hamburg, Berlin, Chemnitz, Leipzig, Erfurt, Saarbrücken, Wien, Zürich |
| **Telefon**<br>**Fax**<br>**E-Mail** | 0228 95730 - 0<br>0228 95730 - 10<br>info@aifs.de<br>aupair@aifs.de |
| **Website** | www.aifs.de |
| **Kontaktperson** | Daria Bitniok |
| **Bürozeiten** | Mo-Fr 8.30-17.30 Uhr |
| **Selbstdarstellung** | AIFS wurde 1983 gegründet und hat seitdem mehr als 30.000 jungen Menschen längerfristige Auslandsaufenthalte ermöglicht. AIFS arbeitet weltweit mit mehr als 100 verschiedenen Partneragenturen zusammen. Als deutsche Tochter des American Institute For Foreign Study (AIFS) besitzen wir ausgezeichnete Kontakte weltweit. |
| **Angebotene Zielländer** | USA, Australien |
| **Bewerbungs-verlauf** | Bewerber/-in schickt uns die Kurzbewerbung, bei Eignung werden dann die Zugangsdaten für die Online-Vollbewerbung übermittelt. Anschließend findet ein Interview bei einem unserer Berater in der Nähe des Wohnortes statt. Wenn die Bewerbung vollständig ist, wird diese an Gastfamilien in die USA weitergeleitet. |
| **Kosten** | Au-pair in Amerika: 495 €<br>Au-pair Professional: 385 €<br>EduCare in Amerika: 765 €<br>Au-pair in Australien: ab 2.750 €<br>Alle Preise beinhalten Hin- und Rückflug, umfangreiches Versicherungs-paket*, Vorbereitung, Betreuung etc.<br>*außer bei Au-pair in Australien |
| **Mitgliedschaft in Verbänden** | IAPA, DFH, FDSV, WYSETC, CSIET, GWEA |
| **Weitere angebotene Programme** | Camp America, Resort America<br>High School International<br>Work & Travel Australia, New Zealand, Canada<br>Internship Australia, Canada<br>Volunteer Australia, New Zealand, India, South Africa |

# AnF - Au Pair and Family

| | |
|---|---|
| **Geschäftsführung/ Vereinsvorstand** | Gudrun Strauß |
| **Anschrift** | Lange Straße 17<br>12209 Berlin |
| **Gründungsjahr** | 2005; seit 1999 Sprach- und Kulturaustausch |
| **Geschäftsstellen** | Berlin |
| **Telefon**<br>**Fax**<br>**E-Mail** | 030 303 497 - 22<br>030 303 497 - 23<br>info@aupairandfamily.de |
| **Website** | www.aupairandfamily.de |
| **Kontaktperson** | Gudrun Strauß, Livia Fröhlich |
| **Bürozeiten** | Mo, Di, Mi, Fr 11.00-15.00 Uhr<br>Mo u. Do 16.30-20.00 Uhr |
| **Selbstdarstellung** | Freundschaftliche Begegnungen zwischen jungen Menschen verschiedener Nationen zu fördern, ist unser Ziel. Dabei kooperieren wir zur Sicherheit unserer Au-pairs ausschließlich mit über Jahre hinweg qualifizierten ausländischen Agenturen, alle Mitglied der weltweit organisierten IAPA. Eine hervorragende Betreuung der Au-pairs vor Ort ist durch unsere erfahrenen Partner gewährleistet.<br>Vorbereitung in Trainingsprogrammen und Sprachkursen gehören ebenso zu unserem Service wie Beratungen in Einzelgesprächen, Informationen zu Versicherungsfragen, AnF-Au-pair-Treffen im Ausland, sowie Skripte zu Ablauf und Organisation. |
| **Angebotene Zielländer** | USA, Dänemark, Frankreich, Großbritannien, Italien, Irland, Island, Spanien, Niederlande und (ab Sommer 2008) Neuseeland |
| **Bewerbungs-verlauf** | Sind die vollständigen Bewerbungsunterlagen bei uns eingegangen und geprüft, senden wir diese auf dem Postweg ins Ausland. Dort wird die Bewerbung an sorgsam ausgewählte Familien weitergeleitet. Eine Vermittlung kommt allein aufgrund beiderseitigen Einverständnisses zustande. Aus Sicherheitsgründen vermitteln wir nicht via Au-pair-Galerien im Internet! |
| **Kosten** | 250 €<br>Au-pair USA: 200 € (Kaution und Interviewgebühren werden nicht erhoben) |
| **Mitgliedschaft in Verbänden** | Anwärter für IAPA-Mitgliedschaft 2008 |
| **Weitere angebotene Programme** | Summercamp USA |

# Au-Pair 4 Kiwi Kids

| | |
|---|---|
| **Geschäftsführung/ Vereinsvorstand** | Birte Feldmann, Diplom-Sozialpädagogin |
| **Anschrift in Deutschland** | Spitzenkamp 40 a<br>24149 Kiel |
| **Anschrift in Neuseeland** | 104 Mount Street<br>Nelson 7010<br>New Zealand |
| **Gründungsjahr** | 2005 |
| **Geschäftsstellen** | Deutschland und Neuseeland |
| **Telefon**<br>**Fax**<br>**E-Mail** | In Kiel: 0431 78 58 993<br>In Nelson/Neuseeland: 0064 3 548 2424<br>aupair4kiwikids@yahoo.de |
| **Website** | www.aupairneuseeland.de |
| **Kontaktperson** | Inga Feldmann, Diplom-Sozialpädagogin<br>In Neuseeland: Birte Feldmann, Diplom-Sozialpädagogin |
| **Bürozeiten** | Kiel: Mo-Do von 18.00-20.00 Uhr, Fr von 9.00-17.00 Uhr<br>Nelson/Neuseeland: Wochentags 9.00-12.00 Uhr und 19.00-21.00 Uhr |
| **Selbstdarstellung** | Au-Pair 4 Kiwi Kids ist eine Au-pair-Agentur mit Sitz in Deutschland (Kiel) und Neuseeland (Nelson/Südinsel).<br>Wir bieten eine individuelle und persönliche Au-pair-Vermittlung in nette Gastfamilien in ganz Neuseeland sowie Betreuung in Neuseeland.<br>Unser Service beinhaltet u. a. persönliche Infogespräche mit unseren Au-pair-Bewerber/-innen, Unterstützung bei Beantragung des Working-Holiday-Visums und eine sorgfältige Auswahl unserer Au-pair-Familien in Neuseeland durch Besuche bei den Familien.<br>Wir vermitteln selbstständige und flexible junge Leute zwischen 18 und 30 Jahren, die Spaß und Erfahrungen in der Betreuung von Kindern haben (z. B. als Babysitter, Praktikum im Kindergarten) und die offen sind für neue Erfahrungen und Begegnungen. |
| **Angebotene Zielländer** | Neuseeland |
| **Bewerbungsverlauf** | Liebe Au-pairs, bitte bewerbt Euch online oder schriftlich möglichst mindestens 3 Monate vor geplanter Ausreise.<br>Bewerbungsunterlagen siehe www.aupairneuseeland.de.<br>Wir laden Euch ein zu einem persönlichen Infogespräch, stellen Euch passende Gastfamilie(n) vor und vermitteln Telefongespräche mit Gastfamilie(n). Wenn sich Au-pair und Gastfamilie einig sind, fertigen wir den Au-pair-Vertrag an, der von Familie, Au-pair und Agentur unterschrieben wird. |
| **Kosten** | Au-pair-Vermittlung nach Neuseeland und Betreuung in Neuseeland für bis zu 6 Monate: 390 €, bis zu 12 Monate: 540 €<br>Für einen Au-pair-Aufenthalt in Neuseeland entstehen zusätzlich folgende Kosten:<br>Working-Holiday-Visum: 69,50 €<br>Auslandskrankenversicherung: ca. 32 €/Monat<br>Rückflugticket nach Neuseeland: ab ca. 1.200 € |

# Au-Pair Service Dr. Uwe Krenz

| | |
|---|---|
| **Geschäftsführung/ Vereinsvorstand** | Dr. Uwe Krenz |
| **Anschrift** | N 7, 8<br>68161 Mannheim |
| **Gründungsjahr** | 2000 |
| **Geschäftsstellen** | Mannheim |
| **Telefon**<br>**Fax**<br>**E-Mail** | 0621 799 4248<br>0621 799 4251<br>info@au-pair-dr-krenz.de |
| **Website** | www.au-pair-dr-krenz.de |
| **Kontaktperson** | Dr. Uwe Krenz |
| **Bürozeiten** | Mo-Fr 9.00-13.00 und 14.30-16.30 Uhr |
| **Selbstdarstellung** | - ausschließliche Zusammenarbeit mit Partneragenturen im Ausland, die die Au-pairs dann vor Ort betreuen (Ansprechpartner, Gastfamilienwechsel, Au-pair-Treffen)<br>- alle Partner sind wie wir Mitglied der IAPA und unterliegen den Regeln des Weltverbandes |
| **Angebotene Zielländer** | England, Irland, Frankreich, Spanien |
| **Bewerbungsverlauf** | 1. Zusendung von kostenlosem Informationsmaterial & Bewerbungsunterlagen per Post oder E-Mail<br>2. Beratung per Telefon oder E-Mail<br>3. Prüfung der ausgefüllten Bewerbungsunterlagen<br>4. Bewerbung wird an die ausländische Partnerorganisation weitergeleitet.<br>5. Informationsgespräch mit Bewerber/-in – Wie verhalte ich mich bei einem Anruf/Angebot einer Gastfamilie?<br>6. Weiterleitung von Familienprofilen an Bewerber/-in<br>7. Bei Abschluss: Wir senden Ihnen den abgefassten Vertrag mit weiteren Informationen zu (Land, ausländische Agentur, Ansprechpartner etc.).<br>8. Wir sind Ihr Ansprechpartner für Reiseorganisation, Kontaktlisten, Kindergeldfrage etc. |
| **Kosten** | 149 €; nur bei erfolgreicher Vermittlung |
| **Mitgliedschaft in Verbänden** | IAPA, WYSE Travel Confederation, Au-pair Society e. V.<br>Gütegemeinschaft Au-pair e. V. |
| **Weitere angebotene Programme** | siehe: Go America e. V. |

# au-pair-berlin

| | |
|---|---|
| **Geschäftsführung/ Vereinsvorstand** | Uwe Grau, Dipl.-Soz.-Päd. |
| **Anschrift** | Ettaler Str. 12<br>10777 Berlin |
| **Gründungsjahr** | 2004 |
| **Geschäftsstellen** | Berlin-Wilmersdorf |
| **Telefon**<br>**Fax**<br>**E-Mail** | 030 236 248 - 30<br>030 236 248 - 40<br>info@au-pair-berlin.de |
| **Website** | www.au-pair-berlin.de |
| **Kontaktperson** | Oliver Rolle |
| **Bürozeiten** | Mo-Do 10.30-17.00 Uhr<br>Fr 10.30-15.00 Uhr |
| **Selbstdarstellung** | Agentur im Herzen Berlins. Wir vermitteln Au-pairs an Familien mit Schwerpunkt Berlin und Brandenburg. In enger Zusammenarbeit mit unseren Partneragenturen vermitteln wir in europäische Länder und in die USA. |
| **Angebotene Zielländer** | USA, England, Irland, Spanien, Frankreich, Schweiz, Italien, Schweden, Norwegen, Dänemark, Niederlande, Kanada, Neuseeland |
| **Bewerbungsverlauf** | • telefonische und persönliche Beratung<br>• Zusendung von Informationsmaterial<br>• Vorstellung der Bewerbung bei unseren Partneragenturen<br>• direkte und persönliche Kontaktaufnahme mit möglichen Gastfamilien |
| **Kosten** | Au-pair Europa: 160 €<br>Au-pair USA: 275 € |
| **Mitgliedschaft in Verbänden** | Au-pair Society e. V.<br>Gütegemeinschaft Au-pair e. V. |
| **Weitere angebotene Programme** | Life- and Caregiver Kanada<br>Work & Travel in Australien im Aufbau |

# AYUSA International

| | |
|---|---|
| **Geschäftsführung/ Vereinsvorstand** | Martin Vogt |
| **Anschrift** | Giesebrechtstr. 10<br>10629 Berlin |
| **Gründungsjahr** | 1990 |
| **Telefon**<br>**Fax**<br>**E-Mail** | 030 843 939 - 0, bzw. 0800 84 39 390 (gebührenfrei)<br>030 843 939 - 39<br>info@ayusa.de |
| **Website** | www.ayusa.de |
| **Kontaktperson** | Irene Biederbeck |
| **Bürozeiten** | Mo-Do von 9.00-18.00 Uhr<br>Fr von 9.00-17.00 Uhr |
| **Selbstdarstellung** | AYUSA International ist eine Organisation zur Förderung des internationalen Kultur- und Bildungsaustausches. AYUSA gehört zur amerikanischen Organisation Intrax, die seit 1989 das AuPairCare-Programm in den USA anbietet und seither zehntausende Au-pairs betreut hat. Alle Mitarbeiter des Au-pair-Teams bei AYUSA waren selbst ein Jahr als Au-pair in den USA. |
| **Angebotene Zielländer** | USA |
| **Bewerbungsverlauf** | 1. Sich informieren (Broschüre oder Website)<br>2. Unverbindliche Kurzbewerbung<br>3. Ausfüllen der ausführlichen Bewerbungsunterlagen<br>4. Persönliches Interview mit einem AYUSA-Mitarbeiter in Ihrer Nähe<br>5. Unterlagen gehen in die USA<br>6. Sie und Ihre Gastfamilie entscheiden sich füreinander<br>7. Zahlung der Programmgebühr<br>8. Beantragung des Visums |
| **Kosten** | AuPairCare: 475 € *<br>AuPairCare für Kleinstkinderbetreuung: 375 €*<br>* Komplettpreise<br>(siehe www.ayusa.de) |
| **Mitgliedschaft in Verbänden** | DFH, CSIET |
| **Weitere angebotene Programme** | High School in 12 Ländern, Work & Travel USA + Kanada, Jobs & Praktika in Nordamerika + England, Sprachreisen |

# Dr. Frank Sprachen & Reisen GmbH

| | |
|---|---|
| **Geschäftsführung/ Vereinsvorstand** | Juliet Cassells |
| **Anschrift** | Siegfriedstr. 5<br>64646 Heppenheim |
| **Gründungsjahr** | 1978 |
| **Geschäftsstellen** | Heppenheim |
| **Telefon**<br>**Fax**<br>**E-Mail** | 06252 93 32 - 0<br>06252 93 32 - 60<br>info@dfsr.de |
| **Website** | www.dfsr.de |
| **Kontaktperson** | Christina Zeller |
| **Bürozeiten** | Mo-Fr 9.00-17.30 Uhr |
| **Selbstdarstellung** | DFSR bietet jungen Menschen ab 15 bzw. 18 Jahren verschiedene Programme an, die darauf abgestimmt sind, einige Zeit im Ausland zu leben. Durch jahrelange Erfahrung wissen wir, dass jeder Interessent/ jede Interessentin unterschiedliche Erwartungen und Ansprüche, Wünsche und Vorstellungen hat. Alle Programme dienen der Verbesserung der Sprachkenntnisse, der Erhöhung der Jobchancen nach der Rückkehr, dem Kennenlernen anderer Kulturen und Menschen sowie dem Sammeln von Erfahrungen im Berufsleben. |
| **Angebotene Zielländer** | USA, Spanien, Frankreich, Irland, England, Italien, Island |
| **Bewerbungsverlauf** | • Erstbewerbung<br>• Interview<br>• Unterlagen ausfüllen und zurücksenden<br>• Gastfamiliensuche<br>• Abreise |
| **Kosten** | 225 € Vermittlungsgebühr<br>+ innerhalb Europas: Hin- und Rückreise, Krankenversicherung (wird in den USA von der Gasfamilie übernommen)<br>+ für USA: Visumsgebühr, Kaution |
| **Mitgliedschaft in Verbänden** | IAPA, FIYTO, DFH, FDSV, GWEA |
| **Weitere angebotene Programme** | High School, Inbound-Gastschüler, Praktikum, Jobvermittlung in Hotellerie, Sprachkurse, Work & Travel |

# Au-pair-Agentur Dr. Mona Lietz

| | |
|---|---|
| **Geschäftsführung/ Vereinsvorstand** | Dr. Mona Lietz |
| **Anschrift** | Alter Holzweg 4<br>38312 Dorstadt |
| **Geschäftsstelle England** | Tiana Lange<br>10 Myers Street<br>Baroldswick, Lancashire |
| **Gründungsjahr** | 1999 |
| **Telefon**<br>**Fax**<br>**E-Mail** | 05337 948 10 - 19<br>05337 948 10 - 18<br>info@au-pair-job.de |
| **Website** | www.au-pair-job.de<br>www.aupair-au-pair.com<br>www.workandtravel-service.de |
| **Kontaktperson** | Dr. Mona Lietz; Gabriele Beinhorn; Matthias Lühr; Auschra Meksraityte; Kerstin Winter; Dr. Wolfgang Lietz |
| **Bürozeiten** | Garantierte Geschäftszeiten: Mo-Do 9.00-16.00 Uhr, Fr 9.00-13.00 Uhr |
| **Selbstdarstellung** | Die Au-pair-Agentur Dr. Lietz hat sich darauf spezialisiert, schnell und kurzfristig zu vermitteln, mehrere Familien zur Auswahl anzubieten und im Fall von Problemen eine intensive Betreuung anzubieten. Es werden Bewerber ab 3 Monaten Aufenthaltsdauer vermittelt. |
| **Angebotene Zielländer** | USA, Australien, Neuseeland, England, Irland, Schottland, Nordirland, Frankreich, Spanien, Schweiz, Italien, Niederlande, Dänemark, Spanien, Portugal, Belgien, Luxemburg, Norwegen, Finnland, Griechenland; gelegentlich selten vermittelte Länder. |
| **Bewerbungsverlauf** | Sobald die Bewerbung eingetroffen ist, wird das Au-pair informiert. Das Au-pair erhält Informationen zum Verfahrensablauf. Wenn die vollständige Anmeldung vorliegt, werden Kontakte von Familien übersandt, die sich direkt bei Dr. Lietz beworben haben. Weiterhin erhalten Sie Familien-Vorschläge von Partneragenturen des jeweiligen Wunschlandes. Nach Ihrer Entscheidung für eine Familie erhalten Sie umfangreiche Informationen und einen Au-pair-Vertrag, eine Vermittlungsbescheinigung für die Kindergeldkasse und für zukünftige Bewerbungen ein Abschlusszertifikat. |
| **Kosten** | Europa und USA: 150 €<br>Andere: länderspezifisch und je nach Programminhalt (siehe Website) |
| **Mitgliedschaft in Verbänden** | Au-pair Society e. V.<br>Gütegemeinschaft Au-pair e. V. |
| **Weitere angebotene Programme** | High School, Work & Travel, Praktikum, Volontariate, Familienvermittlung für Ältere bis 65 Jahre, Sprachreisen, Internationale Sprachzertifikate |

# ELITEaupairs Ltd

| | |
|---|---|
| **Geschäftsführung/ Vereinsvorstand** | Emily Gudonis & Heike Lücke |
| **Anschrift** | 133 Douglas Road<br>Surbiton<br>Surrey, KT6 7SD<br>UK |
| **Gründungsjahr** | 2006 |
| **Telefon**<br>**E-Mail** | 0044 7882438441<br>heike@eliteaupairs.co.uk |
| **Website** | www.eliteaupairs.de |
| **Kontaktperson** | Heike Lücke |
| **Bürozeiten** | Mo-Fr 9.00-18.00 Uhr<br>Im Notfall rund um die Uhr! |
| **Selbstdarstellung** | Wir sind eine kleine Agentur, die besonderen Wert auf Service für Au-pair und Familie legt. Unser Ziel ist es, die Au-pair-Erfahrung für beide Seiten zu einem unvergesslichen Erlebnis zu gestalten.<br>Wir unterstützen jedes Au-pair persönlich vom Moment der ersten Kontaktaufnahme bis zur Betreuung vor Ort durch eine deutsche Ansprechpartnerin. Wir begleiten unsere Au-pairs in die Gastfamilie, kümmern uns um die Anmeldung beim Arzt und bieten wöchentliche kostenlose Englischkurse. Regelmäßige „get together" werden durch Ausflüge ergänzt. |
| **Angebotene Zielländer** | England, ausschließlich Central London, Greater London und Surrey |
| **Bewerbungs-verlauf** | Anforderung unserer Bewerbungsunterlagen per Telefon oder E-Mail. Achtung: Ein Mindestalter von 18 Jahren und mindestens regelmäßige Babysitterkenntnisse sind Voraussetzung.<br>Nach dem vollständigen Erhalt prüfen wir die Bewerbungsunterlagen und laden Sie zu einem Interview ein. In diesem Gespräch werden die persönliche Eignung und die Anforderungen an die Gastfamilie erörtert. Danach beginnt die Vermittlung an die passende Gastfamilie. |
| **Kosten** | Alle Leistungen für das Au-pair werden kostenlos von ELITEaupairs erbracht – es entstehen keinerlei Vermittlungs- oder sonstige Gebühren. Lediglich die Reisekosten sind vom Au-pair zu tragen. |
| **Weitere angebotene Programme** | Kostenloser Englischkurs<br>Regelmäßige Exkursionen |

# GoAmerica e.V.

| | |
|---|---|
| **Geschäftsführung/ Vereinsvorstand** | Susanne Caudera-Preil<br>Dr. Uwe Krenz |
| **Anschrift** | Staufenstr. 17<br>86899 Landsberg am Lech |
| **Gründungsjahr** | 1990 |
| **Geschäftsstellen** | N7, 8<br>68161 Mannheim |
| **Telefon**<br>**Fax**<br>**E-Mail** | 08191 94 13 - 78 0621 799 42 - 48<br>08191 94 13 - 79 0621 799 42 - 51<br>aupair@go-america.org |
| **Website** | www.go-america.org |
| **Kontaktperson** | Susanne Caudera-Preil, Dr. Uwe Krenz |
| **Bürozeiten** | Montag bis Freitag von 9.00 bis 13.00 Uhr |
| **Selbstdarstellung** | GoAmerica e. V. ist ein gemeinnütziger Verein, der im Jahre 1990 zum Zweck der Förderung der Völkerverständigung gegründet wurde.<br>Die Beratungs- und Vermittlungsarbeit wird durchgeführt von Dr. Uwe Krenz und Susanne Caudera-Preil, die über langjährige Erfahrung in der Au-pair-Vermittlungsarbeit verfügen. Beide Mitarbeiter sind Vorsitzende des Vereins und stehen vor und während der Bewerbungszeit beratend und betreuend zur Verfügung. Sie organisieren mit engagiertem Einsatz die gesamte Vorbereitung und Vermittlung.<br>Das Hauptanliegen des Vereins ist der persönliche und individuelle Kontakt zu allen Teilnehmern.<br>Wir arbeiten mit zwei der neun staatlich lizenzierten US-Au-pair-Organisationen, die durch den United States Information Service und das Department of State anerkannt und kontrolliert werden. |
| **Angebotene Zielländer** | USA |
| **Bewerbungs-verlauf** | Nach Eingang einer unverbindlichen Kurzbewerbung erhalten die Interessenten ausführliche Broschüren mit den Bewerbungsvordrucken und einer Anleitung zur Bewerbung. Die Bewerbungsunterlagen werden an unseren US-Partner übermittelt und in den Vermittlungspool aufgenommen. Die Bewerber/-innen erhalten Informationen zu Gastfamilien, die an einer Kontaktaufnahme interessiert sind. Bei beiderseitiger Zustimmung werden die Visumsformalitäten organisiert. Alle Au-pairs nehmen an einem dreitägigen Vorbereitungsseminar in New York teil. |
| **Kosten** | Vermittlungsgebühr 129 €; Bearbeitungsgebühr für Visumsantrag |
| **Mitgliedschaft in Verbänden** | Au-pair Society e. V. |
| **Weitere angebotene Programme** | High School USA und Kanada |

# Au-pair-Bundesarbeitsgemeinschaft IN VIA

c/o IN VIA Katholischer Verband für Mädchen- und Frauensozialarbeit – Deutschland e. V.

| | |
|---|---|
| **Geschäftsführung/ Vereinsvorstand** | Marion Paar (Generalsekretärin) |
| **Anschrift** | Karlstr. 40<br>79104 Freiburg |
| **Gründungsjahr** | 1895 |
| **Geschäftsstellen** | Beratungs- und Vermittlungsstellen in ganz Deutschland (alle Adressen und Telefonnummern sind auf der Website zu finden) |
| **Telefon**<br>**Fax**<br>**E-Mail** | 0761 200 - 206<br>0761 200 - 638<br>au-pair.invia@caritas.de |
| **Website** | www.aupair-invia.de |
| **Kontaktperson** | Andrea Feische (Sachbearbeitung) |
| **Bürozeiten** | Siehe einzelne IN VIA-Beratungsstellen unter www.aupair-invia.de |
| **Selbstdarstellung** | In Deutschland gibt es ein Netzwerk von katholischen Beratungs- und Vermittlungsstellen, das sich zur Au-pair-Bundesarbeitsgemeinschaft IN VIA zusammengeschlossen hat. Die Beratungs- und Vermittlungsstellen informieren über Au-pair-Aufenthalte und bereiten auf den Auslandsaufenthalt vor. Sie kooperieren im Ausland mit bewährten Partnerorganisationen. |
| **Angebotene Zielländer** | Großbritannien, Frankreich, Italien, Irland, Spanien, Griechenland, französisch- und flämischsprachiges Belgien, französisch- und italienischsprachige Schweiz, weitere Länder auf Anfrage. |
| **Bewerbungsverlauf** | Beratungsgespräch, Bewerbungsunterlagen, Vermittlung an Gastfamilie s. unter www.aupair-invia.de |
| **Kosten** | Vermittlungsgebühr 150 € |
| **Mitgliedschaft in Verbänden** | Association Catholique Internationale de Service pour la Jeunesse Féminine (ACISJF)<br>Deutscher Caritasverband e. V. |
| **Weitere angebotene Programme** | FSJ, EFD (Europäischer Freiwilligendienst) |

# INWOX – International Workexperience

| | |
|---|---|
| **Geschäftsführung/ Vereinsvorstand** | Sandra Wirth |
| **Anschrift** | Fort Malakoff Park, Rheinstr. 4 E<br>55116 Mainz |
| **Gründungsjahr** | 2001 |
| **Geschäftsstellen** | Mainz |
| **Telefon**<br>**Fax**<br>**E-Mail** | 06131 906 981 - 30<br>06131 906 982 - 49<br>info@inwox.com |
| **Website** | www.inwox.com |
| **Kontaktperson** | Sandra Wirth |
| **Bürozeiten** | Mo-Fr 8.00-17.00 Uhr |
| **Selbstdarstellung** | Reisen – ein optimales Sprungbrett in die Zukunft.<br>Für optimale Berufsaussichten braucht man nicht nur eine Fremdsprache, sondern auch Auslandserfahrung.<br>Jobben und Reisen ist eine unschlagbare Kombination, um Sprachen zu erlernen und Berufserfahrung zu sammeln. Diese Kombination zahlt sich aus.<br>Durch uns hast Du die Möglichkeit, Deine Sprachkenntnisse in Englisch, Spanisch oder Französisch durch einen gezielten Auslandsaufenthalt zu erlernen, zu erweitern oder zu festigen. |
| **Angebotene Zielländer** | Australien, USA, Italien, Frankreich, Island, Spanien, Großbritannien, Neuseeland, Südafrika, Kanada |
| **Bewerbungsverlauf** | Schreibe eine E-Mail an info@inwox.com, oder ruf uns an!<br>Bewerbungsunterlagen findest Du auch auf unserer Website – einfach ausdrucken, ausfüllen und an uns senden. |
| **Kosten** | Je nach Au-pair-Aufenthalt zwischen 175 € und 390 € |
| **Mitgliedschaft in Verbänden** | IAPA, Au-pair Society e. V.,<br>Gründungsmitglied der Gütegemeinschaft Au-pair e. V. |
| **Weitere angebotene Programme** | Work & Travel, Work & Study, Jobs in der Gastronomie |

# Link2gether au-pair-agentur heike welzel

| | |
|---|---|
| **Geschäftsführung/ Vereinsvorstand** | Heike Welzel |
| **Anschrift** | Neuenahrer Str. 18<br>53501 Grafschaft-Gelsdorf |
| **Gründungsjahr** | 2001 |
| **Telefon**<br>**Fax**<br>**E-Mail** | 02225 836 791<br>02225 836 834<br>info@link2gether.de |
| **Website** | www.link2gether.de |
| **Kontaktperson** | Heike Welzel |
| **Bürozeiten** | Mo-Fr 9.00-16.00 Uhr |
| **Selbstdarstellung** | Link2gether au-pair-agentur Heike Welzel vermittelt weibliche und männliche Au-pairs aus Deutschland in viele Länder der Welt und aus dem Ausland in deutsche Gastfamilien. Dabei wird mit zahlreichen seriösen Partnern weltweit kooperiert. Unser Verständnis von Sicherheit und Qualität beschränkt unsere Vermittlung ausschließlich in Länder, in denen wir gute, zuverlässige Partneragenturen haben. Wir arbeiten nach international anerkannten Qualitätsstandards und richten uns nach den Grundsätzen des Europäischen Au-pair-Abkommens sowie den Richtlinien der Bundesagentur für Arbeit. |
| **Angebotene Zielländer** | USA, England, Irland, Frankreich, Spanien, Italien, Schweden, Norwegen, Finnland, Brasilien und Costa Rica |
| **Bewerbungsverlauf** | Unterschiedlich, daher auf Anfrage. |
| **Kosten** | Au-pair USA: 200 € + 500 $ Security Deposit<br>Europa, Südamerika: 150 € |
| **Mitgliedschaft in Verbänden** | Au-pair Society e. V., Gütegemeinschaft Au-pair e. V., IAPA |
| **Weitere angebotene Programme** | High School, Sprachreisen, OPUS (Work & Travel) |

# m³ sprachagentur

| | |
|---|---|
| **Geschäftsführung/ Vereinsvorstand** | Matthias Dumbeck |
| **Anschrift** | Brüggstr. 31/32<br>17489 Greifswald |
| **Gründungsjahr** | 2006 |
| **Geschäftsstellen** | Greifswald |
| **Telefon**<br>**E-Mail** | 03834 412 115 (mobil: 0176 21 954 744)<br>kontakt@m3-sprachagentur.de |
| **Website** | www.m3-sprachagentur.de |
| **Kontaktperson** | Matthias Dumbeck |
| **Bürozeiten** | Dienstag bis Samstag |
| **Selbstdarstellung** | m³ steht für motivation, marketing, management.<br>Ihr Experte für Sprachkurse, Au-pair-Programme, Business English und Work & Study.<br>Wir bieten Au-pair-Programme in Kombination mit Sprachkursen an. |
| **Angebotene Zielländer** | England |
| **Bewerbungs-verlauf** | Letter of Motivation; Telefonat mit Gastfamilie |
| **Kosten** | 140 € Vermittlungsgebühr |
| **Weitere angebo-tene Programme** | Sprachkurse, Business English, Work & Study |

# magoo_international

| | |
|---|---|
| **Geschäftsführung/ Vereinsvorstand** | Sarah Kühl |
| **Anschrift** | Harburger Schloßstr. 6-12<br>21079 Hamburg |
| **Gründungsjahr** | 2005 |
| **Geschäftsstellen** | Hamburg (Au-pair-Vorbereitungstreffen auch in Bremen, Berlin, Hannover, Göttingen, Bochum, Frankfurt, Köln, Stuttgart, Nürnberg, Konstanz und München) |
| **Telefon**<br>**Fax**<br>**E-Mail** | 040 766 29 28 - 30<br>040 766 29 28 - 31<br>info@magoo-international.com |
| **Website** | www.magoo-international.com |
| **Kontaktperson** | Sarah Kühl |
| **Bürozeiten** | Mo-Fr 10.00-17.00 Uhr |
| **Selbstdarstellung** | Auf die persönliche Betreuung und Vorbereitung der Au-pairs wird sehr viel Wert gelegt.<br>Alle Mitarbeiter haben selbst Erfahrung im Ausland gesammelt. Auch während des Aufenthaltes stehen die Mitarbeiter bei Fragen und Problemen zur Seite. |
| **Angebotene Zielländer** | USA, Großbritannien, Irland, Spanien, Frankreich, Australien, Neuseeland, Südafrika |
| **Bewerbungsverlauf** | Nach Eingang der Bewerbungsunterlagen führen wir mit jedem Au-pair ein Kennenlerngespräch. Danach werden die Unterlagen ins Gastland weitergeleitet. Sobald eine Familie mit dem Au-pair telefonieren möchte, informieren wir die Bewerberin. Wenn beide Seiten mit der Platzierung einverstanden sind, erhält das Au-pair eine schriftliche Bestätigung und weitere Informationen zur Vorbereitung auf den Au-pair-Aufenthalt. |
| **Kosten** | Au-pair Europa: 150 € Programmgebühr zzgl. 10 € Kommunikationspauschale<br>Au-pair USA: 235 US$ Program Sharing Fee; keine Kaution<br>Au-pair Südafrika: 499 € Programmgebühr<br>Au-pair Australien und Neuseeland: 499 € bzw. 599 € (abhängig von der Aufenthaltsdauer und dem Ausreisemonat) |
| **Weitere angebotene Programme** | kostenlose Vermittlung von Studienplätzen im Ausland<br>Work & Travel<br>Auslandspraktika |

# Multikultur e. K. International Exchange Programs

| | |
|---|---|
| **Geschäftsführung/ Vereinsvorstand** | Monika Supernok |
| **Anschrift** | Von-Werth-Str. 48-50<br>50670 Köln |
| **Gründungsjahr** | 1994 |
| **Geschäftsstellen** | Köln |
| **Telefon**<br>**Fax**<br>**E-Mail** | 0221 921 30 - 40<br>0221 921 39 - 49<br>out1@multikultur.info |
| **Website** | www.multikultur.info |
| **Kontaktperson** | Kathrin Wald, Antje Voss |
| **Bürozeiten** | Mo-Do 10.00-17.00 Uhr, Fr 10.00-15.00 Uhr |
| **Selbstdarstellung** | Die Idee Au-pair steht für interkulturellen Austausch und für die Freude am Leben mit Kindern. Als eine der ersten privaten Au-pair-Agenturen in Deutschland arbeiten wir seit 1994 daran, diese Idee zu realisieren und führen Menschen aus unterschiedlichen Kulturkreisen zusammen. Aus eigener Erfahrung als Au-pair oder Gastfamilie wissen wir, dass eine zuverlässige Betreuung durch die vermittelnde Au-pair-Agentur sehr zum Gelingen eines Au-pair-Aufenthaltes beiträgt. Zudem ermöglicht uns die IAPA-Mitgliedschaft eine professionelle Zusammenarbeit mit Au-pair-Agenturen in aller Welt. |
| **Angebotene Zielländer** | England, Irland, Schottland, Frankreich, Schweiz, Spanien, Italien, Schweden, Norwegen, Finnland, Dänemark, Niederlande, USA, Australien, Neuseeland |
| **Bewerbungs-verlauf** | 1. Du sendest uns per Post Deine kompletten Bewerbungsunterlagen zu. Denk daran: Deine Bewerbung ist Deine Visitenkarte!<br>2. Wir suchen eine geeignete Gastfamilie für Dich.<br>3. Diese Familie setzt sich telefonisch oder schriftlich mit Dir in Verbindung und wir senden Dir zusätzliche Informationen.<br>4. Sind beide Seiten mit der Platzierung einverstanden, kommt die Vermittlung zustande. Sollte es bei dem ersten Familienvorschlag nicht zu einer Einigung kommen, so werden wir natürlich eine andere Familie für Dich suchen, die Deinen Wünschen besser entspricht. |
| **Kosten** | Au-pair Europa: 165 €<br>Au-pair USA: 90 € Vermittlung, 200 $ Program Share Fee (InterExchange) |
| **Mitgliedschaft in Verbänden** | IAPA, Gütegemeinschaft Au-pair e. V., RAL zertifiziert |
| **Weitere angebotene Programme** | Work & Travel: Neuseeland, Australien, Spanien, Italien<br>Volunteer: Südafrika, Ecuador, Brasilien, Argentinien, Indien, Thailand |

# munichaupair
# Patricia Brunner e. Kfr.

| | |
|---|---|
| **Geschäftsführung/ Vereinsvorstand** | Patricia Brunner |
| **Anschrift** | Ötztalerstr. 1<br>81373 München |
| **Gründungsjahr** | 2001 |
| **Geschäftsstellen** | München |
| **Telefon**<br>**Fax**<br>**E-Mail** | 089 767 295 - 10 und 089 201 895 - 50<br>089 767 295 - 11<br>patricia@munichaupair.com |
| **Website** | www.munichaupair.com |
| **Kontaktperson** | Patricia Brunner |
| **Bürozeiten** | Mo-Fr 9.00-13.00 Uhr |
| **Selbstdarstellung** | munichaupair vermittelt seit 2001 Au-pairs in unten genannte Länder. Dabei arbeiten wir ausschließlich mit seriösen Agenturen im Zielland zusammen, die die Au-pairs bei Fragen oder Problemen beraten und sie betreuen. |
| **Angebotene Zielländer** | Großbritannien, Irland, Italien, Frankreich, Spanien, Finnland, Niederlande, Australien, USA |
| **Bewerbungs-verlauf** | • Kontaktaufnahme mit munichaupair<br>• Informationen über gewünschtes Programm<br>• Einsenden einer kompletten Bewerbung<br>• Agentur im Ausland schlägt eine Gastfamilie vor<br>• Kontaktaufnahme mit vorgeschlagener Gastfamilie per Telefon und E-Mail<br>• Bei gegenseitiger Zusage: Einladungsbrief/Vertrag, Infos und Hilfe beim Visum<br>• Reiseplanung durch munichaupair<br>• Betreuung vor Ort durch die Partneragentur |
| **Kosten** | EU-Länder: Vermittlungsgebühr 150 €<br>USA: Interview 50 €, Vermittlung 150 €, Kaution 500 $ + 80 € Visum + 35 $ SEVIS-Gebühr<br>Flug und Versicherung sind komplett frei.<br>Australien: 230 € Vermittlungs- + Bearbeitungsgebühr<br>bei Sydney: Welcome Package: 170 €<br>Flug, Versicherung, Visum (190 AU$; wird von munichaupair beantragt) müssen selbst bezahlt werden. |
| **Mitgliedschaft in Verbänden** | Au-pair Society e. V., Gütegemeinschaft Au-pair e. V., IAPA |
| **Weitere angebotene Programme** | High School-Kooperation mit ASPECT-Sprachreisen<br>Study & Work UK |

# STEP IN GmbH

| | |
|---|---|
| **Geschäftsführung/ Vereinsvorstand** | Frank Ahrens, Matthias Ohm |
| **Anschrift** | Beethovenallee 21<br>53173 Bonn |
| **Gründungsjahr** | 1997 |
| **Geschäftsstellen** | Bonn - Bad Godesberg |
| **Telefon**<br>**Fax**<br>**E-Mail** | 0228 956 95 - 0<br>0228 956 95 - 99<br>info@step-in.de |
| **Website** | www.step-in.de |
| **Kontaktperson** | Telefonische Erstberatung |
| **Bürozeiten** | Beratung: Mo-Fr 8.30-20.00 Uhr<br>Programmabteilungen: Mo-Do 8.30-17.30 Uhr; Fr 8.30-17.00 Uhr |
| **Selbstdarstellung** | Seit 10 Jahren gehört STEP IN zu den führenden Anbietern von Kulturaustauschprogrammen und organisiert für die Altersgruppe der 14- bis 30-Jährigen internationale High School-, Work & Travel-, Praktika-, Au-pair-, Volunteer- sowie Sprachkursprogramme nach Australien, Neuseeland, Nord- und Lateinamerika, Afrika, China sowie Europa. |
| **Angebotene Zielländer** | Au-pair: Australien, Großbritannien, Irland, Frankreich, USA |
| **Bewerbungsverlauf** | Bewerbung bei STEP IN mindestens drei Monate vor geplanter Ausreise. Vermittlung in eine Gastfamilie nach Eingang der Bewerbungsunterlagen. |
| **Kosten** | Vermittlungsgebühr: 150 € (wird erst nach erfolgreicher Vermittlung in eine Gastfamilie fällig) |
| **Mitgliedschaft in Verbänden** | IAPA, IATA – International Association of Travelagents,<br>FIYTO – Federation of International Youth Travel Organisations,<br>DFH, GWEA, IAEWEP |
| **Weitere angebotene Programme** | High School, Work & Travel, Praktikum, Work Experience, Volunteer, Wildlife Work Experience, Studienprogramm, Summer Jobs, Sprachkurse |

# Verein für internationale Jugendarbeit

**Arbeitsgemeinschaft Christlicher Frauen – Bundesverein e. V.**

| | |
|---|---|
| **Geschäftsführung/ Vereinsvorstand** | BGF Helga Riebe<br>Vorsitzende Sigrid Schneider-Grube |
| **Anschrift** | Burgstr. 106<br>60389 Frankfurt am Main |
| **Gründungsjahr** | 1998 |
| **Geschäftsstellen** | in Paris, Augsburg, Bielefeld, Bonn, Bremen, Darmstadt, Düsseldorf, Hamburg, Hannover, Karlsruhe, Kassel, Kiel, Krefeld, Leipzig, München, Nürnberg und Stuttgart<br>Adressen siehe: www.au-pair-vij.org |
| **Telefon**<br>**Fax**<br>**E-Mail** | 069 469 397 00<br>069 469 398 21<br>au-pair@vij.de |
| **Website** | www.au-pair-vij.org |
| **Kontaktperson** | eigene Kontaktpersonen in jeder Geschäftsstelle |
| **Selbstdarstellung** | Der vij fördert als Fachverband des Diakonischen Werkes Au-pair-Aufenthalte als Beitrag zur interkulturellen Kompetenz, Völkerverständigung, Verbesserung der Fremdsprachenkenntnisse und damit auch der beruflichen Qualifikation.<br>Seit 1964 vermittelt der vij erst mit der Erlaubnis der Bundesanstalt für Arbeit – vorher im Auftrage der Bundesanstalt für Arbeit – Au-pairs von und nach Deutschland.<br>Dafür steht ein vereinseigenes Beratungs- und Vermittlungsnetz in der gesamten Bundesrepublik zur Verfügung. Die 15 Beratungsstellen arbeiten gemeinnützig nach der Vereinsidee in der Vermittlung, Beratung und Begleitung von ausländischen Au-pairs. Der vij-Bundesverein ist Mitglied in der Gütegemeinschaft Au-pair e. V. |
| **Angebotene Zielländer** | Europa: Belgien, Dänemark, Frankreich, Paris, Griechenland, Großbritannien, Irland, Italien, Niederlande, Norwegen, Österreich, Schweden, Schweiz, Spanien<br>Übersee: Südafrika, Neuseeland, Australien<br>Osteuropa: Kaliningrad |
| **Bewerbungsverlauf** | Ausführliche Beratung und Vermittlung durch die vij-Beratungs- und Vermittlungsstellen. |
| **Kosten** | Beratungs- und Vermittlungsentgelt liegt zwischen 118 und 150 € |
| **Mitgliedschaft in Verbänden** | Weltbund Christlicher Verbände Junger Frauen (YWCA), Gütegemeinschaft Au-pair e. V. (GAP), Diakonisches Werk der Evangelischen Kirche in Deutschland e. V. (DWEKD), Evangelische Frauenarbeit in Deutschland e. V. (EFD), Deutscher Frauenrat (DF), Bundesarbeitsgemeinschaft Evangelischer Jugendsozialarbeit (BAG EJSA) |

# Informationen zu den Au-pair-Verbänden

## Welche Au-pair-Vereine gibt es?

**Gütegemeinschaft Au-pair e. V.**

Die Gütegemeinschaft Au-pair e. V. hat sich zum Ziel gesetzt, die Qualitätssicherung im deutschen Au-pair-Wesen zu fördern. Mitgliedsagenturen können ein Zertifikat erwerben, wenn sie bereit sind, sich von unabhängiger Seite auf die strengen Qualitätsstandards des Vereins prüfen zu lassen. Zertifizierte Agenturen sind berechtigt, das qualifizierte RAL-Gütezeichen zu tragen.

**Au-pair Society e. V.**

Der Au-pair Society e. V. ist eine gemeinnützige Interessenvertretung für Au-pairs und Au-pair-Agenturen in Deutschland. Die Mitglieder des Verbandes verpflichten sich, sinnvollen Qualitätsstandards und einem Ehrenkodex zu entsprechen und leisten damit einen wichtigen Beitrag zur Sicherung des Au-pair-Wesens in Deutschland.

**Verein für Internationale Jugendarbeit e. V. (vij)**

Der Verein für Internationale Jugendarbeit e. V. (vij) ist als evangelischer Frauenverein ein Fachverband des Diakonischen Werkes der Evangelischen Kirche in Deutschland. Der vij berät und betreut vor allem junge Frauen, die in Deutschland oder im Ausland am interkulturellen Austauschprogramm Au-pair teilnehmen möchten. Das Au-pair-Wesen wird aus dem christlich-diakonischen Grundverständnis heraus als ein Beitrag zur Förderung der Persönlichkeitsentwicklung und Völkerverständigung begriffen.

**Ring Deutscher AuPair Vermittler e. V. (RDAV)**

Der Ring Deutscher AuPair Vermittler e. V. (RDAV) ist ein Berufsverband, in dem Agenturen zusammengeschlossen sind, die sich gegenseitig bei ihrer Arbeit unterstützen und gemeinschaftlich nach außen werben. Der Verein setzt sich für den Schutz und Ausbau des Au-pair-Wesens in Deutschland ein.

**IN VIA Katholische Mädchensozialarbeit Deutscher Verband e. V.**
IN VIA Katholische Mädchensozialarbeit Deutscher Verband e. V. ist ein Fachverband im Deutschen Caritasverband, dem bundesweit 40 IN VIA Au-pair-Beratungs- und Vermittlungsstellen angehören. Die Au-pair-Vermittlungsstellen des Verbandes informieren und beraten Au-pairs und Gastfamilien zu allen Fragen rund um den Au-pair-Aufenthalt.

**International Au Pair Association (IAPA)**
Die International Au Pair Association (IAPA) setzt sich weltweit für die Entwicklung des Au-pair-Wesens ein. Mitglieder sind Agenturen in rund 40 Ländern. Die Mitgliedsagenturen verpflichten sich zur Einhaltung einheitlicher Mindestanforderungen. Der Verband ermöglicht den Agenturen die Herstellung von Kontakten auf internationaler Ebene.

**The European Committee for Au pair Standards (ECAPS)**
The European Committee for Au pair Standards (ECAPS) hat sich zum Ziel gesetzt, Regeln und Richtlinien für Au-pairs, Gastfamilien und Vermittlungsstellen in der EU festzulegen. Derzeit gehören AEPA (Spanien), Au-pair Society e. V. (Deutschland), BAPAA (Großbritannien), NAPO (Niederlande) und UFAAP (Frankreich) zu den Mitgliedern.

| | |
|---|---|
| **Gütegemeinschaft Au pair e. V.**<br>Geschäftsstelle<br>Christoph Bruners<br>Godesberger Allee 142-148<br>53175 Bonn<br>Tel.: 0228 9506 120<br>www.guetegemeinschaft-aupair.de | **Au-pair Society e. V.**<br>Frau Greis-Siebert<br>Bgm.-Hasberg-Straße 41<br>25767 Bunsoh<br>Tel.: 04835 972 79 - 22<br>www.au-pair-society.org |
| **Verein für Internationale Jugendarbeit e. V. (vij)**<br>Bundesgeschäftsstelle<br>Helga Riebe<br>Burgstraße 106<br>60389 Frankfurt<br>Tel.: 069 469 39 700<br>http://www.au-pair-vij.org | **Ring Deutscher AuPair Vermittler e. V. (RDAV e. V.)**<br>Josef Wagner<br>Ahlener Straße 63<br>59073 Hamm<br>Tel.: 02381 49 73 77<br>http://www.rdav.de |

**IN VIA Katholische Mädchensozial-arbeit – Deutscher Verband e. V.**
Andrea Feische
Karlstraße 40
79104 Freiburg
Tel.: 0761 20 02 06
www.aupair-invia.de

**International Au Pair Association**
Mr. Jack Hompes
Bredgade 25H
1260 Copenhagen K
Denmark
Tel.: +45 3317 0066
www.iapa.org

**The European Committee for Au pair Standards – ECAPS**
Van Berckelstraat 3
5211 PG's-Hertogenbosch
Niederlande
Tel.: +31 73 691 00 22
http://www.ecapsweb.eu

# Teil 5 - Alternativprogramme

# Alternativprogramme

## Europaprogramme

Neben Au-pair-Aufenthalten gibt es natürlich noch weitere Möglichkeiten, eine begrenzte Zeit im Ausland zu verbringen.

So bietet zum Beispiel die Europäische Union für Schüler an allgemeinbildenden Schulen, Auszubildende, junge Arbeitnehmer und Studenten Austauschmöglichkeiten an. Umfassend informieren kann man sich über die jeweiligen EURES-Berater.

*www.europa.eu*

Die Zentralstelle für Arbeitsvermittlung vermittelt Jobs und Praktika auch in außereuropäische Länder. Informationen bekommen Sie hier:

**Zentrale Auslands- und**
**Fachvermittlung (ZAV)**
Info-Center der ZAV: 0228 713 13 13
www.ba-auslandsvermittlung.de

## High School

Für Jugendliche im Alter von 15 bis 18 Jahren existiert die Möglichkeit, ein High School-Jahr in den Vereinigten Staaten von Amerika oder in Kanada zu verbringen. Auch andere Länder sind möglich, aber bei Weitem nicht so populär. Die Zahl der Austauschschüler, die an den High School-Programmen, vor allem in den USA, teilnehmen, wächst ständig und es ist zu einem regelrechten Trend geworden, zwischen der neunten und elften Klasse ein Schuljahr im Ausland zu verbringen.

Die Austauschschüler leben bei Gastfamilien und besuchen die elfte oder zwölfte Klasse der örtlichen High School.
Die Vermittlung an eine geeignete Gastfamilie und High School muss grundsätzlich über eine Agentur abgewickelt werden, die sich auch um die Visums-Formalitäten kümmert.

**Die Schule**
Die Entscheidung über die Einstufung in die *Junior* (11. Klasse) oder *Senior* (12. Klasse) trifft die Schulleitung vor Ort. Wenn sich die jeweilige Schule dafür entscheidet, den Gastschüler in *die Senior High School* einzustufen, ist es unter Umständen möglich, das „high school diploma" zu erwerben und an der großartigen Abschlusszeremonie, der „graduation", teilzunehmen.

Das Schuljahr beginnt je nach Bundesstaat zwischen Mitte August und Mitte September und dauert ungefähr zehn Monate. Die meisten Teilnehmer entscheiden sich dafür, ein komplettes Schuljahr in Amerika zu verbringen. Es gibt jedoch auch die Möglichkeit, nur ein halbes Schuljahr zu absolvieren. Der Unterricht an einer High School findet in der Regel zwischen 8.00 Uhr und 15.00 Uhr statt. In jedem Schulhalbjahr hat man sechs Fächer, die man mit Hilfe des Beratungslehrers (*academic advisor/guidance counselor*) auswählt. Englisch und amerikanische Geschichte sind Pflicht, ansonsten jedoch hat man eine große Auswahl an Fächern wie zum Beispiel Psychologie, Fotografie, Journalismus, Kfz-Mechanik, Computer und vieles mehr. Viele High Schools bieten auch Fahrschulkurse (*drivers education*) für den Erwerb des Führerscheins an.

Neben dem Pflichtprogramm bietet jede High School eine Reihe von Clubs an, in denen man die Möglichkeit hat, seinen Interessen nachzugehen und Kontakte zu knüpfen. *School dance commitee*, *choir*, *school band*, *cheerleading* oder *drama club* sind nur einige Beispiele für das breitgefächerte Angebot. Sportliche Aktivitäten werden an amerikanischen High Schools ganz groß geschrieben und vor allem in den Mannschaftssportarten ist es jedem Schüler eine Ehre, sein Team und damit seine High School zu vertreten.

**Die Gastfamilie**
Die Aufnahme von Gastschülern hat in Amerika eine lange Tradition. Amerikanische Familien sind meist sehr bodenständig und selten außer-

halb des Kontinentes gereist. Mit der Aufnahme eines Gastschülers aus Übersee möchten sie einen Einblick in die Lebensgewohnheiten, Kultur und Ansichten des Heimatlandes ihres Gastes bekommen. Für die Aufnahme, Verpflegung und Unterbringung des Gastschülers erhalten die Gastfamilien keine Kostenentschädigung. Die Motivation der Familien beschränkt sich ausschließlich auf die Gastfreundschaft, das Interesse an einer anderen Kultur und ein gewisses Prestigedenken, das in der amerikanischen Gesellschaft sehr wichtig ist. Über das Zusammenleben mit der Gastfamilie gelten die gleichen Regeln und Grundeinstellungen wie bei Au-pair-Aufenthalten. Eine Gegenleistung in Form von zeitlich geregelter Mithilfe im Haushalt ist jedoch nicht Bestandteil des Austausches. Es ist als selbstverständlich anzusehen, dass man als Gast auch kleinere Haushaltspflichten übernimmt und vor allem seinen eigenen Bereich sauber und in Ordnung hält.

**Voraussetzungen**

Die Gastschülerin oder der Gastschüler muss bei Ankunft in den USA beziehungsweise in Kanada mindestens 15 Jahre alt sein und darf während des Schuljahres noch nicht 19 Jahre alt sein. Es müssen mindestens drei Jahre Schulenglisch absolviert worden sein und die Zeugnisnote im Fach Englisch sollte nicht schlechter als drei sein. Insgesamt wird erwartet, dass der Notendurchschnitt der letzten drei Zeugnisse bei mindestens 3,5 liegt. Flexibilität, Anpassungsfähigkeit, Toleranz und eine gewisse Selbstständigkeit sind die persönlichen Voraussetzungen, die jeder grundsätzlich mitbringen sollte.

**Kosten**

Die Kosten für das Ganzjahresprogramm liegen, je nach vermittelnder Organisation, zwischen 5.000 und 6.000 €. Die Teilnahme am Halbjahresprogramm kostet zwischen 4.500 und 5.500 €. Im Preis enthalten sind sämtliche Vorbereitungs-, Organisations- und Abwicklungskosten sowie eine umfassende Beratung und Betreuung vor Reiseantritt und während des Aufenthaltes. Weitere Kosten für die Teilnehmer entstehen durch den Flug und die Versicherung.

Vom Teilnehmer muss zusätzlich erbracht werden: ein monatliches Taschengeld in Höhe von ca. 150 bis 250 €. Am Anfang und am Ende des Aufenthaltes braucht man erfahrungsgemäß etwas mehr für die Anschaffung

von Lernmitteln und später für Abschiedsgeschenke und Mitbringsel, für die Garderobe zum Abschlussball, für das *Yearbook* und ähnliches.
Üblicherweise besucht man eine der öffentlichen High Schools. Wer sich dazu entschließt, eine private High School zu besuchen, muss ein zusätzliches Schulgeld entrichten, das jedoch je nach Schule sehr unterschiedlich ausfallen kann.

## Work and Travel

Unter „Work and Travel" versteht man eine besondere Form des Auslandsaufenthaltes, bei dem Arbeiten und Reisen im Ausland kombiniert wird. Häufig auch „Working Holiday" genannt, dauert ein Work and Travel-Programm von einigen Wochen bis zu mehreren Monaten. Die Jobs, die man bekommt, sind sehr unterschiedlich. Es kann zum Beispiel eine vorübergehende Beschäftigung in einem Kinderheim, einer Küche, als Erntehelfer oder auch auf einer Farm sein. Es gibt Organisationen, die diese Programme arrangieren und sich um alle Details kümmern.

## Auslandspraktikum

Für Studenten, die ein fachgerichtetes Praktikum im Ausland absolvieren möchten, gibt es von verschiedenen Anbietern kombinierte Praktikumsangebote. Man arbeitet zeitlich begrenzt bei Firmen in ganz bestimmten Bereichen (zum Beispiel Betriebswirtschaft, Rechtswesen, EDV etc.) und besucht begleitend Sprachkurse.
Für diese Programme benötigt man allerdings finanzielle Mittel, da die Firmen nur wenig oder manchmal auch gar kein Gehalt zahlen und die Kosten für Sprachkurs, Unterbringung, Verpflegung und Organisation von den Teilnehmern zu tragen sind.

# Zur Autorin

Susanne Caudera-Preil ist seit 1987 im internationalen Jugendaustausch tätig. Zum Zweck der Förderung der Völkerverständigung gründete sie 1990 den gemeinnützigen Verein AU-PAIR e. V. – später umbenannt in GoAmerica e. V. –, der Au-pair- und High School-Aufenthalte in Amerika organisiert. Außerdem leitet Caudera-Preil die seit 1996 bestehende Agentur Abroad-Connection. In den vergangenen 20 Jahren hat die Autorin rund 3.300 junge Menschen ins Ausland vermittelt. Ihre Agentur arbeitet mit einer großen Zahl professioneller, lizenzierter Partnerorganisationen in 18 Ländern der Welt zusammen. Durch ihre regelmäßige Teilnahme an internationalen Konferenzen und Workshops ist sie immer auf dem aktuellen Stand des globalen Jugendaustausches. Bei Schulveranstaltungen und Jugendmessen tritt sie häufig als Referentin zum Thema „Au-pair" und „High School" auf.

# Notizen